DEJIMA
BEYOND
THE
TIME

旅する出島

山口美由紀

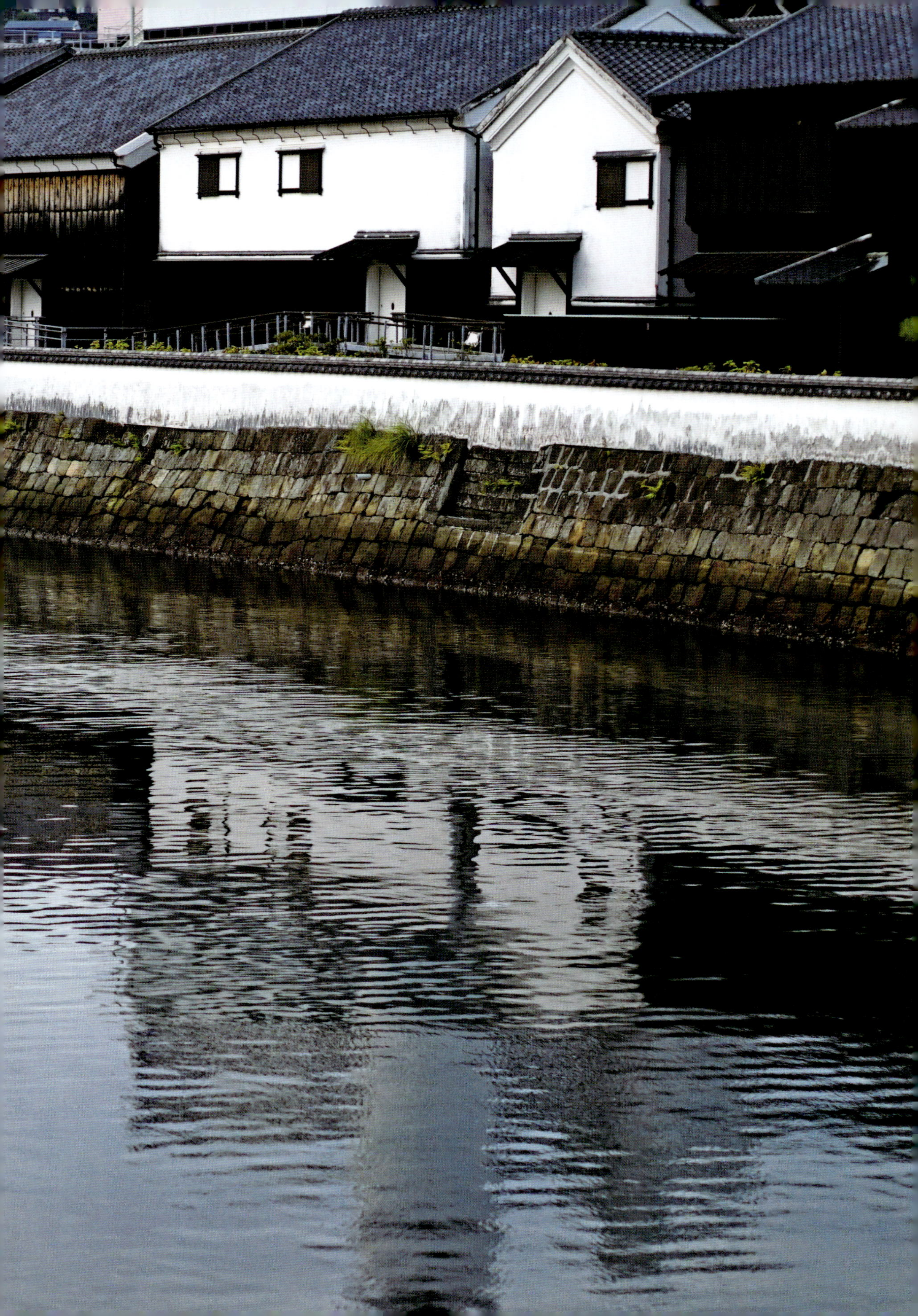

出島出土遺物展示
（ライデン国立民族学博物館にて）

序文

発刊に寄せて

長崎県考古学会長　元長崎県立美術博物館館長

下川達彌

長崎港の最深部に位置した面積三千九百四十二坪の扇形をした出島は、寛永十三年(一六三六)に完成してポルトガル人を収容した。その後、空地になった出島に寛永十八年(一六四一)、当時平戸に在ったオランダ商館を移転させて、鎖国の間はここでオランダとの貿易が行われた。開国後にこの地は明治三十二年(一八九九)まで居留地として使用されたことを含めて考えると、およそ二百六十年間にわたってヨーロッパと強いつながりをもって歩んできた特異な歴史を擁する地といえよう。

この出島に対する研究は、歴史はもとより自然科学、土木工学あるいは建築学など、それぞれの視点で行われてきたが、そのほとんどは残された文献資料(史料)に依存するところが多かった。ところが、昭和四十年(一九六五)を過ぎる頃から考古学が積極的にこの分野に介入するところとなり、この出島でも発掘調査による成果が期待されるようになった。事実そのことが多くの新知見を生み出したのは否定できない。

このたびその出島の発掘を長年手がけられた長崎市出島復元整備室の山口美由紀さんが『旅する出島』と題する本を出版されると聞いて、出島に多くの関心を抱いている私としてはその上梓が心待ちされるのである。そこで一足先にその一部をのぞかせていただくと、そこにはこれまでの発掘成果を沢山盛り込んだ、新鮮味あふれるニュースで出島の謎解きが行われているのである。

本の内容構成は第1部「出島のつくり方」、第2部「あこがれの出島」となっている。前者は誰でもが抱く「出島とは何だろう」の素直な疑問に、出土した遺構類をとりあげて明快に答えてくれている。ごく最近に発掘された出島と長崎の街を結ぶ旧出島橋の部材類は、架橋復元を容易にするための注目するところであろう。後者は、「出島には何があるの」に、出土した遺物をとりあげて分類し、軽妙な筆致で興味をそそるような解説を行っている。それは単に舶載された貿易品に限らず、島内で生活するために取り寄せられた調度品類など、いずれも当時の日本では見ることが出来なかった目新しい品々である。これらのことから出島は、まさに日本文化史のなかで特異な存在であり、他所ではまったく例を見ない貴重な資料を提供する宝庫であるといえよう。

これまで出島にかかわる本はいろいろあるが、本書のように豊富なカラー写真を満載し、最新のニュースを織り込んだものを私は知らない。しかも文章も平易に綴られており、一般、研究は問わず多くの人に与えるものは大きいと期待している。さあ次の頁を開いてエキゾチック出島に浸ってください。

最後にドイツで会った『シーボルト父子伝』の著者ハンス・ケルナー氏がいった「長崎出島がヨーロッパ社会に与えた影響は大きい」といわれた言葉を改めて思い出すのである。

はじめに

出島について、その果たした役割を考えると、閉ざされた空間であったということ、またこれに反して海外の文物が行き交う開かれた交流の島であったという、相反する二面性に直面します。往時の施設を復元整備する中では、その機能を検討し、再建する中で、閉じられた空間であったことを強く意識する成果が多く、管理下にありながらも、機能的な空間で生活しようと工夫した姿が想起されます。

ところが、遺跡から出土した遺物を手にとると、遠い異国の様々な製品が出島に持ち込まれ、その一部は日本国内にもたらされたこと、また国産の工芸品や産物が出島から輸出されようとしていた痕跡によって、近世の世界的な交流の一枠を出島が担っていたことに気付かされます。

長年、出島で発掘調査に携わるなか、この小さな島が果たした大きな役割に思いを馳せ、様々な遺構や遺物がもつ意味について、考えてきました。そうした中、ひとつの独立した空間としての出島とその周辺の調査から、施設としての意味が見えてきました。また、自分自身が出土品の故郷を訪ねる旅を行うことによって、その背景や世界史的な意義が見えてきました。本書では、これらの成果を中心に紹介いたします。

第1部「出島のつくり方」では、発掘調査成果をもとに、考古学の視点から見た出島について紹介します。考古学は、本来、人の営みのすべてを対象とする学問であるため、すべてが人工的に作られた出島は、考古学研究の重要な対象となる遺跡です。このため、本書では、「ツクル」というキーワードを設定し、出島を構成する要素を島、橋、街、庭、川の5つに大きく区分し、紹介いたします。

出島は、土台となる島、周辺の環境、生活空間のすべてが、自然の地形を生かしながら、

往時の土木技術、建築技術を用いて、つくられたものでした。築造当初から200年以上の存続期間を経て、度重なる改修の痕跡まで、発掘調査によって明らかになりました。また、その改修の痕跡から、当時の時代背景もうかがうことができます。

　これらの調査成果は、出島復元整備事業を進めるなかで生まれました。再び、出島をツクル事業が、多くの出島に関係する人々を生み、出島を現在に生きる遺跡へとつなげてゆきます。

　第2部「あこがれの出島」では、出島の遺跡から出土した資料を中心に、その他の重要な交易資料を追加し、紹介しています。

　出島は、時を超えて、過去から現在に伝統や流行をもたらし、つなげる役割を果たしました。また、空間を超えて、東西の文物が行き交う起点となりました。これらの多様な事柄について、喚起される印象を元に、おしゃれ、憧れ、混じり合う、おいしい、旅する、はいから、という6つのテーマに分けて、紹介します。その多様性は、まさに出島の魅力であり、人々が憧れた出島です。

　出島では、様々な事件が起こり、病気や死、別れなど、日々たのしいことばかりではありませんでした。それでも人々は、出島を通じて、よりよい生活、少しの贅沢、ほっとする時間、大切な宝物、そういったものを手に入れようと、それぞれの時代を生きたことと思います。人々の小さな思いが積み重なり、当時の世界情勢と相まって大きな潮流となり、出島を起点とした人と物の交流は、壮大な物語を創出しました。本書では、その一部もしくはその入口の部分しか表現できていませんが、皆様がご興味を持たれるテーマで、それぞれに大きな扉を開ける糸口となれば幸いです。

長崎市　出島復元整備室　学芸員
山口美由紀

目次

旅する出島

Nagasaki
Dejima
1634-2016

Contents

「長崎版画・大和屋刊望遠鏡を持つオランダ人図」より抜粋（長崎歴史文化博物館蔵）

〈第2部〉

あこがれの出島

デザイン／ミウラデザイン事ム所

すべてのお客さまに
楽しい食事のひとときを
リンガーハットグループは、
昭和37年、長崎市鍛冶屋町"とんかつ浜かつ"の開業に始まります。
昭和49年、長崎ちゃんぽんを看板にリンガーハットの店舗展開を始め、
長崎から福岡、九州各県、そして関東、関西、全国へ。さらに海外へも。
これからもグループ680*店余、
長崎の食文化を、感謝の心で伝えてまいります。
(*2022年8月末)
人気商品の盛り合わせ
バラエティかつ御膳
国産野菜・国産小麦麺
野菜たっぷりちゃんぽん
華やぐ和華蘭の味わい
卓袱奉行コース
とんかつ
濵かつ
HAMAKATSU
Ringer Hut
すきです、長崎。
長崎卓袱
浜勝
リンガーハット1号店
長崎宿町店
株式会社リンガーハット
www.ringerhut.co.jp

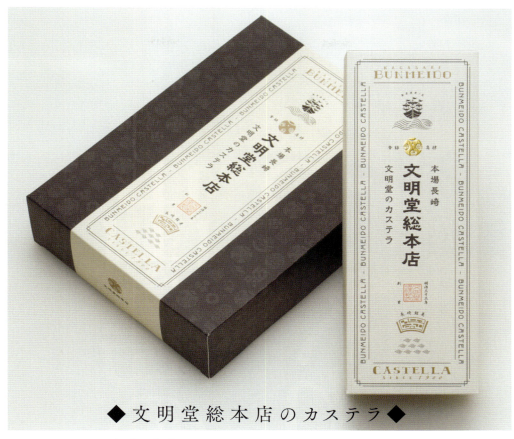

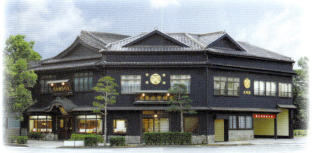

第1部 出島のつくり方

出島を考える、考古学の視点から出島を考察するときに、
はじめに思い浮かぶことは、
そのすべてが人工的に作り出されたものであるということ。
考古学の成果を中心に
出島を形成する要素を大きく5つに分け、
また、現在に再びよみがえる出島の姿を紹介します。

19世紀初頭の出島模型
（国立ライデン民族学博物館にて撮影）

第1部
出島のつくり方

1 島をツクル

出島は、海を埋め立て、人工的に築かれた島。
どのような材料で、どのような工法で、どのような人々によって。
近年の発掘調査の成果から、
明らかになってきたことを紹介します。

円山応挙『長崎之図』
（長崎歴史文化博物館蔵）

出島と海

出島は、いまもむかしも潮の干満により、その姿が変化します。築造時の苦労はもとより、ポルトガル人やオランダ人が居住するなかでも、高潮や台風などによって、たびたび被害を受けました。長崎市中から隔離された空間、出島はまさに沖合いに停泊する巨大な船のようでした。

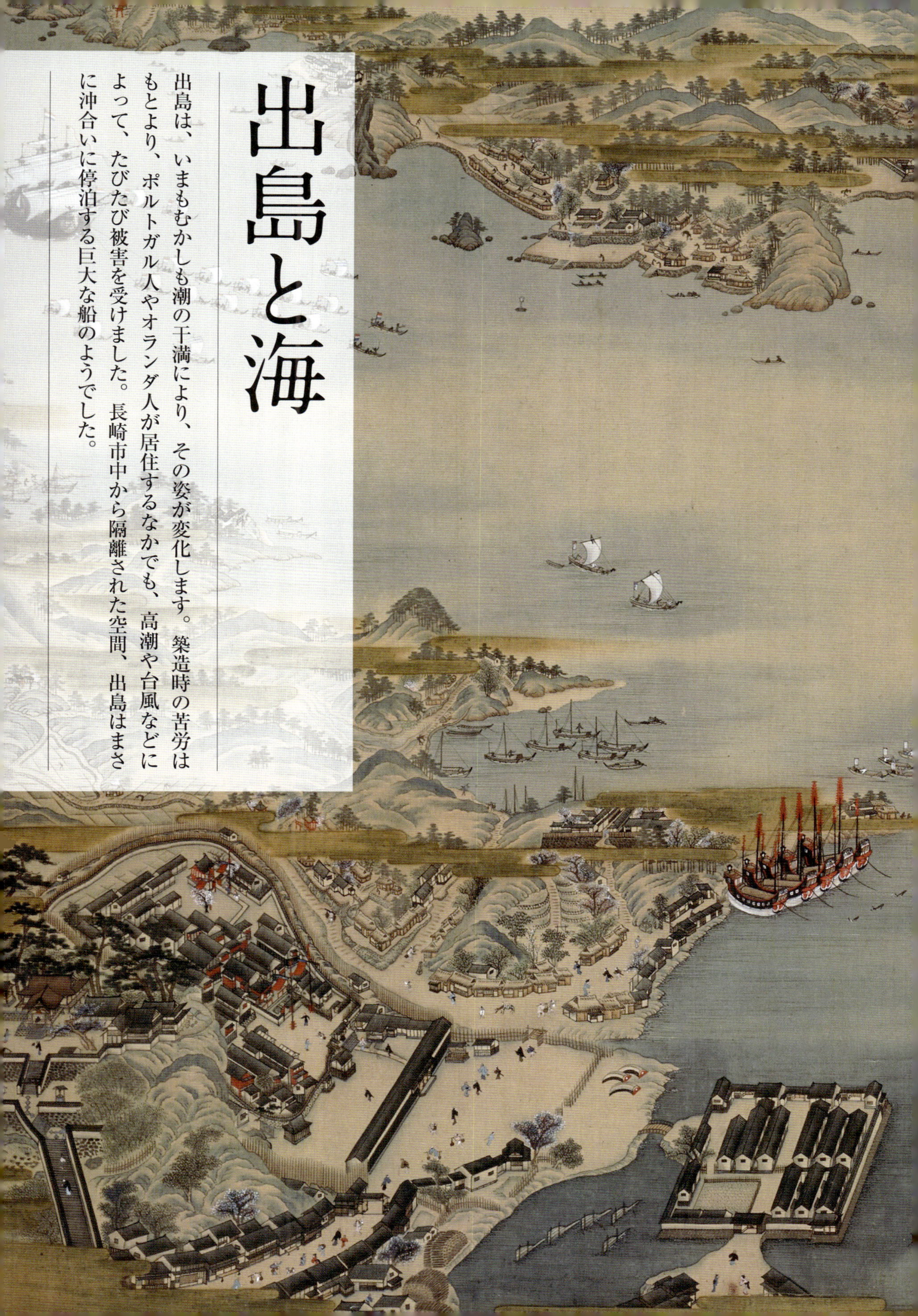

出島のはじまり

出島は、長崎港の入り口にあたる岬の先端の一部を埋め立てて造られた築島です。寛永11年（1634）、キリスト教の広まりを制限し、海外との貿易をつづけるため、江戸幕府は長崎の町人に命じて、新しい島を造らせました。寛永13年（1636）に完成し、出島の最初の住人となるポルトガル人が住まわされました。寛永16年（1639）にポルトガル船の来航が禁止されると、寛永18年（1641）に平戸からオランダ商館が移転し、その後はオランダ人が居住しました。海に突き出た島は、〝出島〟と呼ばれるようになり、海外貿易港長崎を象徴する場所になりました。

出島が築造された時期は、3代将軍徳川家光公の時代にあたります。家光は、日光東照宮や二条城、知恩院、延暦寺根本中堂など、国内において重要な建造物を建立、再建したことが知られていますが、出島もそのひとつといえるでしょう。徳川幕府が、治世における基盤を確立するために、海外交渉と貿易に対する政策を形としたのが出島でした。

平成18年撮影
（長崎市出島復元整備室提供）

出島を護る石垣の発掘調査

出島は、その周囲を、約560mの石垣で護られていました。明治時代に行なわれた中島川の変流工事によって、出島北側の護岸石垣はなくなってしまいますが、現在も、南側と西側、東側の石垣が残っています。出島は、明治時代に周囲が埋め立てられ、陸つづきとなったことから、島の姿を失いますが、近年、島の形状をあきらかにするため、西側や南側を掘削し、地中から再び江戸時代の護岸石垣が現れました。石垣は不安定な箇所を修理するため、解体を行い、その裏込め（石垣の裏側）も調査をします。これらの調査によって、石積の特徴が分かり、石垣が何度も壊れ、積み直しが行われたことがわかりました。

南側護岸石垣は積み直しの歴史を語る

南側の護岸石垣は、出島の扇形の外側の弧の部分に当たります。もっとも高く残っている場所は、高さ約3・5m、11段の石積みでした。この石垣は、築造当初から幕末まで、拡幅されることなく、ずっと同じ線形のままでした。このため、石垣の下段には、築造当初の積石の様子が残り、中段には積み直しが行われた形跡が見られます。上段では、さら

石垣をはずしたところ
解体調査

石垣を掘り出したところ
護岸石垣の検出

→南側護岸石垣／西側護岸石垣←

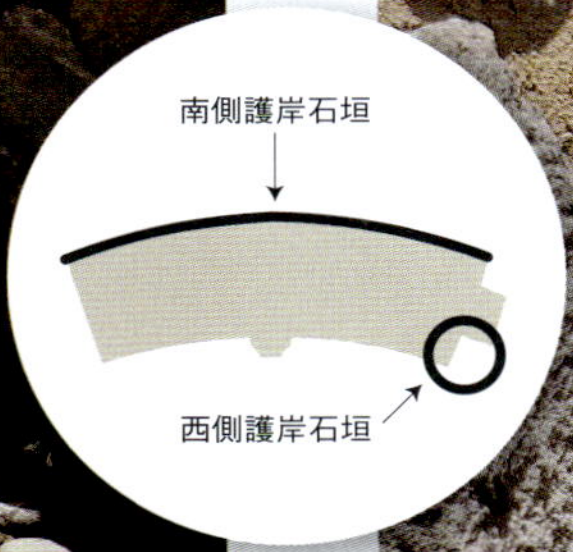

石垣の積み方の違いが中央に見える

に度重なる積み直しの跡が見られました。南側は海に面しているため、とくに波の影響を受け、修理の回数が多いのだと思います。

ここでは、ひとつの護岸石垣の面に、２００年にわたる出島の災害の歴史も見ることができます。

西側護岸石垣は増改築の歴史を語る

一方、西側の護岸石垣では、数回にわたる増築の跡が確認されています。築造当初は、扇形の西側のラインそのままでしたが、１６４５年ごろに荷揚場を築造したことによって拡幅され、さらに１６９９年、１７４０年頃にも拡幅されたことが、文献史料から分かっていました。発掘調査では、この記述と合致する石垣のラインが見つかっています。石積技法や積石の岩質なども異なり、それぞれの石垣が別々の特徴をもっていました。

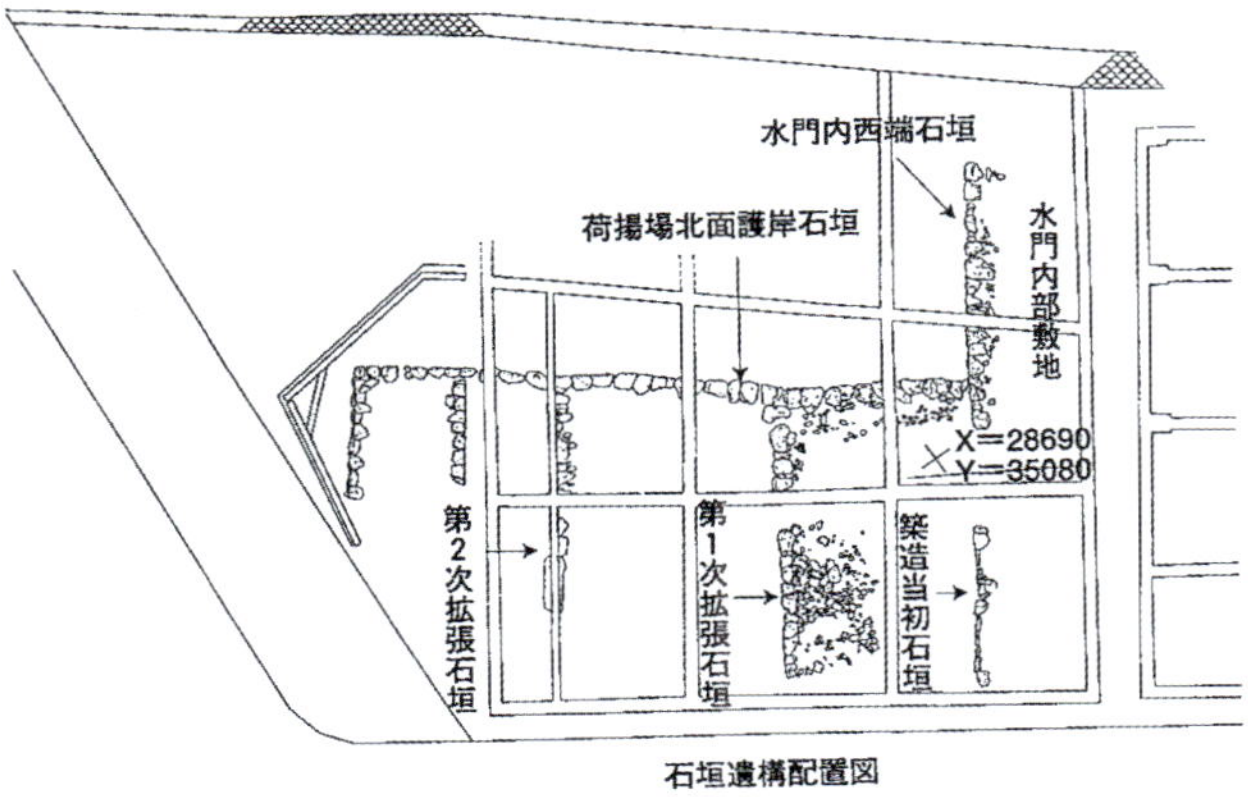

石垣遺構配置図

石垣を積み上げたところ
石垣の修理・復元

出島の大きさ

出島の大きさは、どれくらいだったのでしょうか。

『長崎実録大成』(宝暦10年) 田辺茂啓著によると、出島の周囲は、南側118間2尺7寸(約233m)、北側96間4尺9寸(約190m)、東側が35間4尺5寸(約70m)で、当時の面積は3969坪一分(約1万5千㎡)でした。これは、1間を6尺5寸で換算した際の数値になります。

ところが、文献史料や絵画史料に記載されている出島の寸法は、実はまちまちなのです。出島の南側の長さを例にすると、『文化五辰六月御改長崎諸官公衙図』所収「出島図」では「百二十九間」と書かれていますし、『長崎諸役場絵図』所収「出島図」には、「百二拾二間半」の数値が見られます。これらは、前述の実録大成に記載された数値とはずいぶん異なります。

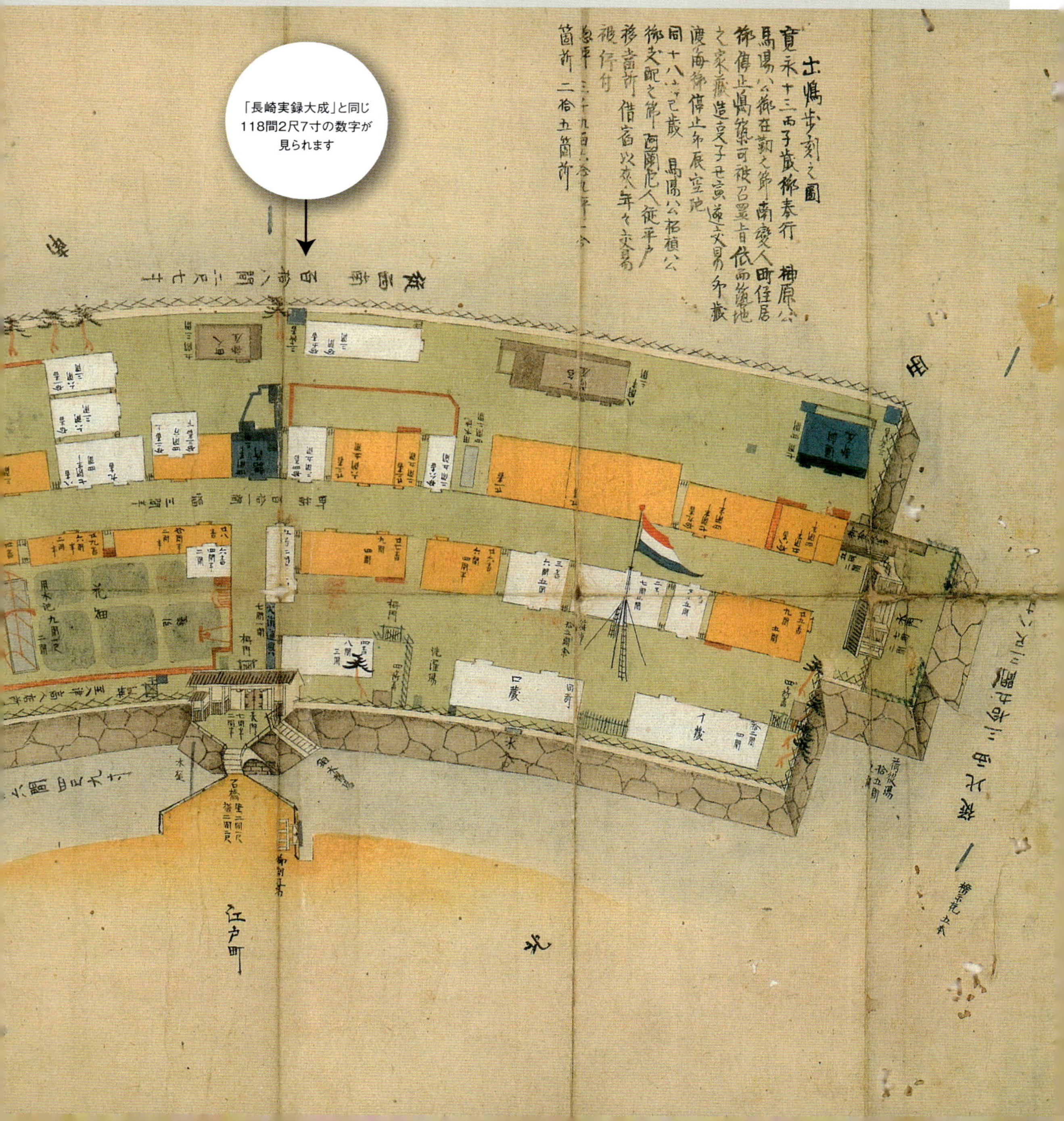

現在は、発掘調査の結果から、出島の南側、西側、東側の位置がほぼ確定され、地図上に出島の往時のラインをのせることが出来ます。その結果と照らし合わせると、一番はじめに紹介した長崎実録大成から導き出した数字が、もっとも現況と合致することがわかりました。

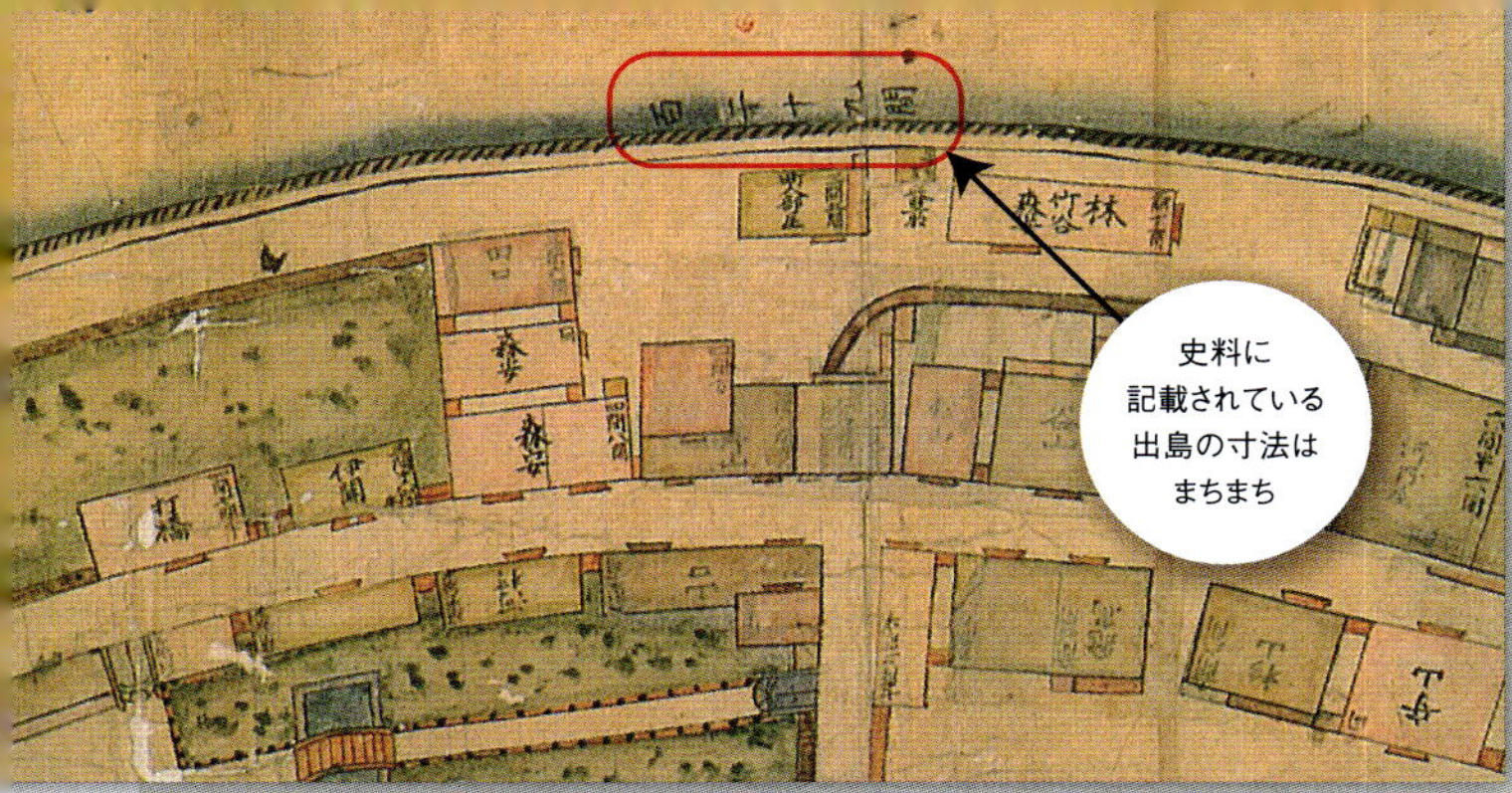
史料に
記載されている
出島の寸法は
まちまち

『文化五辰六月御改長崎諸官公衙図』所収「出島図」（長崎歴史文化博物館蔵）

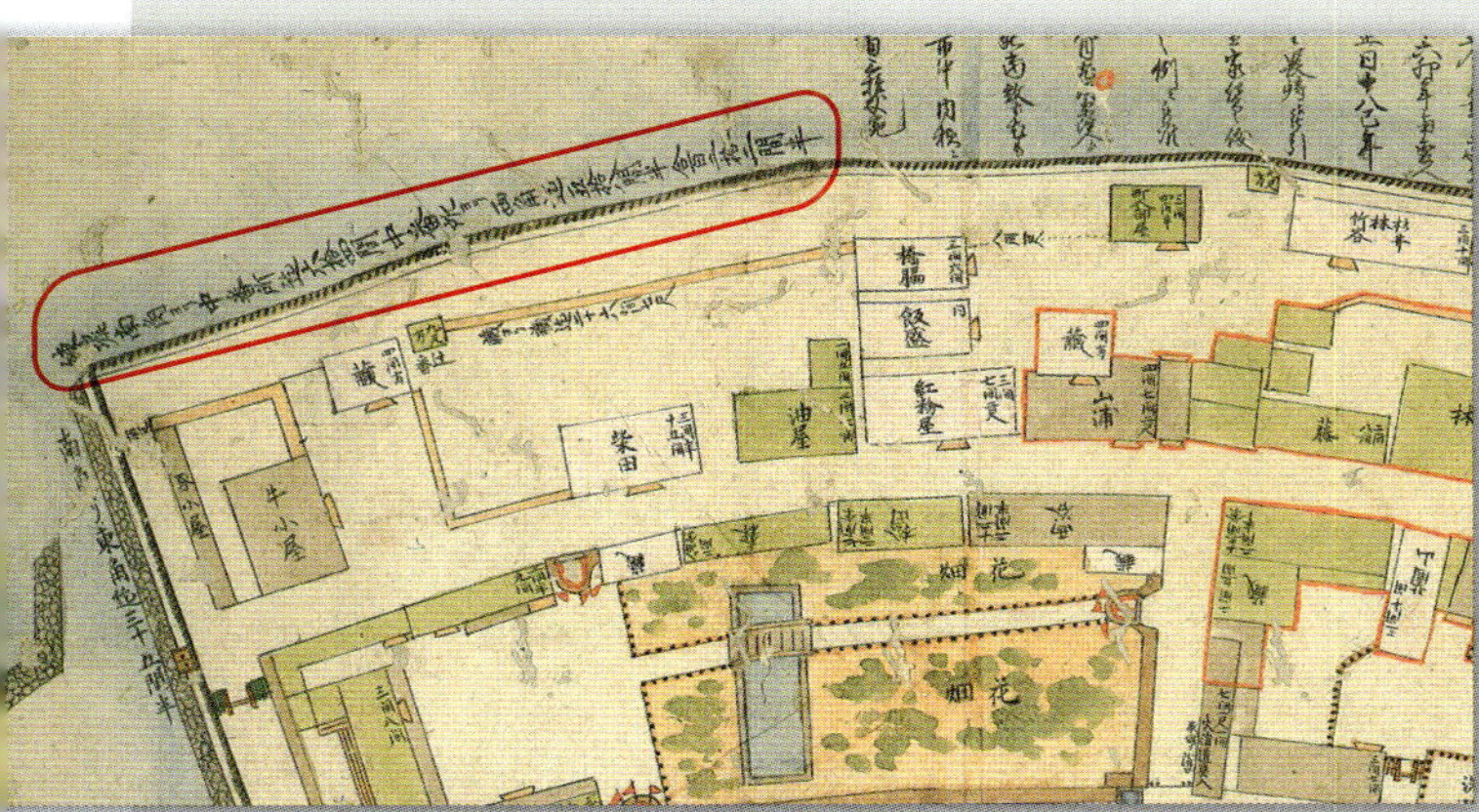

『長崎諸役場絵図』所収出島図（長崎歴史文化博物館蔵）

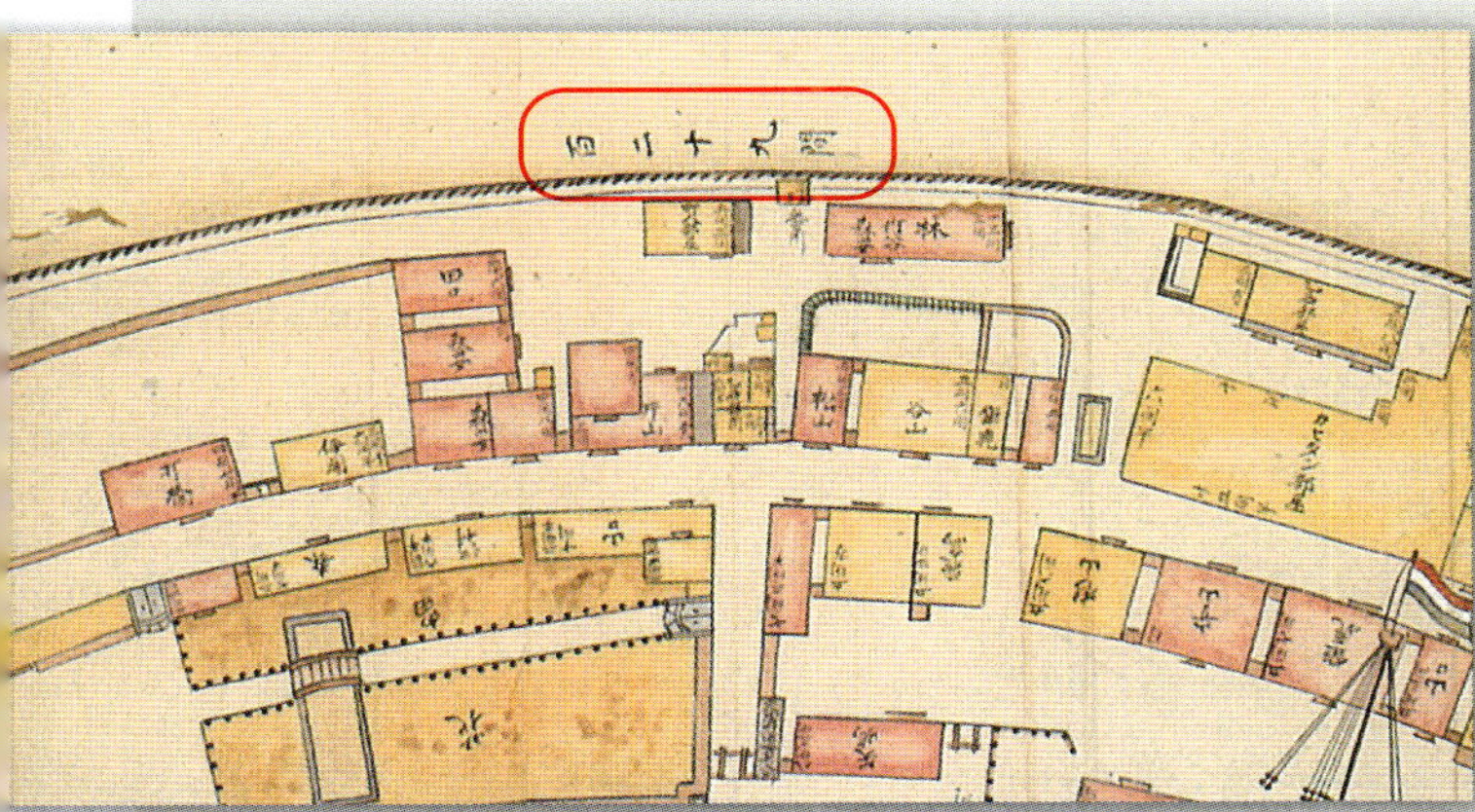

『崎陽諸図』所収出島図（国立公文書館内閣文庫蔵）

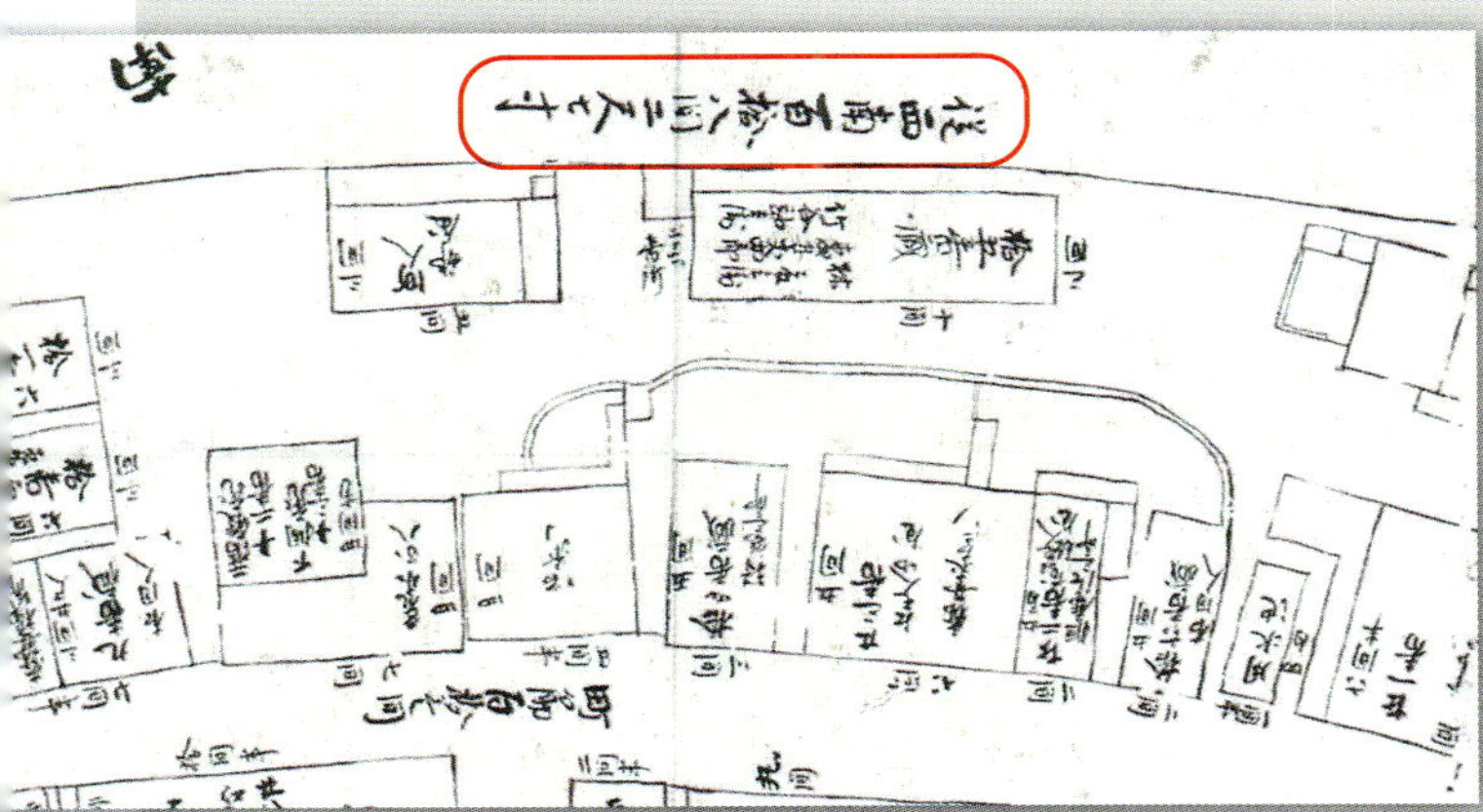

出島麁絵図（長崎市出島復元整備室蔵）

『出嶋歩刻之図』（長崎市出島復元整備室蔵）

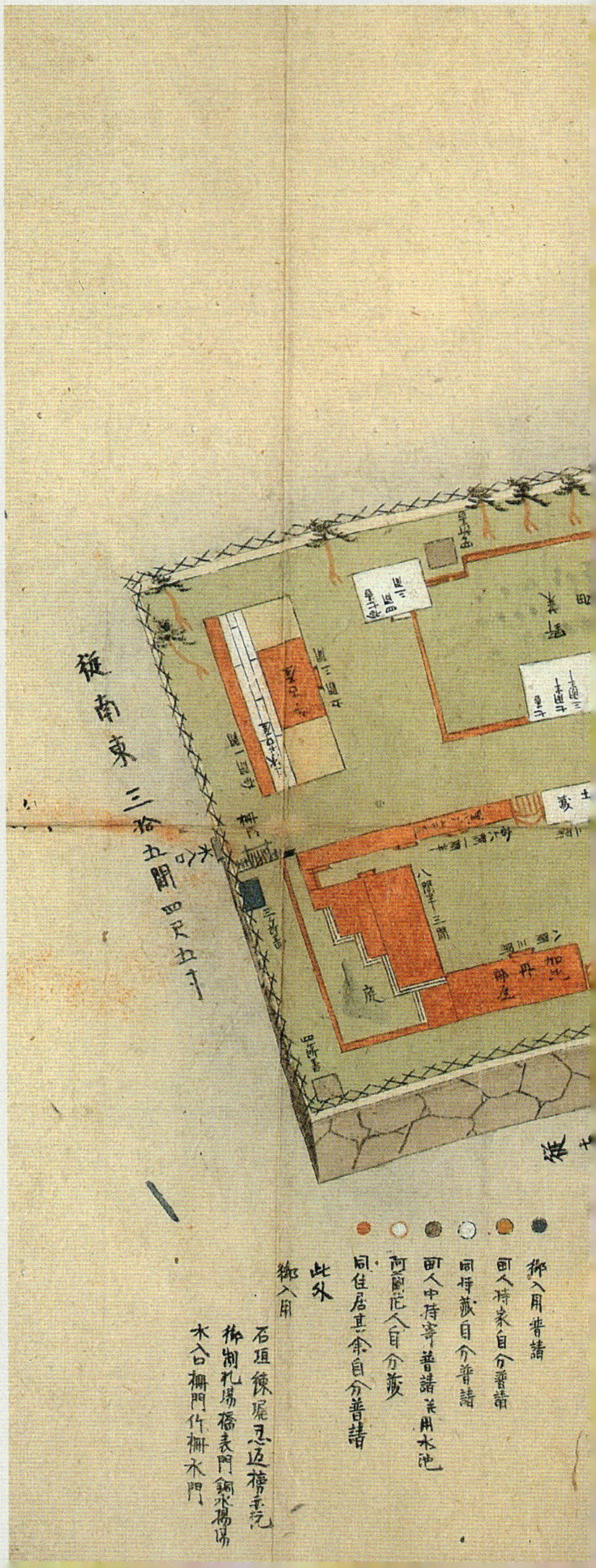

出島を半分に切ってみました！

出島の構造

出島をつくっている材料は何でしょうか。

出島は、大小の石と土、木でつくられています。それぞれが、出島を支える役割、出島を護る役割を担い、現在まで約400年に渡り、保全されています。

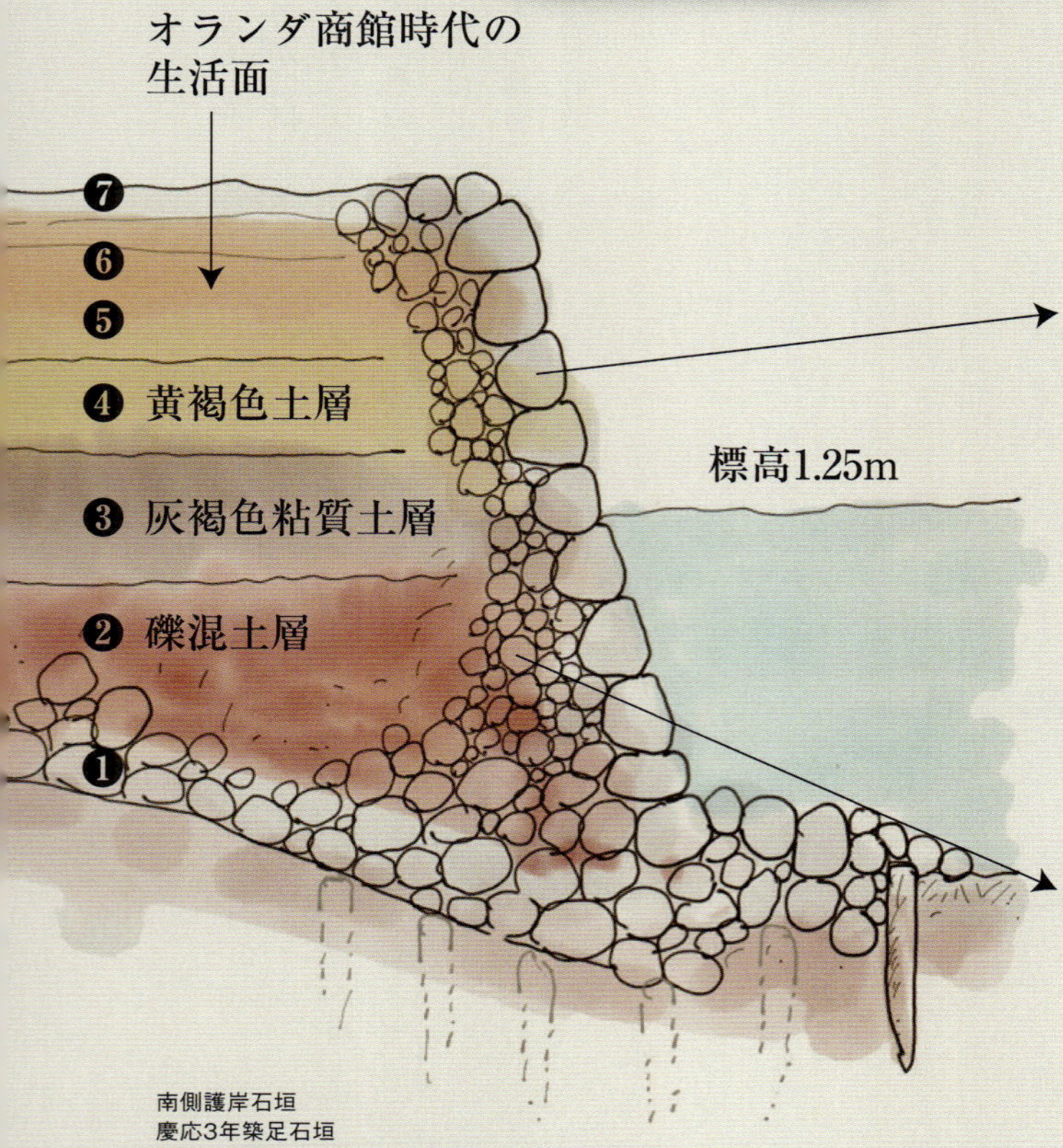

護岸石垣

石垣の下段に残る築造当初の石積みには、安山岩の割石や自然石が用いられています。座りのよい大きな石が使われ、横目地を通した布積みという技法で積まれています。中段では安山岩のほか砂岩、礫岩《れきがん》も使用されています。石は小ぶりで、布積《ぬのづ》みと野面積《のづらづ》みが見られます。上段は小型の石が乱雑に積まれています。

裏込め

裏込めには、大小の礫が使われます。石垣の表に連なる積石が安定するように、石積の間に隙間無く入れられ、それぞれがかみ合って、動かないように固定されます。礫と礫の小さい隙間からは、雨水などの水が排出され、石垣に水圧による余計な負担をかけないように考えられています。

出島の背面の埋め土との間には、規則的に石を並べ、土圧を受ける構造がとられています。

南側護岸石垣
解体6段目　裏込めの様子（手前側）

南側護岸石垣
慶応3年築足石垣
胴木・立杭検出状況

台となる部分の根固めをおこなう捨石《すていし》が広がります。その捨石の縁辺を巡るように木杭が配置されていました。

このほかに、慶応3年（1867）に作られた石垣の調査では、根石《ねいし》の下から胴木や地杭《ちぐい》が見つかり、しっかりとした基礎の上に築かれていることが分かりました。

埋土

護岸石垣よりもさらに出島の中心地に近い地点を、深く掘削して、出島の造成地の調査をおこないました。

通常の発掘調査では、商館時代の生活面があるため、思い切って深掘りすることはありません。掘削が許された範囲は、すでに近代の建物の基礎によって、遺跡が壊されていたため、さらに下層の埋立て土について調べることができました。このため、一部コンクリート杭により撹乱を受けた状況でしたが、東壁土層の精査をおこなった結果、土層は7層に大きく分かれ、下から①出島築造時の基盤層、②埋立て土、③整地面、④盛土、⑤出島和蘭商館時代の焼土層、⑥生活面（盛土）、⑦近代の撹乱が検出されました。

基盤面には安山岩礫層が堆積し、その上部には隙間に緻密な粘土が混入した礫混土層が検出され、これらの土層が出島造成時の埋め立て土の中心となります。これまで砂礫層と報告されていた埋立て土は、礫と礫間をつなぐチョコレート色の粘土で構成されていました。平均満潮位にあたる標高1.25m以下の土層はこの礫と粘土で構成された礫層が中心となり、その上部に粘質土（山土）を用いて整地面を構築し、さらにかさ上げしたうえで、生活をしていたことが分かりました。

また、石積み最下段にあたる標高−0.6m付近では、根石下部に安山岩礫層が検出され、その礫層が内部にまで及んでいることが分かりました。ただし、出島の中央部にあたるボーリング調査の結果では、標高0〜−1m付近から安山岩礫層が検出されていないため、出島の土台を形成する捨石礫層は敷地全域に設けられず、防波堤の役目を負った南側護岸部分とその近辺に重点的に施工されたことがうかがえます。

出島の埋め立て工法については、従来出島中央部に土砂の堆積による砂洲の高まりがあったと推察されていますが、この高まりを活かし、端部の構造補強をしなければいけない箇所に捨石礫層を敷き込んだことが見えてきました。

出島基盤土層確認状況

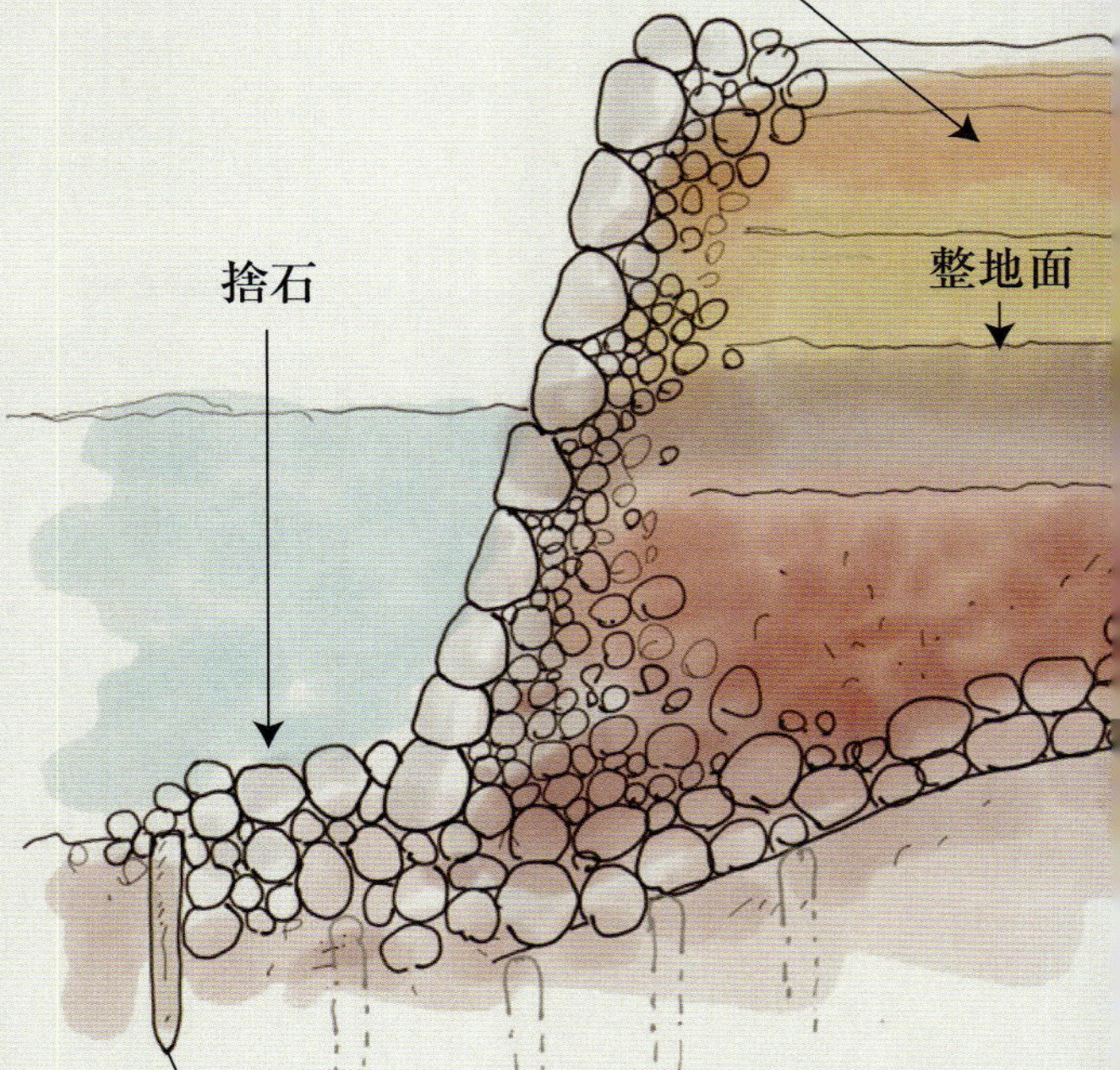

※出島埋立土層推定図

木杭

石垣をつくるときには、まず根入《ねいれ》をして木杭を打ち、しっかりとした基礎を作ります。出島では、江戸時代の護岸石垣の基礎からは、まだ胴木《どうぎ》や木杭は見つかっていませんが、南側護岸石垣の外側から、垂直に打ち込まれた木杭の列が見つかりました。これらの木杭と石垣の間には、大きな石を敷き詰めて、土

第1部

出島のつくり方

2 橋をツクル

閉じられた空間であった出島。
その出島と長崎を結ぶ唯一の架け橋が出島橋でした。
橋には、様々なものを結ぶ力が存在し、そこには人が集まります。
異国への門戸の役目を担った出島橋の姿と
その役割について紹介します。

石造の橋
発見された部材

２０１６年３月に、出島の中に石橋部材の保管小屋が整備されました。ここには、発掘調査中に見つかった約１７０石の出島の石橋の部材が並べられています。明治時代に撤去された出島橋は、親柱を除いて、その後行方が分からなかったのですが、出島の対岸にあたる江戸町の調査地点から、まとまって発見されました。

出島場内に展示中の石橋部材

出島の二つの門

江戸時代、海外貿易港長崎において、貿易と交流の基点となった出島には、重要な二つの門がありました。ひとつは、出島の最西端に設けられた輸出入品の通り口であった水門です。オランダ船に積まれた輸入品は、水門の南側口から出島内に搬入され、検査を受けました。また、日本からの輸出品は水門の北側口から搬出され、オランダ船に積み込まれました。水門は、世界とつながる窓口であったと言えます。

もうひとつは、出島の中央部に位置する表門です。表門では、出島内への人の出入りを監視し、出島に運び込まれる物資も、この門を通りました。門の前には、長崎の町とつながる橋が架かり、島内への唯一の入場口として、長崎、日本と出島をつなぐ役目を担いました。

日本とつながる橋

この橋は、出島の中央部、扇形の要の箇所に位置し、長さ、幅ともに二間

一尺（もしくは二間二尺、約4.5ｍ）の大きさの石製の橋でした。石橋は一連アーチ橋で、長崎の江戸町と出島を結びました。人々の出島場内への出入りは、唯一ここだけ。このため、橋を渡る前には、高札場《こうさつば》が設置され、禁止事項が記載されています。橋を渡った出島側への入場口となる表門には、門番が配置され、出入りする人々を監視し、通行の記録を作成し、密貿易を防止しました。通常は、乙名《おとな》という日本人役人の許可を得て、人々は通行許可証である門鑑《もんかん》を携えて入場しました。年間を通しては通訳のほか、大工や料理人が出入りし、貿易時には入札商人や荷運びをおこなう日雇い人夫が多数出入りしました。

また、長崎を訪れた日本人学者や阿蘭陀趣味に興じた権力者らにとっては、出島は憧れの場所であり、橋を渡って島内に入場することは、大きな興味の対象となりました。

さて、橋の名称ですが、江戸時代を通じて、表門にかかる橋は、単なる橋もしくは石橋と呼ばれていました。「出島橋」という名称が付けられたのは、明治15年で、そのほかの中島川に架かる橋と同様に、このころ、橋名が定められました。

石崎融思筆 蘭館絵巻（長崎歴史文化博物館蔵）
手前に石橋が描かれている

木橋から石橋へ

ここで、出島橋の変遷をたどってみましょう。

寛永13年（1636）出島が完成したときに最初に架けられた橋は、木製の橋でした。記録がないため、規模はわかりませんが、海中に橋脚が立つ橋の姿がうかがえます。

その後、延宝6年（1678）に木橋から石橋に架け替えられました。前項で説明した一連のアーチ橋です。このあと長きに渡り、この石橋の時代がつづきました。出島が描かれた絵画史料の多くに、この時期の石橋の姿がのこされています。橋脚で支える木橋から、橋詰を土台とするアーチ構造の石橋へと、構造的にも大きく変化しました。

明治18年（1885）から始まった中島川変流工事によって、出島は北側が約18m削られ、その際に出島橋も撤去されました。出島中央の橋がなくなり、新たに出島の両端に橋が架けられ、出島は次第に市中とつながっていきました。

蘭館図屏風（個人蔵）
江戸時代前期の石垣

石の柱　木橋の橋脚

オイレンブルグ伯『東アジア遠征記』より「出島橋」
江戸時代中〜後期の石垣

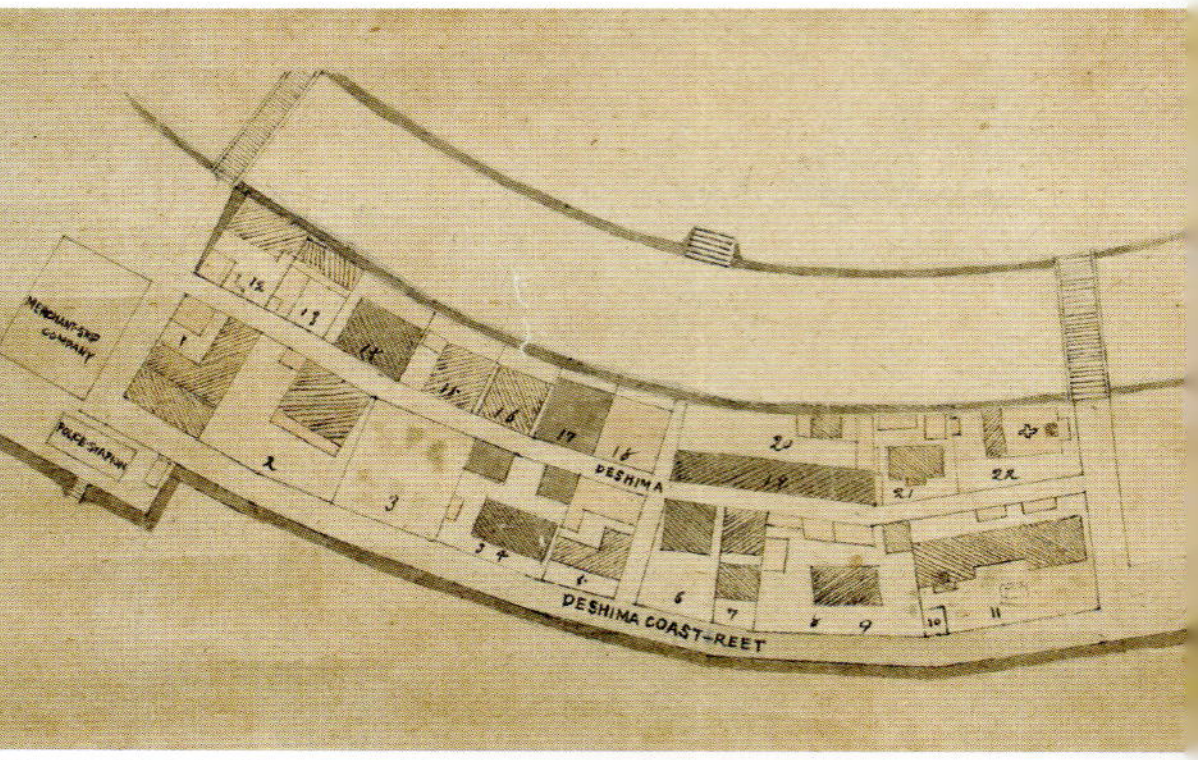

明治時代に橋が消失（明治18年ごろ）（長崎大学附属図書館経済学部分館蔵）

発掘調査、驚きの成果

長崎市は、2014年6月から、新たに出島と長崎をつなぐ橋を架橋するため、往時の橋のたもとに当たる江戸町側の発掘調査を実施してきました。これまでの2年にわたる調査で、二つの時代の橋詰の石垣が発見されました。橋詰とは、陸地と橋をつなぐ「たもと」の部分で、橋の土台にも当たります。

これらの橋詰は、拡幅の状況と出土資料の年代から推察して、内側の17世紀中頃の橋詰が木橋の時代のもので、外側の橋詰が延宝6年（1678）に木橋から石橋に架け替えられた際に拡幅された橋詰の石垣と考えられます。また、石橋の石材の一部や木橋の橋脚なども見つかり、その発見は出島橋の変遷を裏づける驚きの内容でした。

このほかにも、江戸時代の江戸町の護岸石垣がいくつも見つかり、その複雑な変遷がうかがえます。橋の架け替えにあわせて、護岸の線形と橋詰の形状は変化し、橋詰周辺に船着場や荷揚げ場などの必要な機能を設けました。

新発見!! 旧出島橋の部材

明治20年頃に中島川変流工事によって旧出島橋は取り壊されました。この時期に、その石材の一部が転用又は廃棄され、江戸町の地中や護岸に眠っていました。新たな橋を架ける計画によって、行われた発掘調査において、再び往時の出島橋が姿を現しました。

笠石

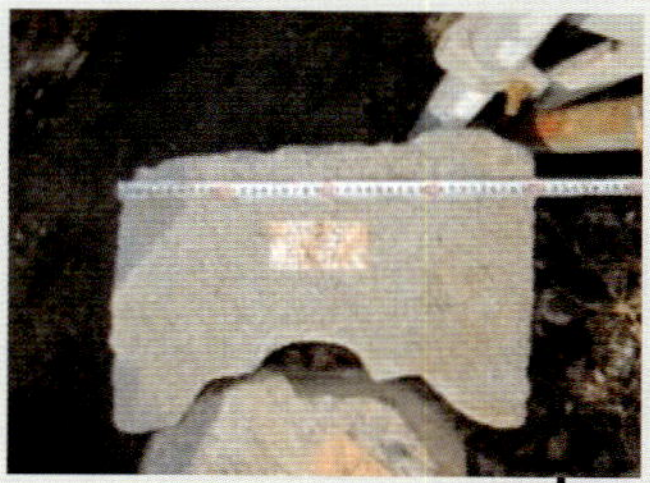

束石

親柱

長崎図巻（一部）　狩野春湖筆　（徳川ミュージアム蔵）©徳川ミュージアム・イメージアーカイブ／DNPartcom

輪石

解体された輪石は舟着場の石段として転用されました。

石段として利用された輪石は、さらに切断され、護岸石垣の一部に転用されました。

明治時代の石段

昭和の石垣

長崎の石橋群と出島橋

出島橋の変遷は、中島川の石橋群の変遷と類似しています。中島川には、寛永11年（1634）年に架橋されたとされる有名な石橋、眼鏡橋がありますが、この橋も架橋当初は木橋であったことが指摘されています。寛永年間の長崎の古図には、中島川に少なくとも4基の木製の屋根付きの廊橋が描かれていますが、その後、次第に石橋に架け替えられます。延宝6年（1678）に出島橋は石橋に変わりますが、この時期、中島川沿いにはすでに多くの石橋が架かり、延宝年間には万橋《よろずばし》（延宝6年・1678）、桃《もも》渓《たに》橋《ばし》（延宝7年・1679）、芊《すすき》原《はら》橋《ばし》（延宝9年・1681）が新たに石橋として架橋されました。

出島橋も長崎の伝統的な石橋架橋技術に基づいて、工事がおこなわれたことがうかがえます。

上／桃渓橋　下／中川橋

夢の架け橋

現在、長崎市は、出島に入場するための新たな橋の工事に取り組んでいます。新しい橋は、出島の景観と調和し、出島が引き立つことをコンセプトとして設計された人道橋で、2017年に完成予定です。この橋を渡って、新たに復元が進んだ出島に入場し、往時の隔離された空間であった出島、そしてさらに、長崎市中と再びつながる出島を体感していただくことができます。

また、紹介した出島橋の石材についても、今後継続的に調査をおこない、江戸時代の石橋の姿をより明らかにすることが計画されています。出島橋に関する技術が判明することによって、長崎の石橋文化についても振り返ることができるかもしれません。

出島に関わる新しい橋と古い橋、ともに夢の架け橋です。

新しく架かる出島表門橋　完成予想パース図

もうひとつの出島橋

江戸時代の出島中央に架かる出島橋とは異なる、もうひとつの出島橋があります。

出島の東側に架かる水色の鉄橋、これが現在の出島橋です。

こちらは明治23年（1890）に中島川の河口に架橋されたプラットトラス形式の新川口橋です。明治43年（1910）に旧橋の老朽化に伴い、新川口橋は現在の場所に移設され、新しい出島橋となりました。車も人も通行する現役の鉄製トラス橋としては、日本唯一の橋で、土木技術史において、たいへん貴重な構築物です。耐久度の具合から、いつまで現役として使用できるか分かりませんが、大切に見守りたい文化財のひとつです。

現在の出島橋

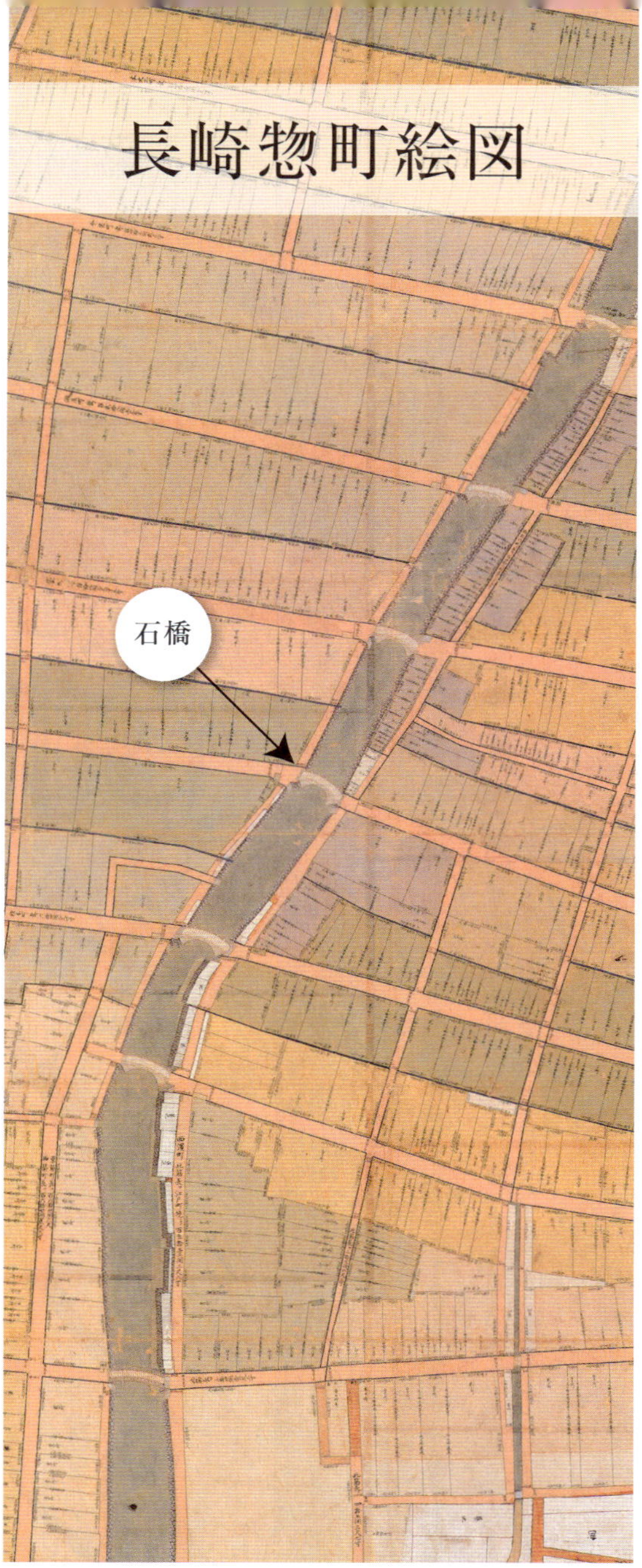

長崎惣町絵図（長崎歴史文化博物館蔵）

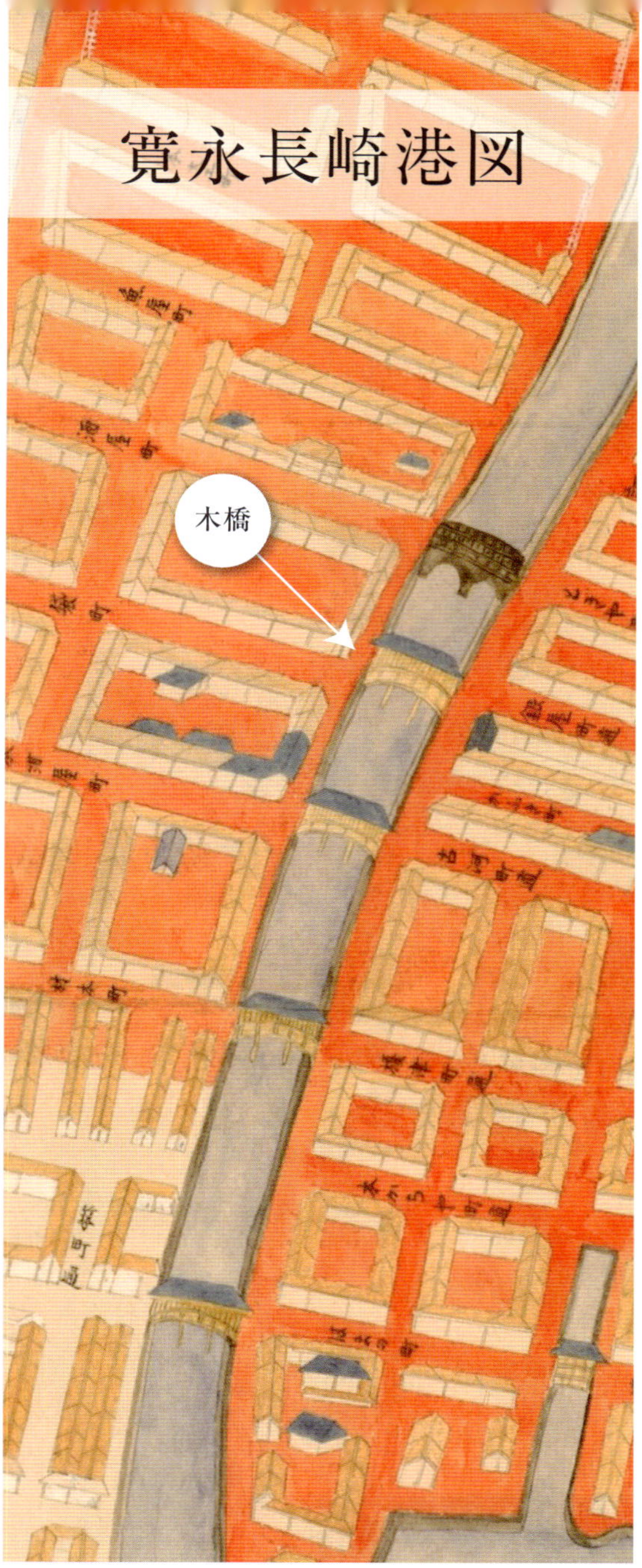

寛永長崎港図（長崎歴史文化博物館蔵）

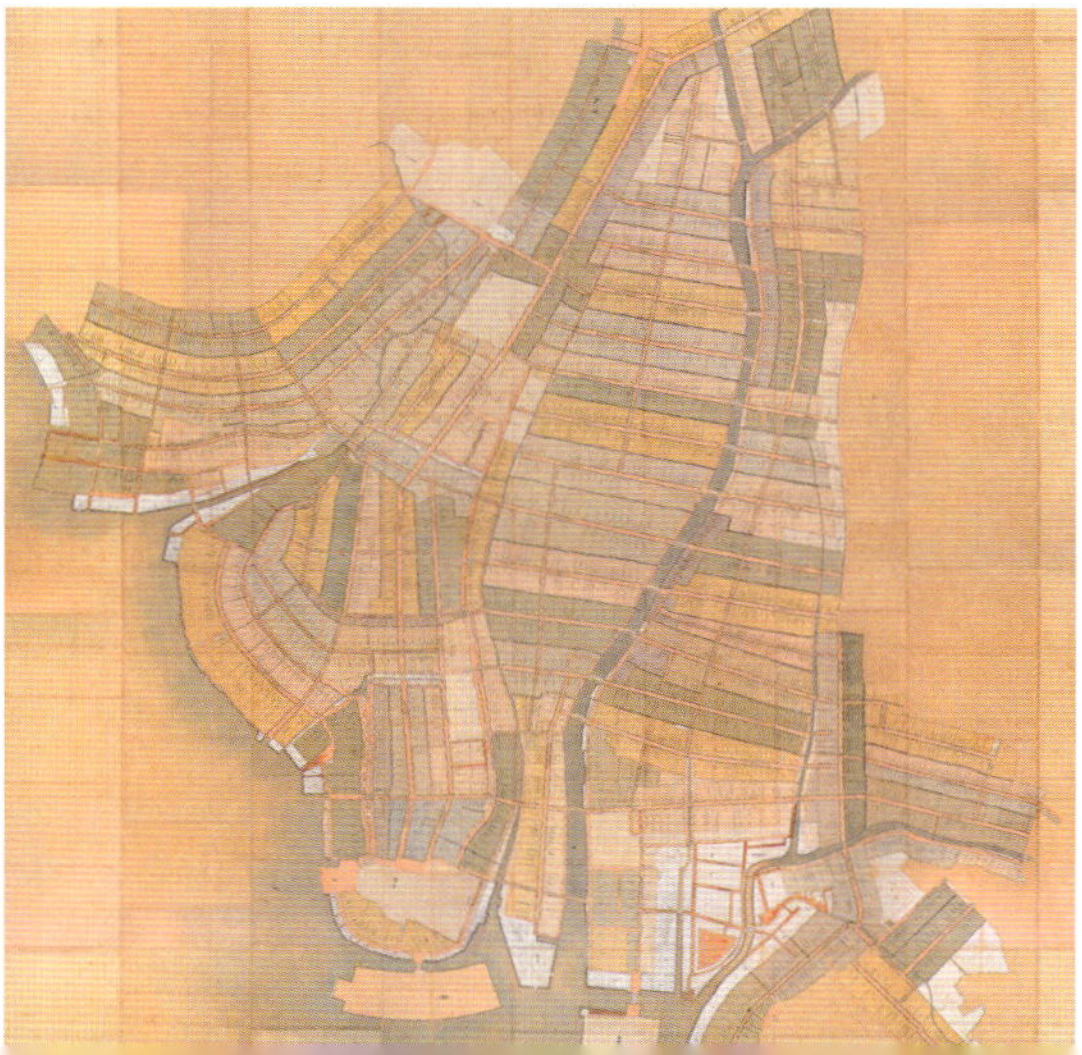

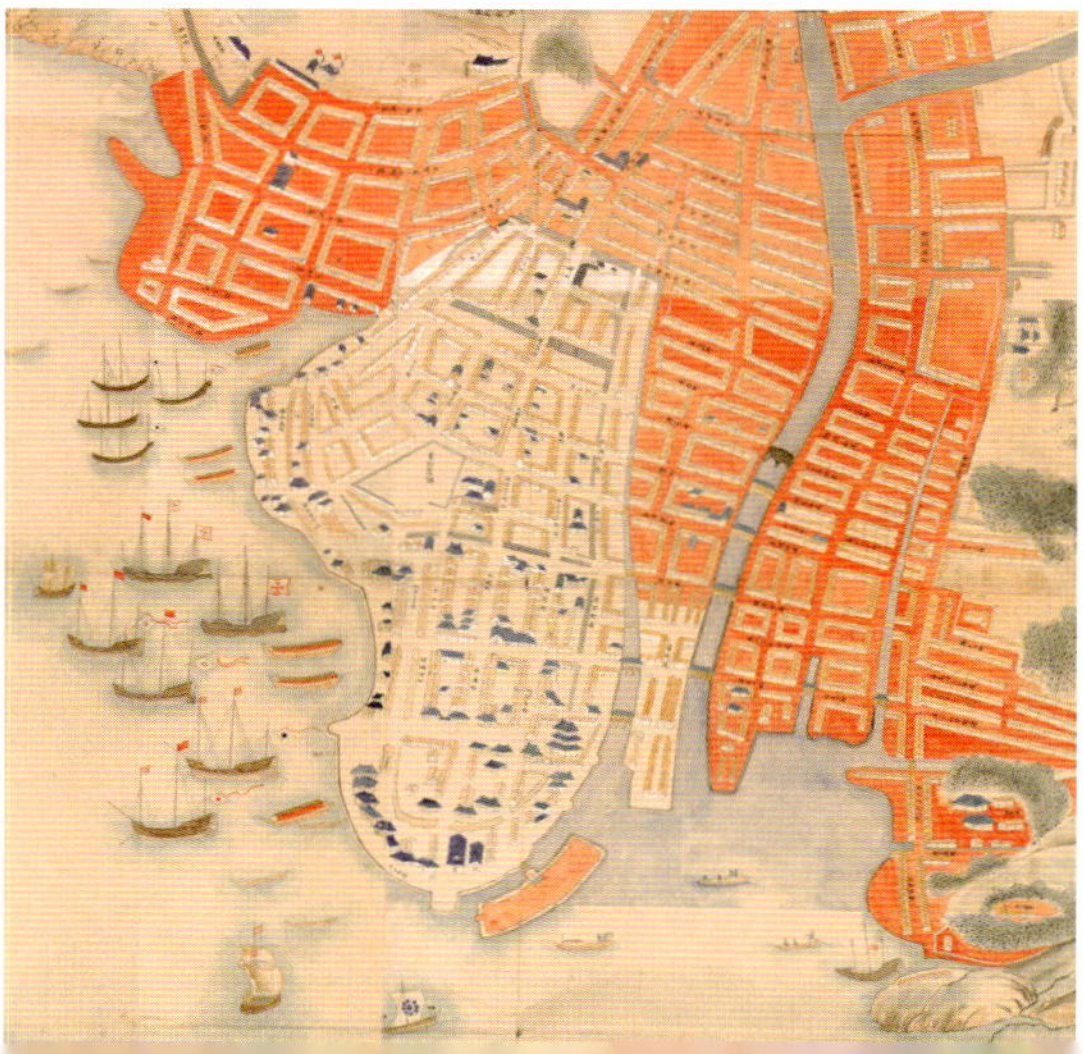

第1部

出島のつくり方

3 街をツクル

第Ⅱ期事業完成直前の出島　西側から
（長崎市出島復元整備室提供）

小さな島の中で暮らす。
さまざまな制約があるなか、長崎の人々は、出島という施設をオランダ人に提供し、
オランダ人は、住み良い環境を整えようとしました。
そこに生まれた空間は、街としての一定の機能を備え、
江戸時代の人々の工夫やオランダ商館の実態が見えてきます。
近年おこなわれた建造物の復元を目的とした出島内部の発掘調査によって、
住居跡や蔵跡、生活遺構が検出され、
絵図にえがかれた出島の姿が浮かびあがってきました。

オランダ人の街

2000年、出島の西側を中心にオランダ商館時代の建物の一部が復元されました。復元時期とした19世紀前半の建物は、シーボルト縁《ゆかり》の絵師川原慶賀が描いた時代の出島にあたります。建物の復元に際し、発掘調査の成果、ブロムホフの建物模型、市内の類例古建築、指図や絵図など、さまざまな資料が根拠とされました。

オランダ商館の建物

約半世紀に及ぶ発掘調査によって、さまざまな施設の遺構が検出されました。その内容は、出島敷地内における建物の遺構と、庭園、池、溝などの諸設備に関する遺構に大きく分かれます。

出島内の建物は、その種類や機能を分類すると、①商館員の居宅、②輸入品を納める蔵、③日本人の管理用建物、④商館側の管理用建物に分けられます。「商館員の居宅」については、商館長の居宅であったカピタン部屋やオランダ船の船長の居宅であった一番船船頭部屋、医師が居住していた外科部屋などがあります。

「輸入品を納める蔵」は、砂糖や蘇木(染料の原料)を納めていた一番蔵

「長崎版画・大和屋刊望遠鏡を持つオランダ人図」より抜粋
(長崎歴史文化博物館蔵)

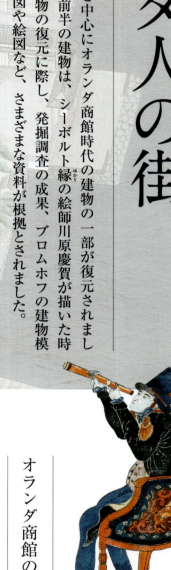

川原慶賀筆 出島図（ライデン民族学博物館蔵）

や二番蔵、本方荷物（商館が取引する貿易品）を納めるイ蔵、脇荷（私貿易品）を納めるロ蔵などがあります。

「日本人の管理用建物」は、表門や水門、番所などの人や物の出入りを管理し、その見張りを行う場所と日本人役人や通詞、出島町人が出島滞在時に使用する事務所です。

最後に「商館側の管理用建物」は、日々の生活の中で必要な施設、例えば賄所である料理部屋や火消用具入れ、家畜を飼育していた牛小屋や豚小屋などがあります。

このなかで、現在、建物遺構としては、出島西側を中心とした平成8・9年度の第Ⅰ期事業における発掘調査によって、商館員の住居（一番船頭部屋）の遺構及び蔵（一番蔵、二番蔵）の礎石の一部が検出されました。

つづく第Ⅱ期事業では、商館員の住居であるカピタン部屋や拝礼筆者蘭人部屋、輸入品を納める蔵であった三番蔵の遺構の一部を検出しました。このほかに、日本人の管理用建物であった乙名部屋、輸出入品が出入りする貿易門であった水門があげられます。

出島の家

オランダ商館員の住まいは、実際に出島に滞在した商館員の記録から、基本的に2階建ての建物で、1階部分が倉庫として、2階部分が住居として使用されていたことが分かっています。また、毎年の船で交代する商館員は出島に上陸し、部屋が与えられますが、多数の船員については、出島内への滞在は許されず、船長のみが夏から秋にかけて、出島への滞在が許され、居住のための部屋が与えられました。

日本側の史料では、建物ごとに付されている名称が○○部屋とされますが、これは建物としては1棟1棟の家屋を示しています。また、出島内における居住区は、その中心が出島の西側部分に配置され、扇形西半部の中央部に一番の中心となる商館長の居宅カピタン部屋を配し、その周辺に順番に位の高いものから低いものへと居宅が並びます。そして、中央部に下位の商館員の居宅が配され、さらに出島東側には、庭園などにカピタン別荘や花園玉突場などの別宅が準備されています。

出島の住居は、和風建築を基本とします。これは、徳川幕府の命で、洋風建造物の建築が禁止されたためであり、また、建物の所有者が日本人であり、それを作る大工も日本人であったことも影響します。

平戸オランダ商館時代、1639年という年号を付した大型石造倉庫が平戸のオランダ商館に建造されましたが、その直後にキリスト教に由来する西暦年号が問題となり、大目付兼宗門改役の井上筑後守政重によって、家光の上意として石造倉庫の取り壊し命令が下され、この時の商館長クーケパッケルはその命に従いました。その後の出島における商館施設の建築の際にも、この事柄は影響を与えています。

当時の幕府にとって、奇異で豪奢な建物の建設は、たとえ隔離された空間であっても許可できない事柄でした。ただし、自然災害の影響による破損や長年の使用による老朽化など、建て替えを伴わない建物の修理が必要な場合には、改修時に使い勝手の面で商館員の希望が取り入れられることがあり、基本的な骨組み以外の箇所で、西洋的もしくは東南アジアなどで確立されていた植民地スタ

オランダの街並み　ライデンにて

イルが混在していたことが建築学の研究成果として報告されています。

カピタン部屋

カピタン部屋は、用地買収前に敷地の所有が4件に分かれていたため、公有化の進捗に合わせ、順次発掘調査がおこなわれました。平成9年度に北西部に該当する箇所の確認調査がおこなわれましたが、旧ビル社屋の基礎により、まったく遺構は検出できませんでした。平成13年、14年にそれぞれ建物の東側、西側（中央部）の調査をおこない、良好な状況で遺跡が確認されました。涼所に当たる南西部の調査も平成14年度に併せておこないましたが、旧ビル社屋の基礎により、遺跡はまったく残っていませんでした。

この平成13～14年における調査では、建物の性格、規模によって、異なる構造の礎石群が検出されました。カピタン部屋は、復元時期である19世紀初頭においては、L字型の平面形であり、建物正面部の大きさは、間口一五間半×奥行き六間半、建物の奥側は間口6間×奥行き9間

正面から見たカピタン部屋

酒器とクレーパイプ

夜の灯り

ワインボトル

外灯

半でした。検出した礎石間から1間の柱間を想定すると、礎石間が平均的に約1.965mとなるため、6尺5寸を基準とすることが妥当と考えられます。

文献などの記述から、カピタン部屋は多様な用途を持っていたことが分かっています。具体的には、1階部分は主に倉庫や土間として使用されました。2階は事務所兼住居で、来賓の接待や宴席が設けられ、また商館事務室として使用されていたことから、商館員全員が集まる場としてはもちろんのこと、日本人役人や賓客も含め大勢の人々が集う場所でした。このことから、カピタン部屋は出島内の中心的な建物であるといわれ、その建物構造も商館員個々人の寝泊り用の住居とは、異なるものであることが想定されます。

カピタン部屋跡・乙名部屋跡（全景）

実際に発掘調査をおこなった結果、建物の大外回りに当たる外壁部分には、安山岩を用いた連続した礎石列が確認されました。出島内部においては、このように連続する礎石列は、蔵の基礎遺構において確認していますが、前述のカピタン部屋の規模や用途などを考慮すると、蔵の礎石列の構造がカピタン部屋外壁部に準用されたと考えられます。

発掘調査においては未検出ですが、実際には、各種の絵図でも描かれているように、安山岩礎石列の上部に直方体の切石を壁の並びに合せて据え置き、その上に壁を立ち上げたものと推察されます。カピタン部屋内部では、安山岩自然石を用いた礎石が縦横の通り上に数基並ぶ構造が確認されました。この礎石の通りが、間仕切り位置に相当すると思われます。

礎石以外に見つかった住居に関係する遺構としては、埋甕や鉄製の箍があげられます。埋甕は、便槽や水甕、食料品、燃料の貯蔵庫など、各種の用途が考えられます。鉄製の箍は木質部分が失われ箍の部分のみが残っていたため、木製の樽であったと思われます。日本製の木桶も、商館員が生活の中で使用していたと思われますが、オランダ本国で、洋樽を地中に埋める事例があることや、日本製の桶の箍に比べ、検出した鉄の箍が非常に堅牢で大きいことから、洋樽と推察されます。

この樽も、手水鉢、香辛料やワイン等の食料品、燃料等の貯蔵に使われたと思われます。洋樽は当時、ワインや燃料の輸送容器として、オランダ船で大量に出島内に搬入されていました。実際に、絵画史料の中にも散見され、オランダ商館員らの生活と密接に結びついた容器でした。

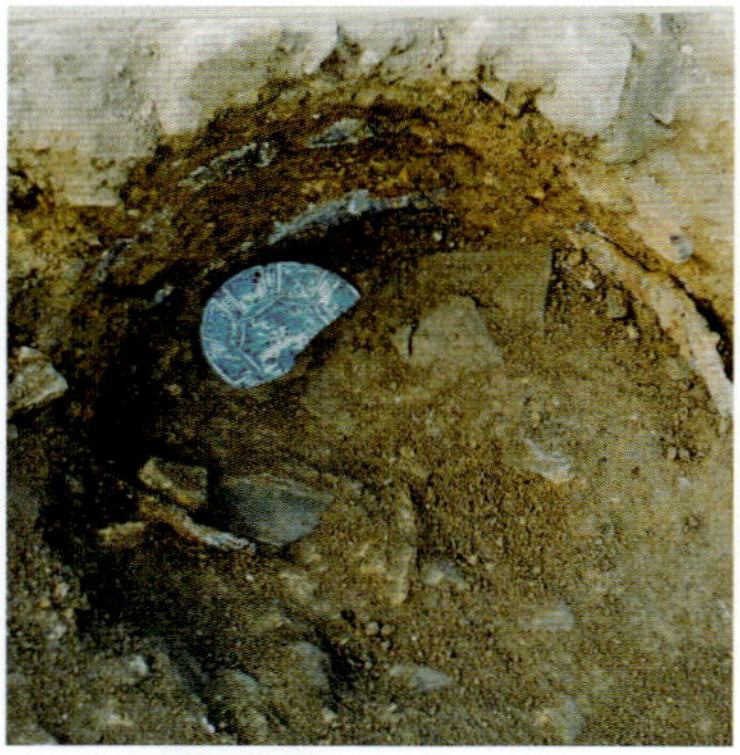
カピタン部屋跡出土鉄枠

再現されたカピタン部屋の空間

カピタン部屋は、建造物復元に際し、ブロムホフの出島模型（ライデン国立民族学博物館所蔵）が現存しないため、その他の資料、すなわち各種2階平面図や幕末期の古写真、絵画資料などを整理し、復元されました。

完成した建物は、建物の正面に三角屋根の階段があり、外壁にブラケット（壁付照明）が付き、バルコニーの手摺りには鮮やかなグリーンのペンキが塗られ、他の居宅とは趣きが異なります。室内には、様々な柄の唐紙《からかみ》が貼られ、たいへん重厚な作りになっています。このカピタン部屋は出島への来客をもてなす迎賓館としての役割を持ち、また商館長の居宅として私的な機能をも合わせ持った建物でした。

カピタン部屋や一番船船頭部屋など、内部の様子が史料から推定できる建物とその室内については、部屋の内部空間の再現をおこなっています。これらの生活再現展示では、19世紀初頭の復元建造物に合わせ、同時期のある日に情景の設定をおこない、調度品の配置を行いました。シーンの設定をおこなったことにより、これまでより人の動きがイメージしやすい空間を作ることを目指しています。

カピタン部屋2階では、大広間、17・5畳の部屋、15畳の部屋の3部屋の再現展示をおこなっていますが、この3つの部屋は、カピタン部屋という人が集まる空間であることから、シーン設定に公的な要素が強く出ています。大広間では、12月に開催される宴会の様子が再現されています。商館員が全員集まり、椅子に座って、普段より豪華な料理を前に、楽しい時間を過ごす光景が浮かび上がります。壁には、オランダの風景が描かれた版画が飾られ、シャンデリアやテーブルの蝋燭には火が灯されました。

対照的に一番船船頭部屋の2階では、商館員や船長のプライベートな部屋を再現しています。また、季節もカピタン部屋では秋から冬にかけての時期を想定していますが、船頭部屋では、交易期間中である夏を想定した展示を行なっています。

カピタン部屋2階 大広間再現展示

一番船船頭部屋 船長の部屋

大広間サイドテーブルの上のコーヒーセット

豚らかん(ハム)と野菜

カピタン部屋の事件史

商館長の居宅であったカピタン部屋は、出島のなかで一番大きく、商館員が集合し、来客をもてなす中心的な役割を担った建物でした。このため、そこに集い、暮らした人々の悲喜こもごもが、たくさん詰まった空間でもありました。

カピタン部屋再建 商館長ヘンドリック・ドゥーフⅡ世

寛政10年（1798）出島オランダ商館で発生した大火災によって、西側半分の建物が焼け落ち、カピタン部屋も焼失しました。その後、他の建物は次々と建て直されましたが、カピタン部屋だけは再建の目途が立ちませんでした。遅れて文化5年（1808）の春、新しいカピタン部屋が時の商館長ヘンドリック・ドゥーフによって建てられ、文化6年（1809）1月に完成しました。この時、ドゥーフは遊女瓜生野と恋仲にあり、その子供道富丈吉は文化5年10月に生まれたばかりでした。ドゥーフは、新しいカピタン部屋にこの二人の家族を伴いますが、文化12年の秋、丈吉が7歳になると、出島のなかで家族が一緒に過ごすことは許されず、その2年後には、新任の商館長ブロムホフと交代し、ドゥーフと丈吉は永遠の別れの時を迎えました。

さて、このヘンドリック・ドゥーフのオランダ商館在任中には、ロシア使節レザノフの来航やイギリス船フェートン号の長崎湾侵入、イギリス船シャーロッテ号、マリア号の来航など、様々な外交問題が起こり、オランダ商館が危機的な状況に陥った時代でした。ドゥーフは、時には阿蘭陀通詞や長崎奉行所と連携するなかで問題を解決し、また時にはオランダに不利益な情報は開示せずに穏便にことを進め、出島オランダ商館を存続させました。

また、出島への長期に渡る滞在期

ドゥーフ像　川原慶賀筆　（神戸市立博物館蔵）Photo:Kobe City Museum / DNPartcom

間中に、阿蘭陀通詞の協力を得て、蘭日辞書『ヅーフ・ハルマ』の編纂に取り組みました。公私に渡り、日本人と密接なつながりを持った商館長でした。

平成20年オランダのライデン国立民族学博物館から、出島のカピタン部屋に関する新たな史料『出島カピタン部屋普請分担絵図』（文化七年）が発見されました。この史料の片面には、寛政の大火後、文化5年から再建に着手したカピタン部屋の建替え後の姿が描かれています。絵図の上面には、色分けされた建物の2階平面図が描かれ、これをめくると1階平面図が描かれています。また史料のもう片面には、カピタン部屋の修復費用の分担を、出嶋乙名・家主河内屋仁右衛門・カピタンの三者で取り決めた契約書が記されています。

この絵図が発見されたことによって、寛政10年（1798）に火災で焼失したカピタン部屋が、文化6年（1809）に再建工事が完成した時から、カピタン部屋の大きな特徴の一つである建物前面の三角階段が造られていたことが改めて認識されました。また費用負担の内容から、オランダ側、日本側がそれぞれ管理をおこないたい部分、通常通り家主に維持補修を分担する部分について明確となり、カピタン部屋の持つ役割が、多様であることがうかがえます。

この立派なカピタン部屋を再建し、この契約を結んだ当事の商館長は、ヘンドリック・ドゥーフでした。

ヘンドリック・ドゥーフII世

Hendrick Doeff Jr　1777～1835

1777年アムステルダム生まれ
1798年ジャワに渡って商務員補となり、翌年7月出島和蘭商館の筆者頭として長崎に到着
一旦バタビアに帰り、1800年再来日
1801年荷倉役、1803年27歳で商館長となる
1809年を最後に1817年までオランダ船の来航なし
在任期間中、フェートン号事件、ラッフルズの出島奪取計画など、様々な外交危機を乗り越える
遊女園生、瓜生野と懇意にし、瓜生野との間に道富丈吉が生まれる
日本人通詞の協力を得て、蘭日辞書『ヅーフ・ハルマ』を編纂（完成は1833年）
1817年バタビアに帰り、1819年オランダへ向かう
帰国後もアムステルダムに居住し、同地で1835年に死去
著書『日本回想録』（新異国叢書10　新田満夫　2003年）

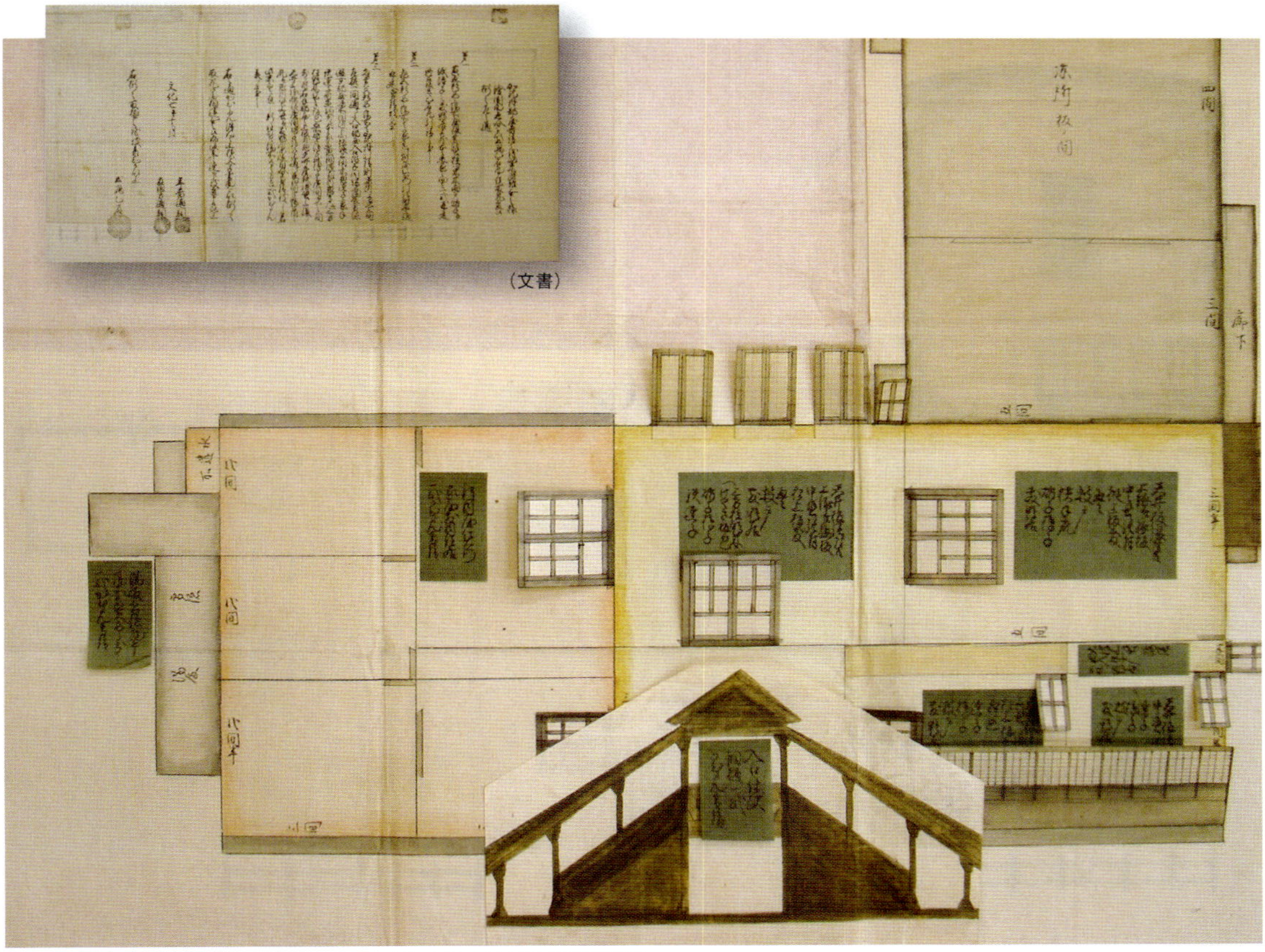
（文書）
（図面）

出島カピタン部屋普請分担絵図　文化7年（1810）（ライデン国立民族学博物館蔵）

商館長夫人ティツィアと出島の長椅子

復元されたカピタン部屋の一室にあたる15畳の部屋に、青い貼地の美しい長椅子が置かれています。この長椅子は、オランダのデン・ハーグに店を構える骨董店『DAATSELAAR & GODHELP』にて、購入した調度品です。この長椅子には、オランダ商館長ブロムホフ夫人ティツィア・ベルフスマの悲しい物語が隠されています。

文化14年7月4日（1817年8月16日）、長崎を訪れた2隻の帆船、フラウ・アガタ号とカントン号。3年ぶりに日本へ来航した船に、長崎の町は沸きかえっていました。フラウ・アガタ号には、新任の商館長ブロムホフが乗船しており、1803年より長らく商館長を勤めたヘンドリック・ドゥーフは、その到着を待ちわびていました。

しかしながら、この船には、出島への滞在が許されない女性や子供、すなわち夫人のティツィアや子供であるヨハンネスらが乗船していたのです。このため、すぐには長崎港への入港が許可されず、時間を経て、時の長崎奉行のはからいのもと、出島への

ブロムホフ家族図　川原慶賀筆　（神戸市立博物館蔵）Photo:Kobe City Museum / DNPartcom

上陸がかなったのです。

その後、上陸についてはいったん許可されたものの、改めて出島に滞在することが問題とされ、ブロムホフ一家は、幕府あてに嘆願書を出すことにしました。しかし、結局この嘆願書は認められず、例外が許されないまま、ティツィアとその一行は、船が長崎に到着してから16週間後に、長崎を離れる船で帰ることになりました。この間、長崎を訪れた西洋の女性のことで、長崎中は大騒ぎとなり、短い滞在でありながらも、その姿はたくさんの絵画に描かれ、彼女をモチーフとした古賀人形がつくられたことはよく知られています。

なかでも、神戸市立博物館が所蔵する『ブロムホフ家族図』には、この家族の姿が詳細に写しだされています。カピタン部屋の一室で描かれたと推測されるこの絵の中には、時の商館長ブロムホフとその夫人ティツィア、男児ヨハンネスと乳母ペトロネッラ、召使マラティが描かれています。この絵画は、出島出入絵師川原慶賀によって描かれたもので、慶賀はこのほかにも、出島を訪

古賀人形
西洋婦人

れたティツィアの姿を数枚の絵画に納めているのです。

この家族が置かれていた状況を思いながら絵画史料に向き合うと、そこには、長い航海を乗り越え、家族のために上陸が禁じられていることを知りつつやってきた女性ティツィアと、彼女を信頼し、異国の地まで渡ってきた若い女性ペトロネッラ、ジャワ人の女性マラティがいます。彼女たちの思いとはうらはらに、初めて見るヨーロッパや東南アジア地域の女性の姿が、長崎の人々にとっては物珍しく、奇異に映り、興味の対象となりました。

この絵画の中で、赤いドレス姿のティツィアが腰掛けている長椅子に酷似した調度品を、オランダのアンティークショップ『DAATSELAAR&GODHELP』にて見つけました。この店は、19世紀初期に流行したアンピール様式の調度品を数多く取り扱っている店でした。アンピールとは帝政の意味で、帝政ナポレオン時代にフランスで起こり、デザインは帝政期のローマや古代エジプトの装飾意匠をもとに、直線と厳格なシンメトリーを特徴とします。その意匠は当時の建築や室内装飾、家具などに取り入れられ、色は金や赤、黒、青を基調とし、重厚な印象を受けます。

復元されたカピタン部屋　15畳の間　左奥にブロムホフの椅子もある

この長椅子の特徴は、青い貼地と金色の鋲、そして獣足を模した脚。平成17年の夏、展示業務の一環で、オランダ各都市の骨董店を回り、カピタン部屋に飾る調度品の選定、買付けを行っていた時に、この長椅子が見つかりました。選定、購入をまかされた展示の委員を含むチームのメンバーらは、前述の川原慶賀の家族図についてよく理解していたため、家具のスタイルと貼地の仕上がりが絵画史料に酷似するこの長椅子の発見を喜びました。その後、その他の購入品と一緒に、オランダから海路にて、東南アジア経由で、この家具は現在の出島に運ばれてきました。ちょうどティツィアらが、フラウ・アガタ号でバタビアから出島まで、同じ家具を運んだように。

出島滞在中のティツィアは、慣例通り、旧商館長が出島を離れるまでは、新任の商館長が入居する庭園の別荘で暮らしました。それから4ヵ月後、出島での貿易を終え、2隻の船がバタビアに向けて出港する時が家族の最後の別れのときとなりました。バタビアまでの船旅は、帰国の途についた前商館長ドゥーフと船長ら信頼出来る人物に囲まれての旅で、1ヵ月ほどで到着しました。バタビアからオランダまでの帰路は、4ヵ月以上の船旅となり、デン・ヘルダーの港に到着したときは憔悴しきっていたといいます。

その後、ティツィアは、病にかかり、１８２１年の春に亡くなりました。その知らせは、１８２２年の夏に出島を訪れた船によって、ブロムホフの元に届けられました。すでに1年以上の歳月が過ぎていたのです。ティツィアの日本への旅路については、その子孫にあたるルネ・ベルスマ氏が一冊の本にまとめています。（『ティツィア』日本語版　松江万里子訳　シングルカット社　２００３年刊）

カピタン部屋2階の15畳の部屋で、もうひとつ、探して欲しい椅子があります。同じ川原慶賀の絵画の中に、赤い礼服のブロムホフが座るラッフルズスタイルの籐製の椅子が描かれています。こちらも同等品を購入し、部屋の窓際の一角に展示しています。時代を超えて向き合う家族の姿が、この室内の空間に想像できるように思えるのです。

ヤン・コック・ブロムホフ　Jan Cock Blomhoff　1779〜1853

1779年アムステルダム生まれ
軍人となってジャワに渡航し、1809年出島和蘭商館の荷倉役として長崎に来日
前年に起こったイギリス船フェートン号事件に強い衝撃を受けた幕府の命で始められていた、通詞らによる英学研究の指導を行ったのちに教わった通詞らが中心となり、日本で初めての英語の辞書『諳厄利亜語林大成《あんぐりあごりんたいせい》』が編纂された
1813年イギリス船シャーロッテ号が出島を接収しようと長崎に来航した際、ドゥーフを助け、それを退けた
その後イギリスとの交渉のため同船に同行しバタビアに赴くが、捕らえられて英国に送られたのち本国に戻り、1817年ドゥーフの後任として長崎に到着
この時に夫人ティツィア・ベルフスマと子息ヨハネス、その乳母と召使いの女性を伴ったことはよく知られている、遊女糸萩と懇意にする
1823年商館長ステュルレルと交代し、ジャワに戻る
1824年帰国後はハーグ、次いでアメルスポルトに住み1853年同地で死去
とくに著書はないが、ライデン国立民族学博物館所蔵のブロムホフ・コレクションは有名

拝礼筆者蘭人部屋

拝礼筆者蘭人部屋跡の調査は、平成13年度から15年度まで3ヵ年にわたり実施し、この一連の調査で、近代から18世紀代までの各期の遺構が検出されました。このうち建物の礎石については、使用される石材に時期的な相違があることがうかがえました。19世紀中葉に比定される礎石では、大型の板状結晶片岩が用いられる例が確認されました。また、同時期の礎石跡からは半円形の掘り込み内部に破砕した結晶片岩が敷き込まれている例がみられ、栗石や間詰石として利用していたことがうかがえます。18世紀以前においては、安山岩の自然石が用いられ、結晶片岩の使用例は確認されていません。

本地点では、18世紀代の遺構面からまとまった量の水銀が出土したことが、特筆すべき事項として挙げられます。土層中から、銀色に光るコロコロとした粒状の物体が、集中的に出土したのです。水銀は、人体には有害な鉱物であるため、その取り扱いについては、専門家諸氏にご教授いただきました。その指導、助言に基づき、発掘調査体制を作り、調査中の水銀の取扱い、含有土壌と排水の処理を専門的におこないました。その上で、水銀出土の学術的な意義について、検討を行いました。

さらに、水銀出土集中地点に隣接する箇所で、アマカワ遺構や樽跡等も検出されました。パリ中央文書館所蔵の蛮館図の中に、「鍛冶場の図」という絵図が所載されていますが、拝礼筆者蘭人部屋のアマカワ遺構や樽跡、また壁に近い場所に位置する焼土（炉跡と推測する）などの内部遺構は、この鍛冶場の作業状況に似ています。遺構検出状況から調理場の一角とも考えられますが、出島の館内においては、調理施設は料理部屋や賄所として別途設けられているため、その他の可能性を想定することができます。このため、絵図の題名とされている「鍛冶場」という言葉が重みをもち、本地点が出島内部施設の工房跡であったとする可能性が考えられます。

また、樽跡の掘り込み内部の土壌について、古環境研究所による花粉分析、植物遺存体分析をおこなった結果、フトモモ科、シソ科などの植物遺存体が抽出されました。これらのうち、とくにシソは、オランダ商館の貿易品目の一つである香辛料の類にあたります。樽が、ピクルスなど保存食の貯蔵に使用されていた例と考えられます。

第Ⅱ期工事で復元された拝礼筆者蘭人部屋

拝礼筆者蘭人部屋跡

交易で賑わう出島（石崎融思筆『蛮館図』より制作した模型から）

出島の蔵

蘭館内部に建てられていた蔵は、寛政の大火以降再建されたものを含め、19世紀初頭には、15棟の蔵があったと伝えられています。カピタン部屋、ヘトル部屋など出島の中心的な建物の向い側に集中的に蔵が配され、なおかつ荷揚場や水門に近く、管理上また作業上、機能的に配置されていたことがうかがえます。

これらの多くは、輸入品を納める蔵で、例外的に、「御朱印書物蔵」や「獄網歴青蔵」などその他の用途として使われた蔵があります。その名称から、前者は重要な貿易関連書類を保管する蔵で、後者は建物や船などの修繕に要する塗料などの保管倉庫と推測されます。

その他の蔵は、一番蔵から十五番蔵まで、数字で数え挙げられ、その他に本方荷物を収蔵したイ蔵と脇荷物を納めたロ蔵が建てられていました。イ蔵、ロ蔵はともに間数12間×4間で、巨大な倉庫。当時の長崎市中における町屋の蔵の例としても、これほどの大型倉庫の例は無く、オランダ商館が、本国あるいはアジア各地の商館に設けた倉庫の印象に近いものです。

蔵の建材については、住居と同じく和風建築物であるというしばりがあるため、基本的には土の壁に瓦葺きの土蔵でした。とくに寛政の大火により、火災による損失を受けた商館にとっては、日本建築の技である厚い土壁に漆喰仕上げの構造は十分な防火対策となり、この構造が基本となります。

例外的に、前述したイ蔵、ロ蔵については、大型の構造物であるためか、文献中に煉瓦が使用されていることが記されており、その上に漆喰を塗って仕上げられていました。煉瓦は、幕末にオランダ人技師ハルデスによって、初めて長崎で焼成されたことが記録されているため、この時期に使用された煉瓦は、外国産でした。

また、これらの蔵にはオランダ商館員らが花の名前を付けていたことが知られ、それぞれに愛称が残されています。たとえば一番蔵は、ロース（バラ）蔵、二番蔵はアンニェリール（ピンクのカーネーション）蔵、イ蔵はドールン（いばら）蔵、ロ蔵はリリー（百合）蔵と呼ばれました。

一番蔵跡

一番蔵は、規模が間口3間×奥行き5間の土蔵でした。敷地南側から道路面と平行に安山岩の礎石列が検出され、そこから北側に直角に延びる礎石列が検出されました。このため、この矩形を中心に、礎石の精査を行うと、さらに北側及び西側の壁面に該当する箇所からも礎石列が検出され、しっかりとした蔵の平面形を押さえることができました。

二番蔵、三番蔵については、一番蔵に比べると、遺構の遺存状態が悪いため、中央の通りを挟んだ北側建造物群の中で、この一番蔵の検出遺構が、その後の検出遺構の成果の検討の際に、基準として考えられています。

二番蔵跡

二番蔵は、規模が間口7間×奥行き5間と比較的大型の蔵でした。一番蔵と平行して調査がおこなわれ、主に平面形が方形を成す遺構が2基検出されました。南側から中央部にかけて広範囲に攪乱を受けていましたが、前述の一番蔵と比較検討する中で、外回りに位置する礎石列が復元時期にあたる二番蔵の礎石列であることが推察されました。これ以外に、1基の礎石を中心にその周囲に礎石を配する花形の礎石が検出されたが、この礎石群については、二番蔵よりあとの時代の建物の礎石であると思われます。

二番蔵内部に当たる位置から、面的に粉状に砕かれた珊瑚が検出されました。一部の形状を留めている珊瑚を観察すると枝珊瑚やテーブル珊瑚が混在することが分かり、南方系の珊瑚が持ち込まれていたことが分かります。現在でも沖縄の旧家では、住居の周りに珊瑚を敷き詰めている例が知られます。このため、東南アジアなど南方での生活様式に通じたオランダ商館員によって、意図的に施工されたものと考えられます。海中を埋め立てて造成した出島であるため、貿易品が湿気を帯びないよう配慮された

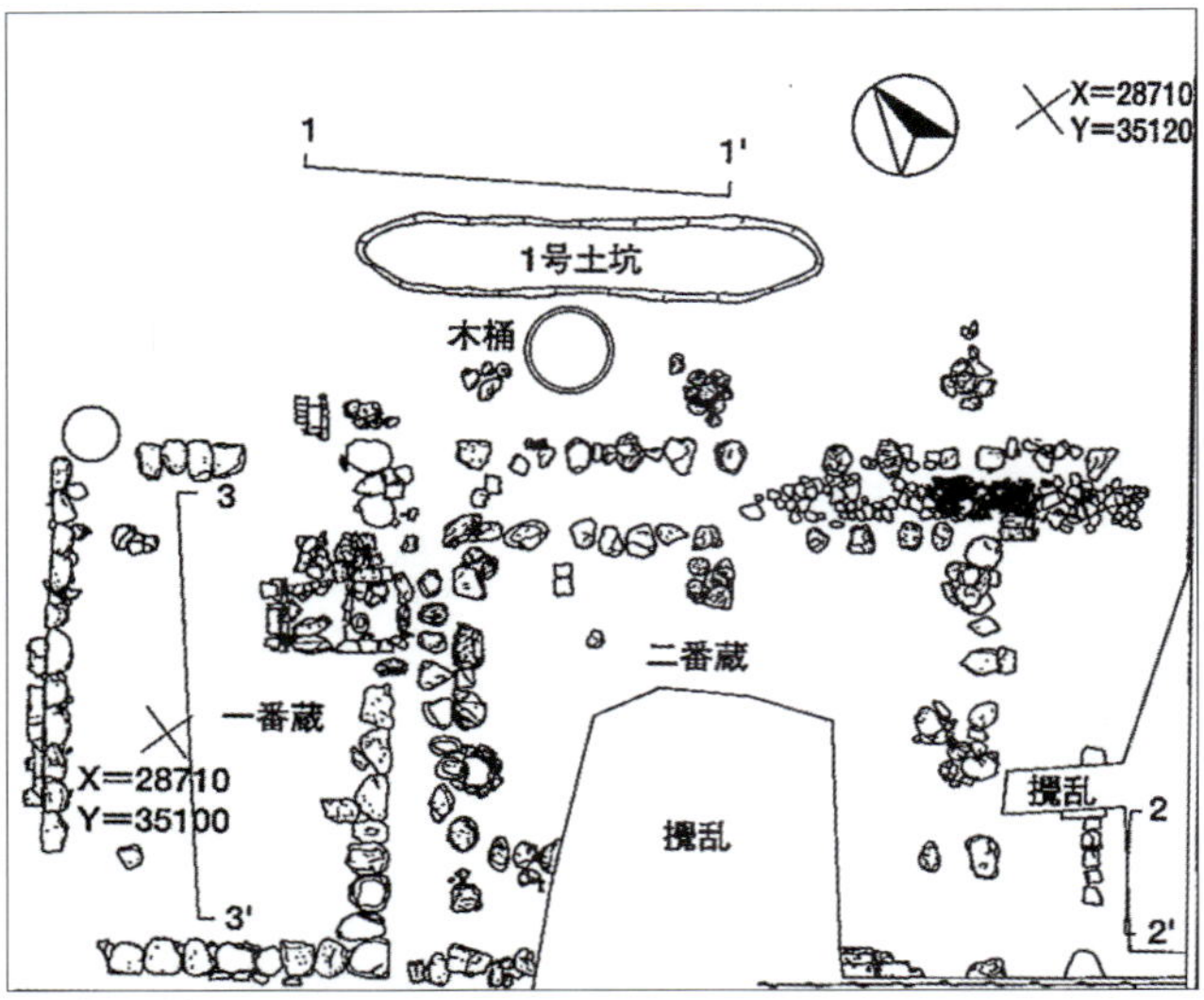

一番蔵・二番蔵　平面図

復元された出島の蔵

ものでしょうか。

二番蔵の北側空き地部分からは、東西に延びる大型の廃棄土坑が検出され、海外輸出向け有田製磁器がまとまって出土しました。

日本人の仕事場

出島のなかには、日本人役人や阿蘭陀通詞の詰所など、日本側の管理、行政に携わる施設と、門や番所などの警備や保全に関わる施設がありました。出島の中心となる表門とその突き当たりの場所に、日本人役人の詰所が集中しています。また、貿易の際に、重要となる水門の入口部、出島西端付近にも、貿易品を改めるための施設が集中しています。

乙名部屋

カピタン部屋と同じく平成13年度に東側半分、14年度に西側半分の調査をおこないました。

乙名部屋は、各種の絵図やライデン民族学博物館に所蔵される『ブロムホフの模型』から、復元時期に当たる建物が町屋風の構造であったことが推察されました。発掘調査の結果、内部から検出された礎石は、1間ずつ縦横に並び、柱の基礎石であることが分かりました。柱間としては、礎石間は中心から計って、約1.965mの数値であったため、1間は6尺5寸と考えられます。実際のところ、柱間が若干広くなっている箇所があり、逆にこの位置に間仕切り壁が想定され、建物内部空間の推察に充分な根拠資料となりました。この礎石の半裁、断面観察の結果、掘り込み内部に小石を敷きこみ、その上部に柱を立てる和風建築の基礎として一般的な構造であることが分かりました。

このように、一連の調査のなかで、蔵と住居の基礎構造の違い、さらには住居であっても、商館員用もしくは日本人用に分けられ、商館員用であっても、その機能、用途が異なる場合など、様々な状況による基礎遺構の差異が発掘調査から明らかになりました。このような基礎構造が見えてきたことによって、造られた建物についても、その構造の一端を知ることができます。

復元された乙名部屋の室内

生活空間としての出島

島での生活。住まい以外にも、様々な設備が必要となります。生活全般に関する遺構は、管理柵や鐘楼など建物に準じる施設や、用水池や水溜などの水周りに関連する設備、また道路や排水溝などの土木構造物、庭園や菜園、飼育場などの整備された緑地帯など、さまざまです。

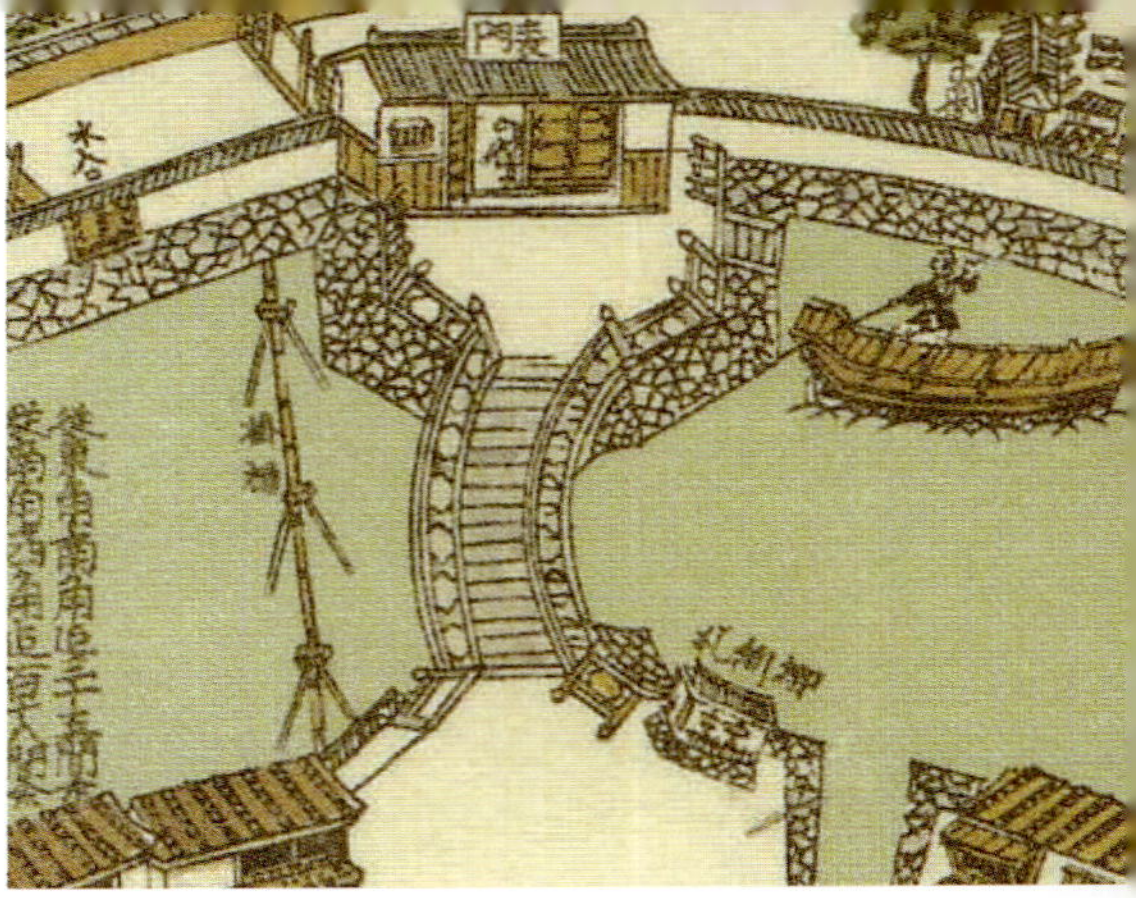

市中から渡された竹樋（出島古版画部分）

水は生活の基本――生活用水と排水設備

生活に欠かせない水、出島では、飲水や生活用水の入手、保管、排水など、それぞれの段階に併せたシステムが構築されていました。文献史料や絵図から、その方法については知られていましたが、一連の発掘調査によって、絵図に現れない地下の構造物の確認ができ、その仕組みや構造が明らかになりました。

堀と管跡

カピタン部屋と乙名部屋の間の敷地から、東西方向に大きく横たわるV字型の堀状遺構が検出されました。掘り進めるうちに、帯状に広がり、溝状に深くなることがわかりました。掘り込まれた部分の断面形は、V字もしくはU字形をなし、掘り込み内部には東西に延びる直径7～8㎝の穴の跡（管跡）が4基検出されました。壁面の観察により、数回に分けて掘り込まれた形跡がみられ、最下部の管跡には、長方形の掘り方がみられ、管の接合部の細工の状況がわかります。管材については、肉眼観察で全く検出できなかったため、土壌分析を行いました。その結果、孟宗竹の花粉が周辺から採取され、管材が竹であった可能性が考えられます。管跡からの直接的な採取ではないため、決定付けるには、もう少し根拠資料が必要と考えますが、文献史料や出島古版画でも、対岸の江戸町から出島へ掛ける水樋に竹管が用いられていたことが記されているため、同じものが土中を巡る上水遺構にも使用された可能性があります。ただし、出島では飲み水などは市中から購入し、炭酸水もオランダ船でボトルを持ち込んでいたため、その他生活全般に使用するための上水設備と考えられます。

地中深く横断する水路管の跡

水溜

堀状遺構に伴い、石製の枡が検出されました。枡の上部には側壁の立ち上がり部分に石が配され、方形の構造が想定されることから、絵画史料などでみられる水溜の下部構造に相当すると思われます。この枡と実際の水の流入口（上記の管跡）の接続部は橙色粘土で固定され、枡の石材は角閃石安山岩で、軟質で加工しやすい石質でした。絵画に描かれる水溜はその下部構造が不明でしたが、竹管によって出島の地中を水路が巡り、この溜め枡が基点となり、ここで水を汲み上げる、もしくはポンプアップしていたものと思われます。

用水池

カピタン部屋の東側外に、大型の方形のアマカワ遺構が検出されました。規模は、平面形が7.3ｍ×2.5ｍ、深さ1.1ｍで、大きな水槽状のアマカワ内部にさらに長方形の枡が作られています。壁の立ち上がり最上部が若干欠損していますが、全体像から破損部を推定すると、絵画や古地図によって確認できる4間×1間半の規模の用水池と合致します。

用水池は、寛政の大火後に火災対策として新たに作られました。南壁及び北壁の2箇所に池の内部に入る階段があり、中にはさらに方形の枡があります。これは雨水などの溜り具合により水量の加減が調整しやすいよう配慮したためと思われます。内部の枡は、瓦や石などで築かれ、表面にアマカワが塗布されていました。遺構の立ち上がりは遺存状態が悪く最上部は欠損していますが、絵画などから用水池周囲に方形の切石が巡っているため、この切石までアマカワが塗り固められていたと思われます。

排水溝

カピタン部屋を中心に、排水に伴う石造り溝が見つかりました。1基は、カピタン部屋東外側から検出され、敷地内部から中央通路端にみられる側溝に繋がります。カピタン部屋東壁外側に当たる箇所にトイレがあったことが残されている平面図から分かっていますが、発掘調査ではこの箇所で埋甕が2基検出され、便槽であったことが分かりました。このため、この近くから見つかった石造り溝もこれらの遺構と一連のものと考えられます。

もうひとつの石造り溝は、北端部がカピタン部屋建物内部に位置し、暗渠として乙名部屋下部を通り、南側護岸石垣内に排水口が開口する溝です。部屋内部に当たる箇所では溝は開口しており、側壁と溝底部にそれぞれ別々の加工石が配置されます。溝中央の暗渠部では、コの字型に刳り貫いた石が組み合わされ、さらに南方では板石状に切り出された石材が組まれていた。コの字状の石材は角閃石安山岩で、板石状の石材には安山岩と砂岩が用いられていました。一部で石組溝の外側に栗石を配した補強や石材間のアマカワによる固定も確認されました。

絵画に描かれた用水池（伝川原慶賀『長崎出島之図』（部分））
（長崎大学附属図書館経済学部分館蔵）

発掘された用水池

石造り溝　開口部と暗渠部

出島の道

蘭館図絵巻などの絵画史料の中では、出島を東西に横断する中央道路やその他の通路が、土風であったり、石敷きであったりと、意図的に描き分けられていることが分かります。発掘調査では、出島の中の道路及び通路に時代的な変遷が見られ、異なる舗装面が見つかりました。

整備された道路

平成10年度に行った出島の中央を東西に延びる道路部分の調査によって、往時の舗装された道路面が確認されました。

西側では、道路中央に埋設されている下水道管により撹乱を受け、敷地が南北に分断された状態で各種の遺構が検出されました。特筆すべき遺構として、カピタン部屋跡付近及び中央広場付近の道路で集中的に検出された玉砂利による舗装面があげられます。

使用された石材は、直径3～4cm程の青灰色の蛇紋岩で、面的に敷き詰められていました。この面の直下から、焼土が混在した土層を確認したため、この玉砂利面は寛政の大火後の舗装面と考えられます。西側の道路幅は当初二間半でしたが、この火事後に、延焼の予防策の一環として道路幅が三間半に拡幅されています。玉砂利の分布範囲は南側サイドに集中し、一部北側サイドにも残存している箇所が認められるため、両サイドにこの舗装がおこなわれていたことが推測されます。

さらに、この舗装面の直下から、白色の玉石を敷き詰めた面が検出されています。この面は焼土の直下にあたるため、寛政の大火以前の舗装面と考えられます。

このほかに、二番蔵、三番蔵跡付近の道路部分、北側サイドから東西方向に延びる石列が検出されました。この石列は、2基の石列に大別することができ、二番蔵、三番蔵の各建物の推定位置から約1m南側に1基、さらに1m南に1基の石列が並び、併せて約一間となります。建物に近い北側の石列は、大型の石材を用いており、南方の石列が小型の石で形成されています。これらのことから、寛政の大火後に行われた一間ほどの道路の拡張は、道路の北側サイドが拡張されたものと考えられます。したがって、大型の石列については、火事以前の建物に関連する遺構の可能性があります。

道路　玉砂利舗装　寛政の大火後

道路　白色玉石舗装　寛政の大火前

石崎融思筆『蘭館図絵巻』(部分)
(長崎歴史文化博物館蔵)

道路の排水溝

道路東側からは、各種の溝遺構が検出されました。旧石倉前の道路からは、南北に配置された溝の一部が見つかりました。建物の建つ敷地内からの接続部分にはコの字型に成型された石製の溝が用いられ、さらに丸瓦を数枚接合した溝が連結していました。瓦の接合部には橙色粘土が用いられ、瓦側面には方形の石が設置され、溝としての窪みを作り出し、上蓋に板状石が用いられます。

旧長崎内外クラブ付近では、北側サイドから東西に延びる瓦溝が5m程検出されました。この瓦には桟瓦が用いられており、側面には方形の石が並べられています。この2種の溝は、いずれも江戸時代後期に比定され、その後、居留地時代に造られた特徴的な三角溝に移行します。三角溝は2枚の板石をV字形に組み合わせたもので、出島と同じく居留地であった南山手に現在も一部残されています。前述の江戸時代後期の瓦溝は、復元建物周辺の整備でその工法を使用しているため、その後に造られた現存する三角溝と合わせ、出島の側溝の変遷を辿ることができます。

東側の道路幅については、拡張の経緯がなく、当初より二間半であったと思われますが、旧長崎内外クラブ付近で検出した側溝の例から、居留地に移行する際に、若干道幅が広くなり、江戸期の溝が一部残ったものと思われます。

旧長崎内外クラブの東側からは、中央部から大型の溝状土坑が検出されました。この土坑中には焼土が充満し、18世紀代を中心とした大量の陶磁器が出土しました。このため、寛政の大火時に焼土整理のため、影響のなかった東側部分において空地であった道路を利用して、片付けを行ったものと推測されます。

土坑の形状は、中央部が埋設管による撹乱を受けていたため、その南側半分のみが残存していた状態で、全体の形状は不明ですが、残存部から推測してU字型であったと思われます。

道路検出瓦敷き溝

石崎融思筆『蘭館図絵巻』(部分)
(長崎歴史文化博物館蔵)

閉ざされた街
建造物の基礎構造

長年にわたる発掘調査によって、出島の19世紀前半を中心としたさまざまな遺構、礎石の例が確認されました。これらは、その機能、用途の違いによって、下部構造の仕組みが異なることを示しています。

【蔵の礎石】

大型の安山岩自然石を連続して敷き並べた礎石列を中心とする。その上部に直方体の長手の切石を渡し、その上部に土壁が作られる。

【大型住居の礎石】

最下部に安山岩自然石を比較的密に敷き並べ、石列を形成する。その上部に破砕し扁平にした安山岩の割石を敷き、さらに上部に長手の直方体の切石を渡す。安山岩割石がその下部の丸みを帯びた自然石とその上部の切石の介石の役目を果たし、高さのバランスを取る。蔵の構造と近似するが、これはカピタン部屋のような大型住居の場合、外周を巡る壁部の加重は大きく、蔵に準じた構造の礎石が用いられたものと思われる。

さらに、19世紀中頃以降になると、洋館風建物が出島内部にも建設されるようになるが、洋風建築の礎石列は、このカピタン部屋礎石構造からさらに堅牢となったもので、介石であった割石部分が、結晶片岩の板石へと変化する。出島では、この頃から礎石に結晶片岩が用いられる。

【住居の礎石】

オランダ人住居及び日本人住居など、一般的な住居については、1間を6尺5寸とする柱間に据え付けられた礎石が基本となる。礎石は一回り大きな掘り方を持ち、その内部に安山岩の自然石が据付けられ、その上部に柱が立てられる。下部の安山岩の補強を行う必要がある際には、平面のバランス調整のため、やはり安山岩の割石が用いられる。1間6尺5寸については、基礎石間を計ると、一部を除き、この寸法が合致する。一部の距離が合わない箇所については、建物内部の間仕切り等が想定され、室内空間の検討に示唆を与える。

十四番蔵跡·銅蔵跡他　発掘調査地点全景

出島では、大掛かりな土地の造成をおこなうことが許されていないため、同一敷地内に連綿と同じ規模の建物が建造されます。市中に比べ、造成工事、建築工事が不自由なうえに、18世紀末から商館が経済難に陥るため、礎石一つ、建材一つが安易に廃棄できるものとは思えません。このため、礎石の転用例は多く見られ、礎石の抜き去りによって、プランの広がりが掴みづらい場合もありました。実際に、被災した痕が残る安山岩礎石が、焼土を伴わない面に据えられていた例がみられ、火事後に位置を動かして、再設置したと考えられます。また、位置の移動を行わず、礎石をそのまま転用した例もありました。

廃棄物は陶片やガラスのお宝

建物の外回りに目を移すと、礎石群の集中箇所と土坑群の集中箇所に敷地内が分かれる箇所がありま す。一番蔵、二番蔵付近では蔵の外側に当たる北方に大型の土坑が検出され、内部からは多くの廃棄された遺物が出土しました。カピタン部屋では、この部屋の裏手に当たる南側、乙名部屋との空き地部分から大型の堀状遺構を含む、数基の土坑群が検出されました。これらの遺構分布は、建物とその裏庭の関係を示します。絵画資料によらずとも、遺構の分布と遺物の出土状況を検討することによって、建物の配置とその周辺の空間利用が明らかとなる事例です。

とくに出島では、廃棄物の処理は重要事項であったと考えられ、割れた陶器片、ガラス片であっても、それが珍しい品物の欠片であれば、長崎では欲しがる人々がいました。ゴミの海中投棄が行われれば、それを求めて船を出し、出島に近づく禁止行為に及びます。このため、廃棄物の海中投棄は禁じられ、出島蘭館のゴミは出島内で処理されていました。

狭い出島の中で空き地を求め、建物の裏手のみならず、東側の庭園まで埋めに行った商館員の姿が目に浮かびます。

これらのゴミを捨てた穴、廃棄土坑から出土した遺物の欠片は、私たちに多くの事柄を教えてくれます。

廃棄土坑の断面図

ヘトル部屋物見台より望む

第1部

出島のつくり方

4 庭をツクル

貿易の場であった出島の中でも、
オランダ商館員は庭園で憩い、
菜園で必要な野菜や薬草を育てました。
また、牛やブタを飼育する
空間も設けられていました。
このような場所にこそ、
人々の生活の様子や思考について
知ることができるヒントがあるようです。
現在でも、高い農業生産力を誇り、
植物を愛するオランダ人の庭について考えます。

右、上写真／ライデン大学附属植物園　日本庭園

シーボルト肖像
（長崎歴史文化博物館蔵）

シーボルトの庭

ライデン大学の中に、オランダが世界各地から収集した植物の一部を植栽、管理している植物園があります。その一角に日本庭園があり、シーボルトの胸像が設置されています。シーボルトは、日本の動植物を体系的に海外に紹介した人物として、その功績が讃えられています。

描かれた庭園と動物園

出島が描かれた絵図には、貿易や住居の内部の様子とともに、庭園の様子もテーマとしてよく扱われています。珍しい動物が見られる動物園の図や、花樹が並ぶ美しい庭園など、出島を憧れの場所として印象づけるような内容です。

出島は一般的に、中央部に管理に伴う施設が集中し、西側に上級職員の住居が建ち、その住居に近い空間に貿易品を納める蔵が並びます。そして、東側に庭園、菜園、家畜の飼育小屋、下級職員の住まいがありました。18世紀後半から19世紀前半に描かれた石崎融思や川原慶賀の絵図を参照すると、18世紀後半には、東北部分が囲われ（P56絵図内）、中に庭園が整備され、石橋や葡萄棚が見られます。19世紀前半になると、これらの庭園は様変わりし、葡萄棚も石橋も撤去され、新たに菜園が作られます。一説には、これらの菜園は、シーボルトが植物学研究のために庭園を菜園に変更したと伝えられます。復元時期に該当する絵画史料としてよく知られている絵図は、この時期の様子を描いたものになります。

また、川原慶賀の蘭館絵巻に見られる動物園の図には、牛やサル、ヤギなどが描かれ、出島の中で、飼育されている様子が見られます。少し古い蘭館絵巻では、島内を歩くヒクイドリやヤギの姿が見られ、多様な動物たちが出島に運ばれた様子の一端を垣間見ることができます。

このほかに、東側の庭園、菜園部には、よくよく探すと、日時計や三角形の石碑などが描かれている場合があります。これらは、現在も残されている石製の日時計とケンペル・ツュンベリー記念碑であり、江戸時代にどこに設置されていたかを知る手掛かりとなります。

18世紀の出島 葡萄棚と日時計
『蛮館図』「灌園愛花図」
（パリ国立図書館蔵）

もう一人の偉大な植物学者ツュンベリー

土地を耕し植物を植える、この行為は、その土地が自ら管理する場所であることを示し、これらの栽培された植物は、人々の日々の糧となる大切なものでした。また、新大陸で発見された新たな有用植物は、これらを産しない土地の人々にはたいへん貴重な商品となり、西洋諸国の交易の中に組み込まれました。地球上の植生が明らかにされていないこの時代において、植物学は、今以上に、大きな価値と社会的に影響を及ぼす学問であったことが推察されます。そのようななか、長崎に来航した博物学の知識を有した研究者らは、その土地の気候、風土、文化とともに、植生や動物の形態を探求し、記録を残しています。

出島に訪れた研究者の中で、世界的に有名な人物として、カール・ペーター・ツュンベリー（1743〜1828　スウェーデン人）が挙げられます。ツュンベリーは、ウプサラ大学でリンネに学びフランスで医学を修業した医者であり植物学者でした。安永4年（1775）に来日し、わずか1年で日本を去りましたが、江戸参府に随行し、長崎から江戸へ向かう道中付近の植物を採集する機会を得て、日本の多くの植物をヨーロッパに持ち帰りました。また、短い在任期間の中、吉雄耕牛《よしおこうぎゅう》、中川淳庵《なかがわじゅんなん》、桂川甫周《かつらがわほしゅう》らを指導したことが知られます。

フランス語版『日本紀行』（1796）
（国立国会図書館蔵）

帰国後、『日本植物誌』（1807〜23）"Flora Japonica" を著し、リンネの跡を継いでウプサラ大学学長となりました。

ケンペル・ツュンベリー記念碑（県指定史跡）

商館医シーボルト（1823年来日）は、同じく商館医として来日し、日本の研究を行ったケンペル（1690年来日）及びツュンベリー（1775来日）の偉業を顕彰するため、出島の花畑に1826年に記念碑を建てました。ケンペル、ツュンベリー、シーボルトの3人は出島の三学者といわれ、彼らが日本の発展に寄与し、また日本文化を海外に紹介した功績は大変大きなものでした。この石碑は、シーボルト事件発覚後、出島内の庭園に埋められ隠されますが、明治を迎え、新政府によってシーボルトが許された際に、再び掘り起こされ、現在も出島に安置されています。

シーボルト『日本植物誌』の表紙を飾った記念碑

碑面には次のように刻まれています。

E.　Kaempfer,
C.P.Thunberg
Ecce ! virent vestrae hic plantae florentque quotannis.
Cultorum memores, serta feruntque pia.
Dr.　von　Siebold

〈日本語訳〉
ケンペル、ツュンベリーよ見られよ
君たちの植物がここに来る年毎に緑そい咲きいでて
そが植えたる主を忍びては
愛でたき花の髪をなしつつあるを

ケンペル・ツュンベリー記念碑

ライデン大学植物園と標本館

1829年に日本を離れたシーボルトは、日本の植物約260種をオランダに送り、その後オランダのライデンに居住しました。その際に、住まいとしたのが現シーボルトハウスです。彼は、この地で持ち帰った資料をもとに日本研究に着手しました。

植物に関する資料は、主にライデン大学附属植物園とオランダ国立植物標本館に保管されています。植物園では、シーボルトが日本から持ち帰ったケヤキやフジ、アケビなど13種類の植物が現在も大切に育てられています。また、標本館では、シーボルトとその縁の学者らの植物標本などの資料が、多数収蔵されています。

発掘調査と庭

出島東側を中心とする庭園及び菜園部分の調査は、平成12年度におこなわれました。この調査は、庭園整備を目的としておこなわれましたが、庭園遺構面の遺存状態が良好であったため、当初予定していたカピタン別荘とその南部に広がる敷地における整備を断念した経緯があります。代替地として適当かどうか確認を行うため、遺構存否確認調査を行ったミニ出島西部に広がる庭園では、すでに旧庭園造成の際に江戸時代の遺構面が破壊されていることが分かったため、代替地にその計画は移行されました。これが現在の「シーボルトの里帰り植物園」です。

出島にはケヤキ、フジ、アケビ、ナツヅタ、イロハモミジの5種類を里帰りさせ、東側の庭園に植樹しています。

ライデン大学附属植物園

日本植物の標本　標本館収蔵資料

附属植物園にて

出島シーボルトの里帰り植物園

18世紀の出島の庭

18世紀の出島の庭

出島の北東部に、広い庭園が見られます。中央にアーチ状の植栽が延び、大きな葡萄棚が設置されています。この庭園は、石崎融思の絵画にも美しく描かれ、涼所が取り付けられた葡萄棚には、アーチ状の橋が架かり、池の赤い影は錦鯉が泳ぐ姿を思わせます。出島の中央部から、この庭をまっすぐ抜けると商館長の別荘にたどりつきます。交易で賑わい、厳重に貿易品の管理を行っていた蔵が建ち並ぶ出島西側の重要地域とは異なり、ここは商館長の憩いの空間だったのでしょう。出島の庭先を描いた17～18世紀の絵画には、孔雀や火喰鳥など、華やかな鳥が遊ぶ姿が見られますが、この頃、鸚鵡やインコなど、南洋の鳥たちが人気となり、盛んに日本に輸入されていたことをうかがわせます。

現在の出島では、石製のキャピタン橋とともに葡萄棚が設けられ、夏から初秋にかけて、青々と実る葡萄が見られます。

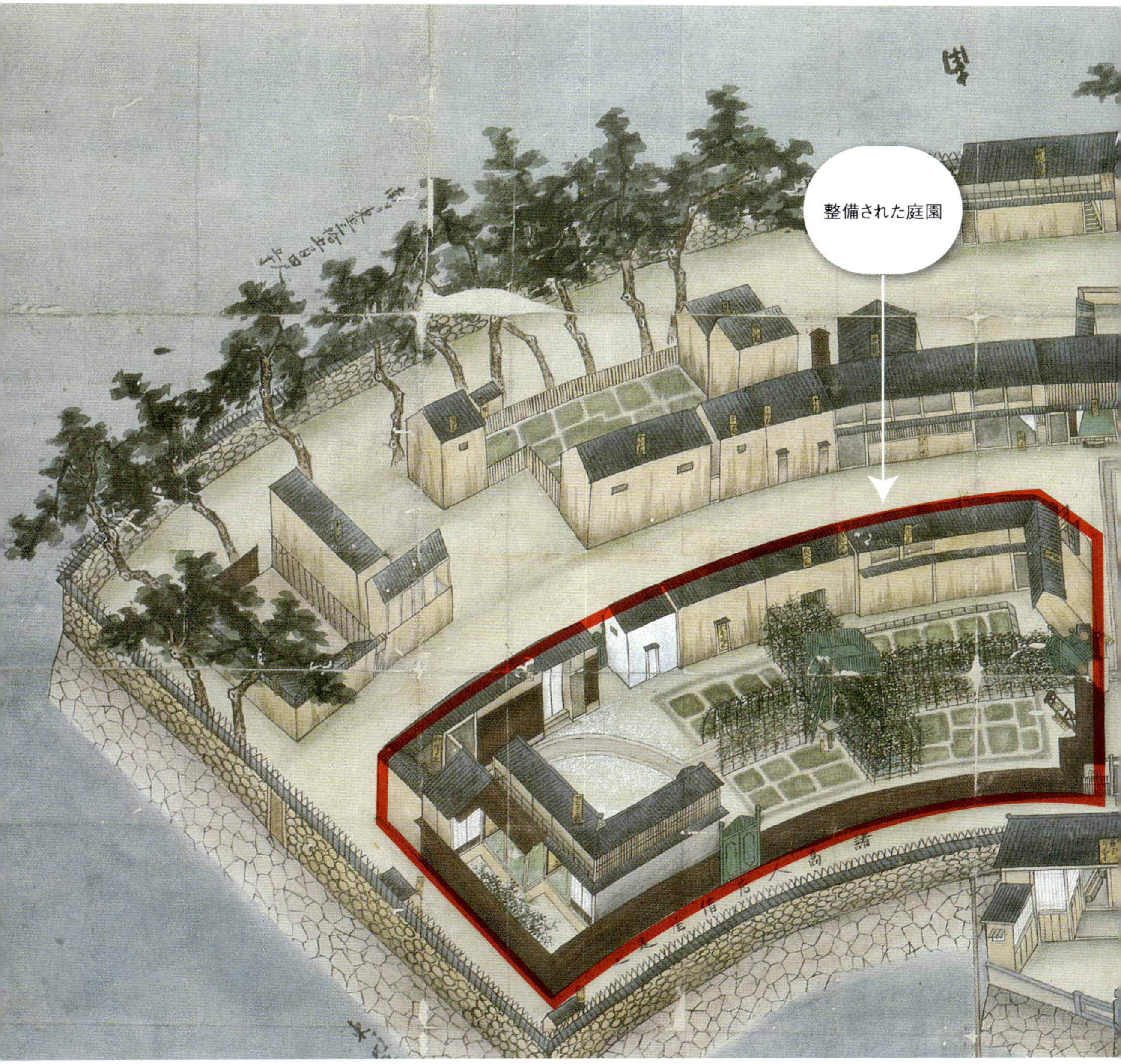

『長崎和蘭陀屋舗圖』（立正大学図書館田中啓爾文庫蔵）

葡萄棚

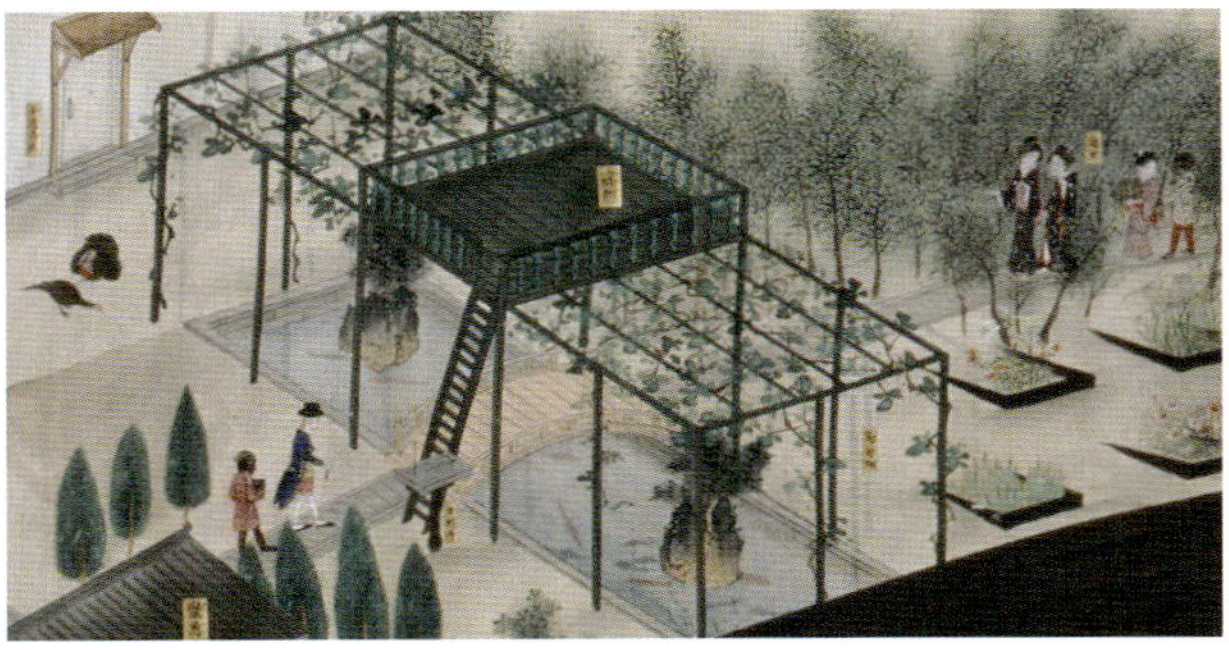

石崎融思『蘭館絵巻』庭園（部分）
（長崎歴史文化博物館蔵）

出島の葡萄棚

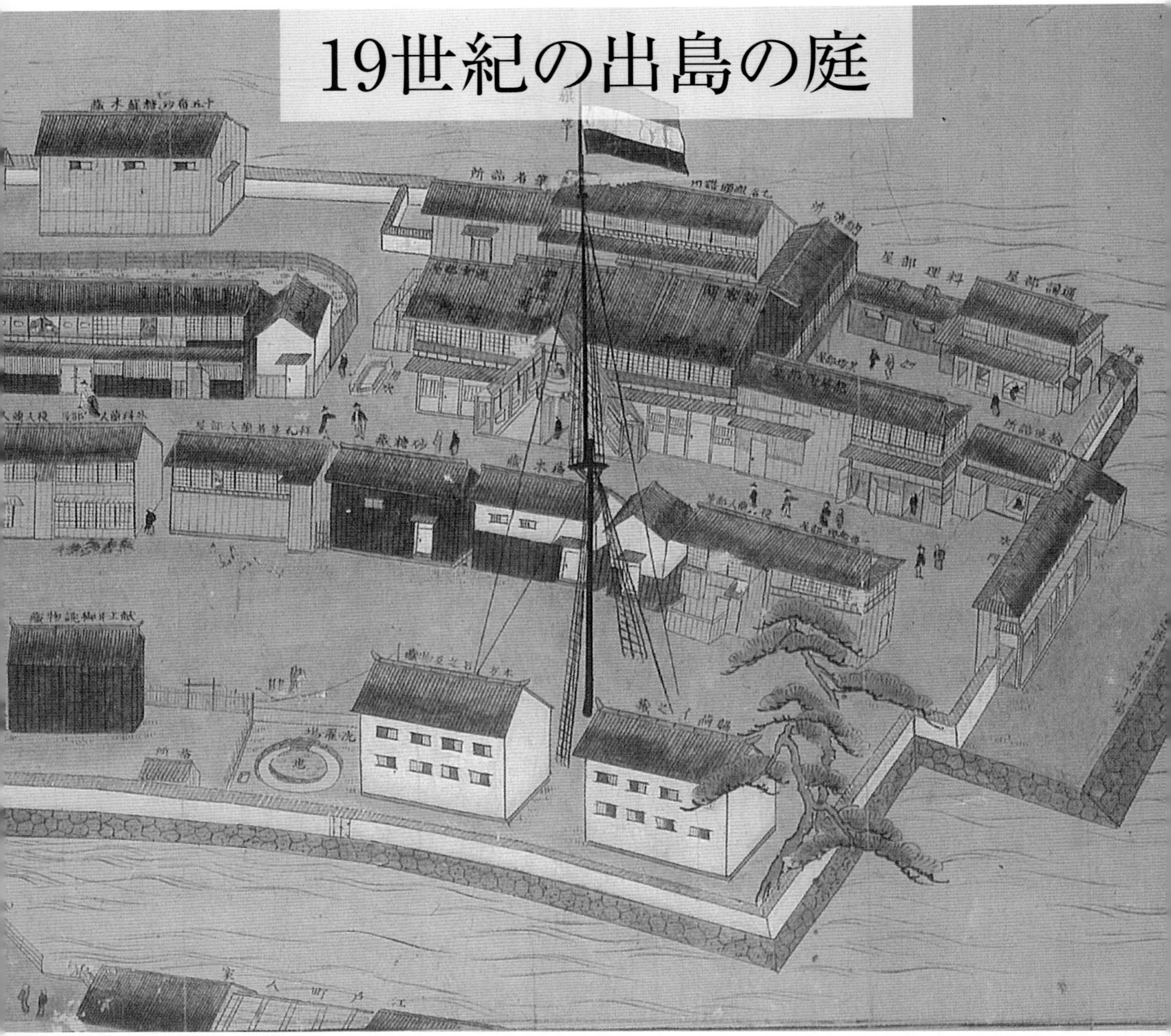

19世紀の出島の庭

19世紀の出島の庭

18世紀と変わらず、出島の東側に庭が広がります。しかし、印象的だった葡萄棚はなくなり、整備された区画の中に背の低い植物が植えられている様子です。庭園というより薬草園もしくは畑といった感じでしょうか。シーボルトは日本研究の一環として日本の植物を集め、出島で育てました。また、家畜小屋で豚や牛を飼い、育てていたことから、小規模な牧場も必要でした。19世紀の庭は、狭いながらも出島の土地を有効に活用することに重きが置かれたようです。変わらずに描かれた日時計を中心に、のんびりとした様子の動物たち。川原慶賀が描いた出島の庭園の風景には、牛やヤギ、サルなどの動物たちが見られ、家畜と愛玩動物が混在する様子がうかがえます。

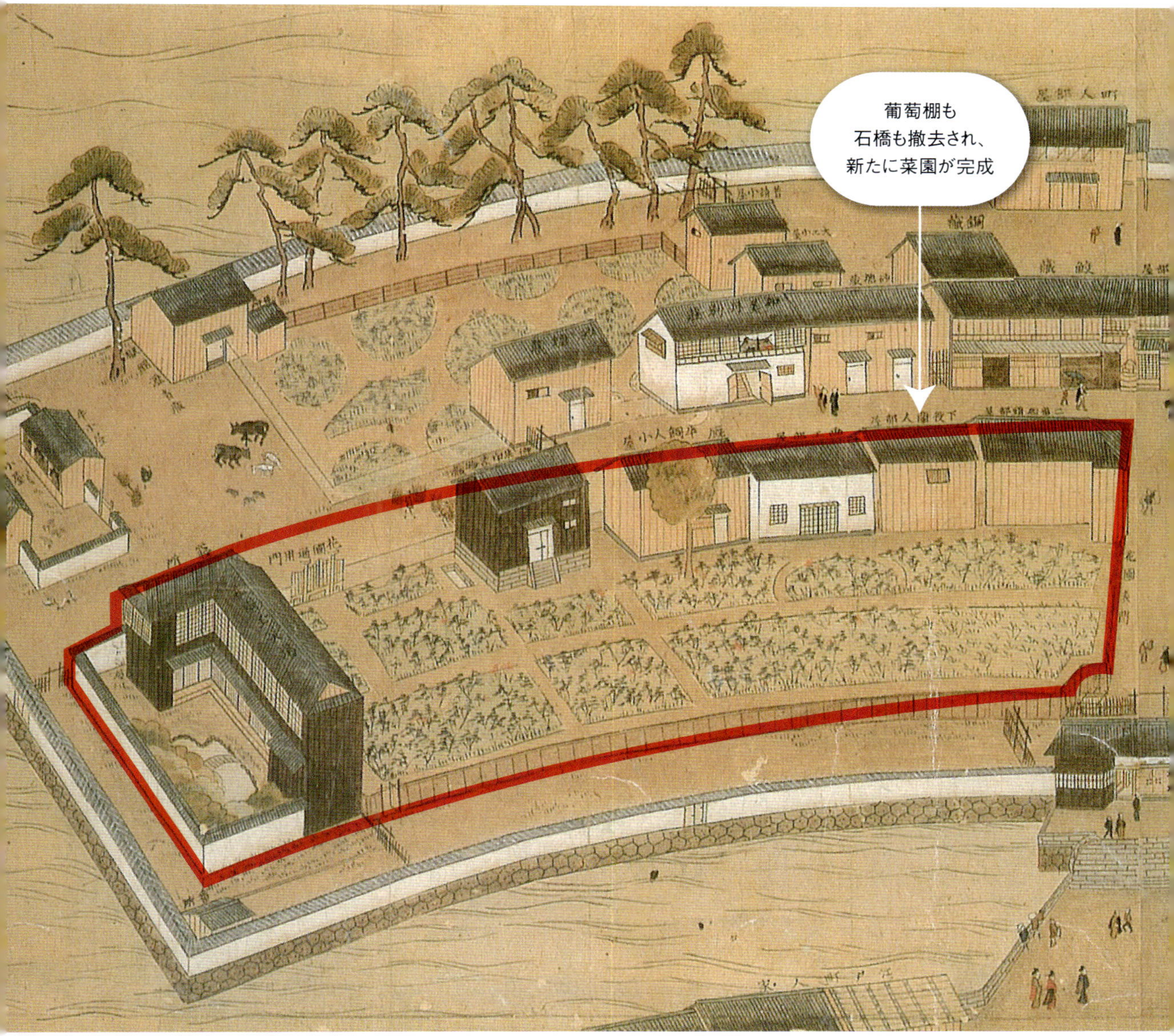

伝川原慶賀『長崎出島之図』（長崎大学附属図書館経済学部分館蔵）

日時計

川原慶賀『蘭館絵巻』庭園
（長崎歴史文化博物館蔵）

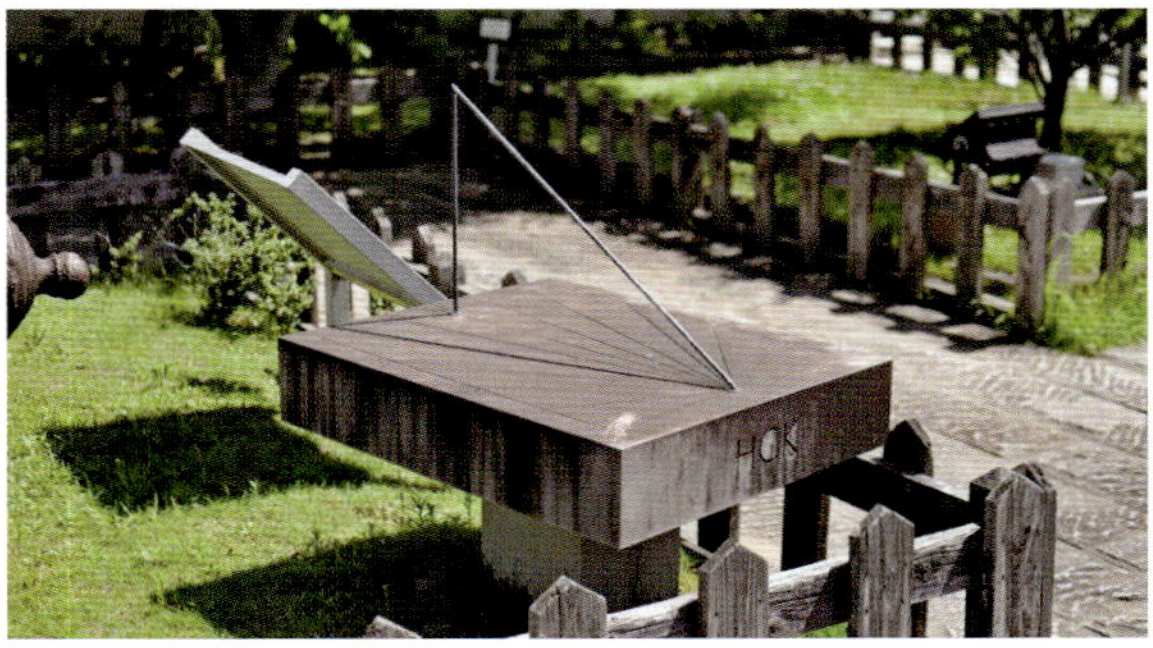

日時計（複製）

赤い庭

カピタン別荘はその裏手にあたる南側の敷地に大きく庭園が広がる地域です。この地区では、赤色を帯びた土壌が面的に検出されました。この赤色面は、赤色の塊と赤色の粉で出来ていて、散布後叩きしめてつくられたものであることが分かりました。

これらは、成分分析の結果、鉄含有量が非常に高いため、赤鉄鉱や周辺部において二次的に濃集した赤鉄鉱から作ったと考察されます。プリンス・ヘンドリック博物館が所蔵する出島図の中に、庭園部分を赤く着色している絵画があります。その色彩は強烈で、とても往時の庭園を表現しているとは言い難いものでしたが、実際に赤色土壌の面的な広がりを目の当たりにした時に、この絵画が真っ先に話題に上りました。

そして、数年後におこなわれたカピタン部屋の発掘調査においても、この赤色土壌が検出されました。カピタン部屋には、建物の東

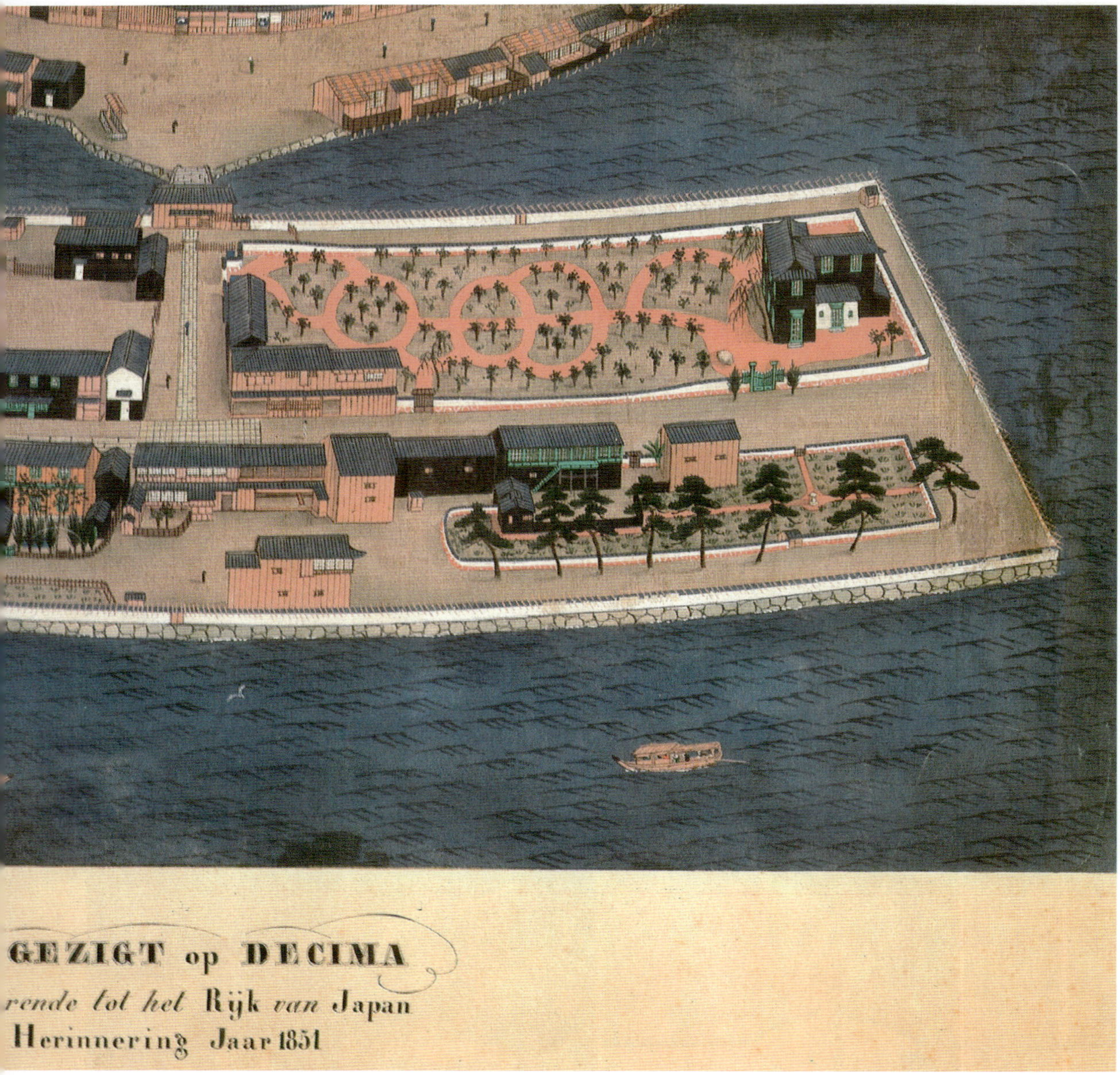

側に附属屋があり、近接地点に小庭があることが、平面図から分かっていましたが、まさにこの小庭の部分から集中的に赤色面が確認できました。

出土した獣骨

この庭園の調査では、もうひとつ重要な成果があがりました。赤色土壌面に掘り込まれた大型の浅い土坑内部から、若い牛の個体が数頭出土しました。出島出土の獣骨の大部分の割合を占めるのは、牛の骨ですが、これらの出土状況は、廃棄土坑内部から陶磁器片、瓦片などと混在し出土する例がほとんどであり、食物残滓と考えられます。

そのいくつかの骨片からは解体痕や切断痕が確認できています。そのような中で、この庭園検出の土坑から出土した牛骨は、牛の遺体がそのまま横たわった状況で埋葬されていました。後日、専門家による鑑定の結果、牛の遺体は少なくとも6個体分が確認され、すべて若い個体であること、骨の形状から和牛の可能性が高いことが報告されました。以前より蘭学研究の医学分野では、出島の蘭館医から牛痘法が伝えられ、長崎において伝播したことが指摘されていましたが、まさにその事例のひとつと関連付けられます。

庭園、菜園部分の調査においては、動物たちの飼育小屋があり、植物の栽培が行われていた場所であるため、西側の建造物復元に重きを置く調査とはまた違った調査方法と、それに伴う成果が求められます。

出島図（プリンス・ヘンドリック博物館蔵）

出土した牛の遺体

キューケンホフ公園のチューリップ

オランダとチューリップ

2012年、春にオランダを訪問しました。時節柄、キューケンホフ公園は、春の花が咲き始めていたころでした。品種改良されたたくさんのチューリップが、温室と屋外を彩っていました。オランダでは、チューリップは大事な花。江戸時代に球根が大変高額で取引されたこと、オランダではチューリップをモチーフとした絵画がたくさんあること、チューリップを飾るためのデルフト製の花瓶があること、などなど思いつくことがたくさんあります。

色とりどり、形も多様なチューリップは、オランダの愛らしさの象徴ですね。

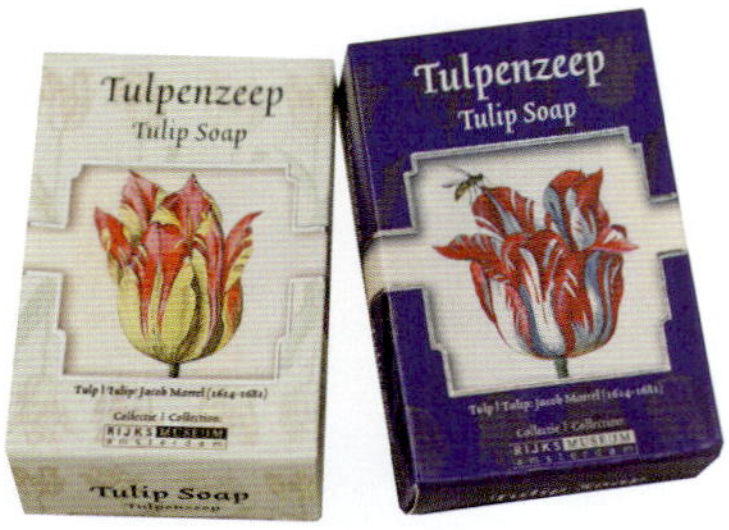

土産用の石けん
チューリップの絵画を
パッケージに用いる。

第1部

出島のつくり方

5 川をツクル

海に浮かぶ出島は、
明治時代になると次第にその周辺が改変され、
大きく姿を変えて行きます。
北側は削平され、
南側は埋め立てられ陸続きになりますが、
近代化する長崎の港や街とともに、
あらたな貿易の場としての役割を担いました。
これらの造成事業には、
近代的な土木工法が用いられ、
人工的に川が造られました。
それは、とても大きな仕事でした。

出島遠景（長崎市蔵）

居留地から出島へつながる道

慶応3年、出島の南側には遊歩道が築かれ、さらに明治2年、出島の南東角に橋が架けられたことによって、大浦から新地、出島へと外国人居留地がつながりました。海に背を向け囲われた小さな小島は、海に向かって開かれた港の一部として機能するようになりました。着彩された古写真には、次第に洋風化が進む建物群と、南東部の木橋が見られます。

出島周辺の変遷

江戸時代の出島は、扇の形で、西側に方形の荷揚場が設けられていました。幕末には、出島を貿易の窓口として改良すべく、文久元年（1861）以降、さらに西側の埋立てを行い、波止場の整備をおこないました。慶応3年（1867）には、南側の護岸石垣を拡幅し、遊歩道と馬廻しを設け、明治2年（1869）には築町と出島をつなぐ木橋を架け、大浦の外国人居留地から続くバンドが完成しました。

この間に出島は外国人居留地に編入され、オランダとの独占的な貿易は終了し、多国籍な商人らが居住する街へと変化します。和風建築のオランダ商館時代の建物は老朽化に伴い、随時、木造洋風住宅や石造倉庫などに改築され、洋風な生活様式がもたらされました。また、出島へ接近することを禁止する法令は解かれ、出島への荷揚場も必要に応じて設けられました。このため、古写真をよく観察すると、荷揚のため護岸石垣を切りかき、舟着場が設置された跡を確認することができます。

明治21年（1888）には、第1次長崎港港湾改良工事がおこなわれ、出島の北側の削平、東側、西側の埋め立てによって、出島は海に突き出た島の姿から、北側に緩やかな河川が流れる帯状の台地へと変化しました。

その後、明治37年（1904）には出島の南側が大きく埋め立てられ、出島は陸続きとなりました。

中島川変流工事

長崎港が常に機能的な港であり続けるため、江戸時代初期の開港以来、長崎港は常に大小の埋立て、改良工事が繰り返され、現在に至ります。江戸時代を通し、護岸の拡張や改修がなされましたが、明治時代になって、さらに近代的な港を形成するため、2度に渡る大規模な港湾改良工事が行われました。

第1次長崎港港湾改修事業は、明治15年（1882）に着手され、明治26年（1893）に竣工しました。主な事業として、湾奥部の沿岸の浚渫、大波止から湾奥部の沿岸埋立て、中島川の変流が行われました。このうち出島にとって重要な事項である中島川の変流工事は、明治10年（1877）に内務省の楢林高之とデ・レーケによって長崎港とその周辺の調査がおこなわれ、明治15年の報告書にて、変流工事が提案されています。

明治19年（1886）より、実際に中島川の工事に着手し、明治22年（1889）に竣工しました。この

出島周辺の変遷図

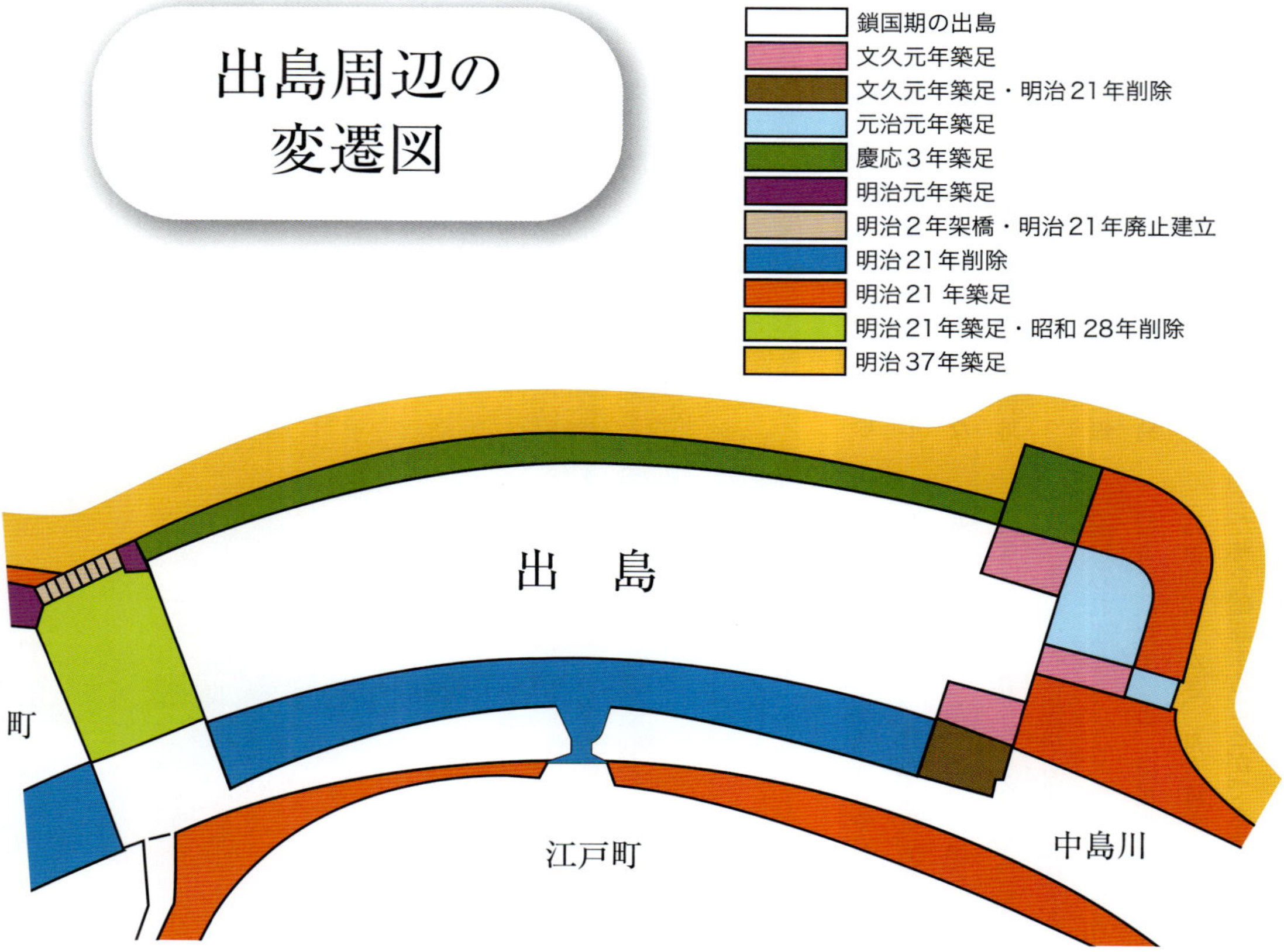

工事によって、中島川の川幅が南側にとられ、その結果、対岸の江戸町側が迫り出し、出島の北側が平均18m削り取られることとなりました。

中島川変流工事は、銅座川や中島川から流れてくる川水を、出島前でカーブさせ、出島の北面を通って長崎港に流そうとする計画です。変流工事を実現するために採用された曲線を意識した設計は、近代の土木技術の特徴のひとつと言えます。現在も、この中島川変流工事で整備された明治時代の護岸は、中島川の河川護岸として現役であり、出島の北東側に位置する現在の出島橋や、北西部に位置する玉江橋から見ることが出来ます。

この変流工事は、内務省直轄事業として計画され、当初、オランダ人技師デ・レーケにその設計計画につき、意見を求めました。デ・レーケは、現地を調査のうえ、課題や方針などを示し、政府に原案を提出しました。その後、検討を重ね、中島川変流工事の内容が具体化され、内務省から派遣された技術者の指揮のもと、長崎県土木課による工事が行われました。施工は、鹿鳴館の施工な

ど、当時日本国内において大きな建設土木事業を担っていた日本土木会社（現在の大進建設）が受注しました。その詳細については、『雑書綴附中島川変流工事及架橋設計書』長崎歴史文化博物館収蔵などの現存する史料から知ることが出来ます。デ・レーケは、工事に際し、直接指揮を取ることはありませんでしたが、着手された工事の内容は、デ・レーケの原案に近いものであったため、彼の設計が基本となった事業として位置付けられます。

さらに明治21年には、出島の東側護岸石垣と対岸の築町側の間が埋め立てられ、出島は陸続きとなり、明治23年（１８９０）には新川口橋が新たに架設されました。

第2次長崎港港湾改良工事は、明治30年（１８９７）に着手され、明治37年に竣工しました。この工事によって、出島の南側は全て埋め立てられ、内陸化し、島としての姿は失われました。

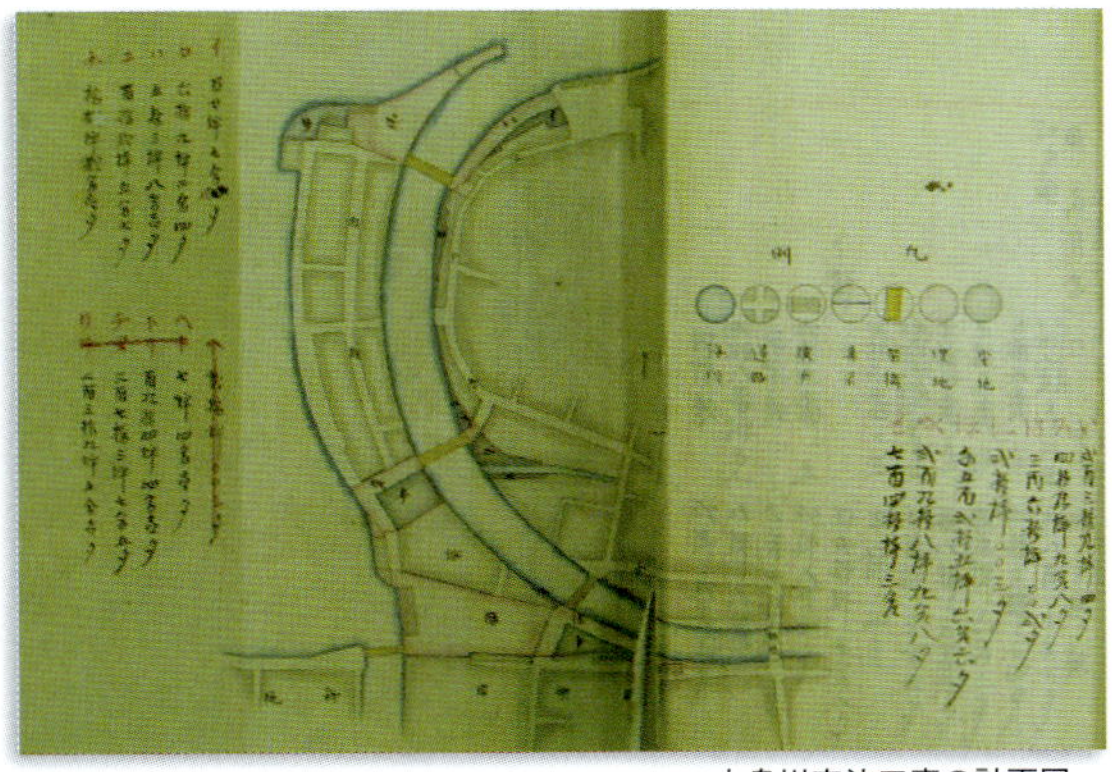

中島川変流工事の計画図
（長崎歴史文化博物館蔵）

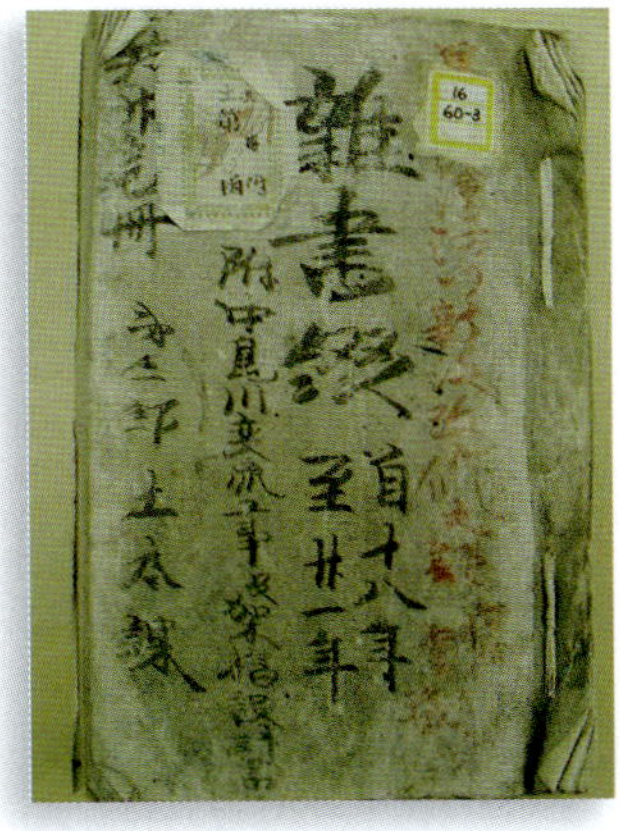

『雑書綴』
附中島川変流工事
及架橋設計書

現在の護岸整備工事状況

中島川 出島橋から撮影。右手が江戸町、左手が出島

お雇い外国人 ヨハネス・デ・レーケ

オランダ人土木技師ヨハネス・デ・レーケ(Johannis de Rijke 1842~1913年日本在住)は、お雇い外国人として日本に招聘され、砂防や治山の工事を体系付けた人物。日本の土木事業のうち、とくに河川や砂防に関して日本各地の設計、施工管理に関する計画に携わり、その功績が讃えられる一人です。

ヨハネス・デ・レーケ

中島川変流工事への関わり

デ・レーケ関与

明治10年、長崎港では、土砂の堆積によって汽船の航行が阻害されたことから、長崎県令が内務省にその対処を依頼。これを受けて土木局お雇いのオランダ人技術者ヨハネス・デ・レーケが派遣され、同年長崎港の検分を行った。
その後、デ・レーケは「長崎港保存見込説明書」を県へ提出。

↓

県は、重大工事のため、再度の協議を、国を通じて依頼する。

デ・レーケの2回目の出張が明治15年行われる。
意見書「長崎港之件」、図面「長崎港改修基本計画図」を提出。

↓

これが第1期港湾改良工事の原案となる。
翌年、デ・レーケの修正案が提出される。

国・県による事業

明治17年長崎港の改修事業は、土木局（国）直轄で行うことが決定。
計画案について、長崎県では、長崎在留各国領事、県議会と審議するが、それぞれの主張が拮抗し、いくつかの修正案が提示される。

↓

明治19年に最終事業計画案がまとまる。
明治20年内務省直轄で、土木局、長崎県による工事開始。

最終的にデ・レーケの原案に近いものとなる

参考文献『中島川変流工事顛末』本馬貞夫

中島川護岸石垣の発掘調査

出島と江戸町を結ぶ新しい橋『出島表門橋』の設計及び工事に伴い、2014年から2年かけて出島の対岸地にあたる江戸町側の発掘調査を行いました。また、この橋の架橋とあわせて一体的に公園の整備や河川護岸の整備を行うため、現在の中島川河川に面する護岸石垣の調査も行いました。

これらの一連の調査で、明治時代の護岸石垣の全容が分かり、江戸時代の護岸石垣との比較から、その特徴についても、明らかになりました。

明治時代の護岸調査

中島川河川 調査風景

石垣の調査方法

石垣は、最初に石垣の前面を掘って、その積み方や使っている石材などを調べます。また、石垣の勾配（傾き）や段数、高さなど、壁としての特徴を押えます。

そのあと、石垣の計画によって、石垣の破損や劣化の状況、または工事の計画によって、石垣を解体する箇所を決定し、上段から1段ごとに、石垣を外していきます。その際に石垣の裏側（裏込め）の状況を確認し、どのような施工方法を行なっているか、また積石の見えない部分（控え）の加工はどのような技法や形状か、などを調べ、当時用いられた石積技術や、修理の痕跡などを細かく見ていきます。このため、この作業は解体調査と呼ばれています。

解体調査終了後は、歴史的な石垣の修復の場合は、元あった石を、出来るだけ同じ場所に戻し、問題のある箇所は調整を行い、雰囲気を損なうことなく、崩れにくい堅牢な石垣へと戻します。これらの石積修復作業は、事前の調査成果に基づき設計者が計画を立て、伝統的石積技法に習熟した石工の経験が活かされます。

泥炭土の中の調査

石段の合墨み施工

明治時代の石垣の特徴

明治時代の石垣は、間知石と呼ばれる規格が統一された積石が用いられていました。

表寸法は、縦、横ともに約45cmほどで四角形に見えます。石垣の後ろに隠れる箇所を控えといいますが、この箇所は先端に向けて細く形作られます。この規格化された石を、高さを揃えて横に並べ、一段ずつ積み上げていました。

石垣の段数は、現在の川岸の底部に見えている石を1段目と数えると、そこから上に8段相当の石積が見られました。調査の一環として、石垣の前面に堆積している土砂を掘削し、石垣の根石を探しました。その結果、川底に埋り、見えていなかった石垣が0段からマイナス3段まで、計4段ありました。このため、本来の石垣は、12段分あったことが分かります。石垣1石が45cmとすると石垣の総高は5.4m相当で、その上に天端石が載っていたと思われます。

江戸時代の石垣と比べてみると、石垣の底面は、明治の石垣が標高マイナス1.7m、江戸の石垣が標高マイナス0.4mで、明治の石垣のほうが、江戸時代の地形をずいぶん切り下げて造成工事を行ったことが分かります。変流工事によって、河川の水を安全に、新たな水路に導くため、大掛かりな護岸整備を行ったことがうかがえます。

護岸石垣の違い

	江戸時代　＊幕末を除く	明治時代
石質	安山岩、凝灰岩（一部砂岩）	砂岩
形状	自然石もしくは割石	間知石　四角錘のような形
大きさ	大小さまざま	表面45cm四方、控え長さ70〜80cm
積み方	野面積みもしくは布積み 布積み	布積み
段数	9段以上	12段相当

手前は明治時代の石垣。裏側に江戸時代の石垣が残る

明治時代の荷揚場

明治時代の護岸石垣の前面をよく観察すると、横方向の積み石の流れが寸断され、縦方向にラインが見える箇所があります。今回の整備を行った石垣の範囲では、そういった地点が2箇所確認できました。こういった箇所では、舟着場など何らかの遺構があることを想定し、部分的に解体調査を行います。その結果、石段を使った荷揚場が見つかりました。

ひとつは、出島の表門のちょうど前の位置にあたる箇所。中島川変流工事によって、出島橋を解体したあと、公道であったこの場所を利用して、河川まで降りることが出来る、大型の波止場が造られました。この荷揚場の石段には、旧出島橋の石材が転用されました。

もうひとつの石段は、現在の出島橋（鉄橋）の下流側で見つかりました。石段の幅は、約3.6mで、奥行き約2mの範囲に4段の石段が残り、階段に合わせて、側壁の一部も検出されました。一つ目の石段と比べると、規模は小さめですが、干潮時には川底に降れるくらいの深さに、石段が築かれていました。

今回の調査区間では、2箇所にこのような荷揚場が計画的に整備されていたことが分かります。

江戸町東端の荷揚場石段

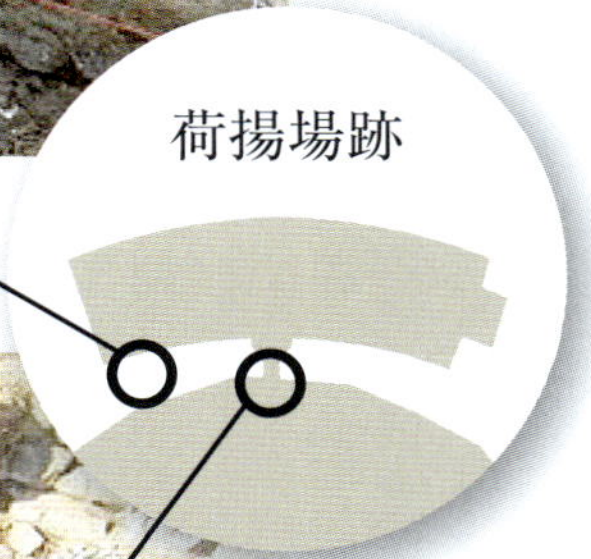

江戸町中央部の荷揚場石段

小さな出島から大きな出島へ――

江戸時代の出島、明治時代の出島

これまで、護岸石垣の発掘調査を元に、江戸時代と明治時代の出島の違いを紹介しましたが、今度は絵図や古写真から、その姿の移り変わりを見ていきましょう。

出島図の種類

出島は、造られた経緯やその性格から、幕府にとって重要な施設であるとともに、日本人にとってはたいへん興味深い場所でした。オランダ商館員の風習は奇妙に映り、異国の文物や西洋の学問は憧れの対象となりました。このことから、重要施設の記録として、また出島の様子を日本人向けに描くことを目的として、様々な絵図が描かれました。その絵図を、内容と構図から大きく分けると、長崎の町や港の様子とともに描かれた「鳥瞰図」、扇形の島内の様子を描いた「立体図」、諸施設の規模や位置関係を明確にした「平面図」、そして商館内で繰り広げられる貿易や生活の様子をつぶさに描いた「蘭館図」の4つに区分されます。このうち、「平面図」は、諸施設の記録という側面から、様々な情報が整理され記されますが、「鳥瞰図」や「蘭館図」は、絵師や注文主のイメージが優先され、誇張された描写が多いという特徴を持ちます。

鳥瞰図

長崎港俯瞰図 長崎歴史文化博物館蔵

立体図

伝川原慶賀『長崎出島之図』(長崎大学附属図書館経済学部分館蔵)

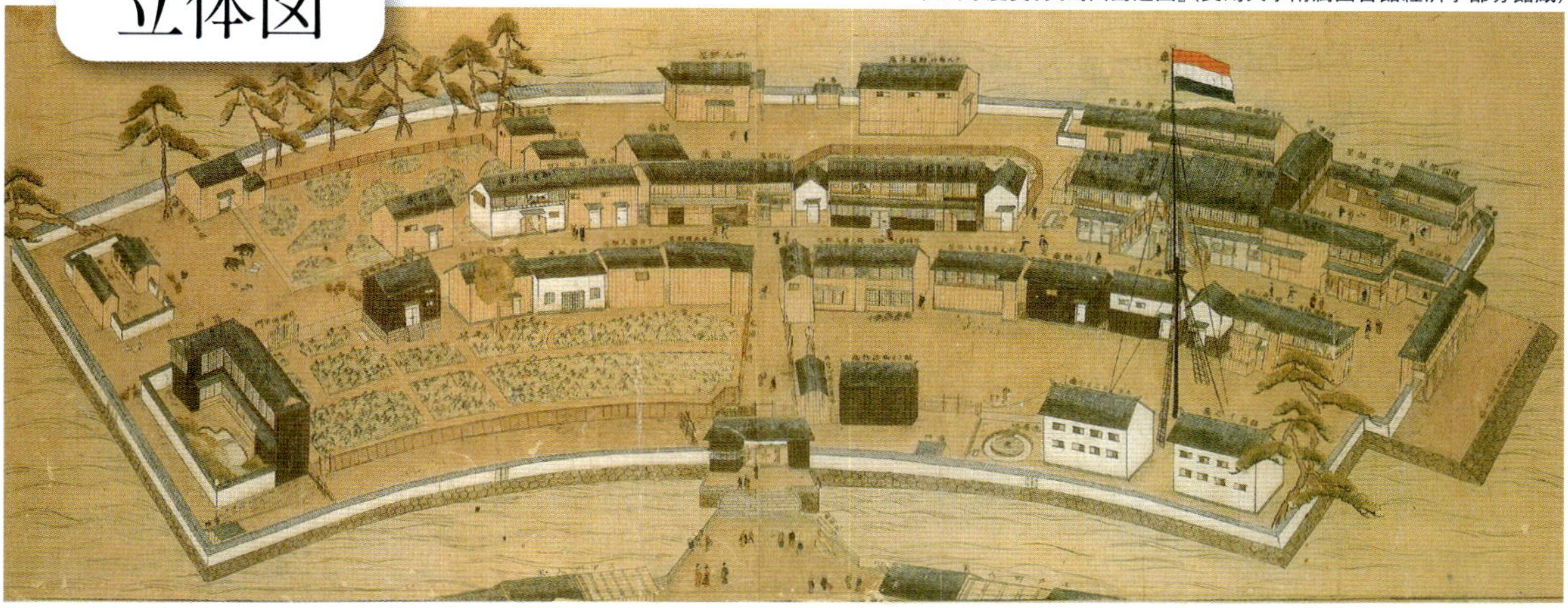

平面図

『文化五辰六月御改 長崎諸官公衙図』所収出島図(長崎歴史文化博物館蔵)

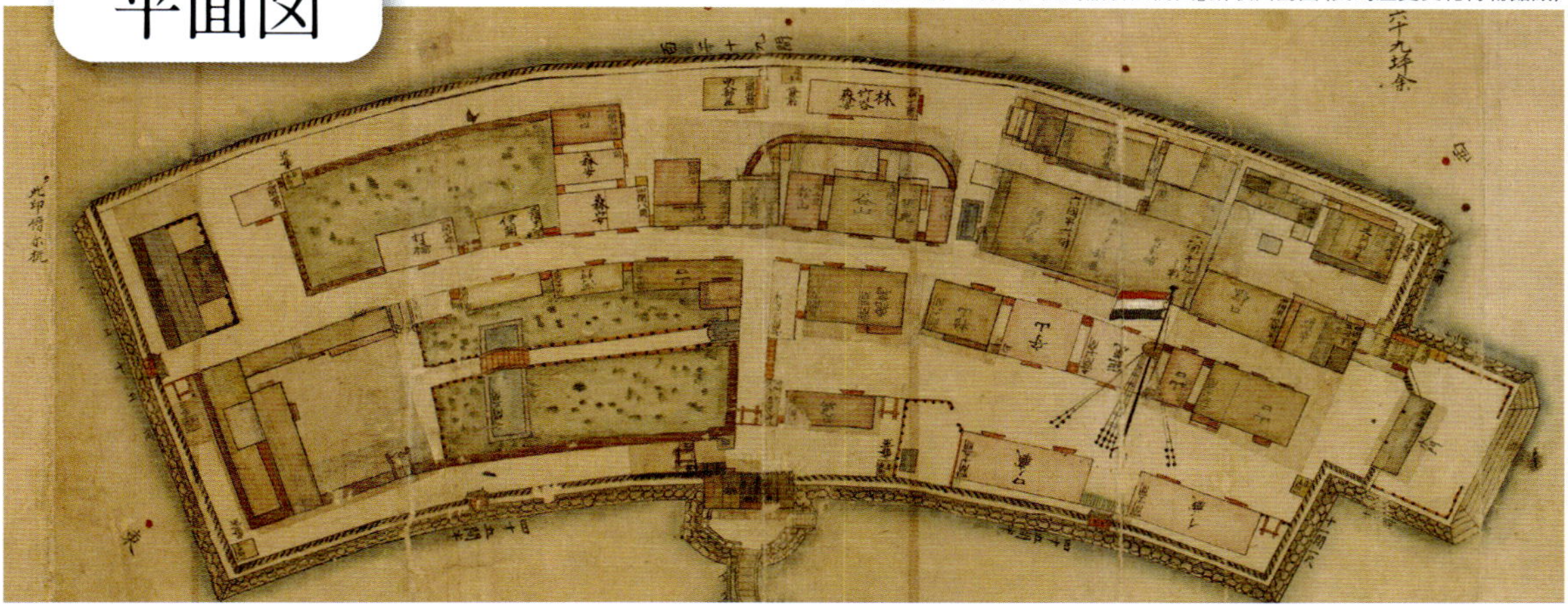

蘭館図(立体図)

広渡湖秀『長崎日蘭貿易絵巻』(松浦史料博物館蔵)

出島の変遷

描かれた出島の中で、最も古い絵図は、1669年に刊行されたモンタヌス『オランダ東インド会社日本遣使録』に収められた出島図です。18世紀中頃の出島図は、モンタヌスやサーモンの出島図と大きく変わらず、中央の通りに沿って建物が建ち並び、さらに南北方向にも大型の建物が見られます。出島の中心的な建物であるカピタン部屋が、すでに西南部の中央付近に見られます。

18世紀後半には、建物は通路や壁に沿って建てられ、より配置が整理された印象を受けます。この頃には、表門を中心に、北から南への視点を軸に描く構図が採用されました。寛政10年（1798）に起こった火災によって、出島の西側半分が焼失、その後再建された姿が19世紀初頭の出島図に描かれています。被害を受けなかった東側は大きく変わらず、西側も旗竿や主だった建物の配置は踏襲されました。

19世紀中頃の出島は、老朽化が進んだ部分の補修が繰り返され、建物の外観が変わりました。

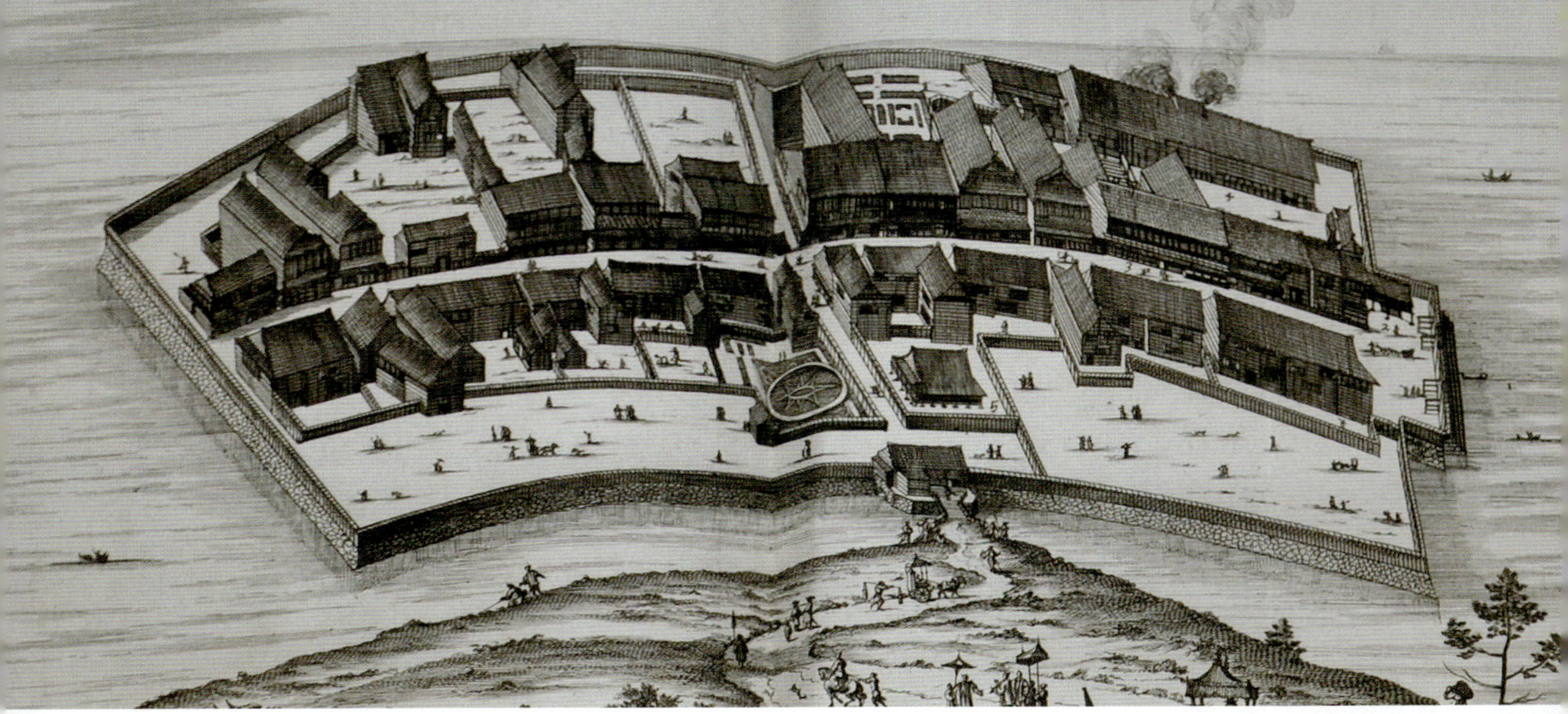

出島『モンタヌス日本遣使紀行』（平戸市教育委員会蔵）

『長崎和蘭陀屋舗図』（立正大学図書館田中啓爾文庫蔵）

長崎出島旧地図（長崎大学附属図書館経済学部分館蔵）

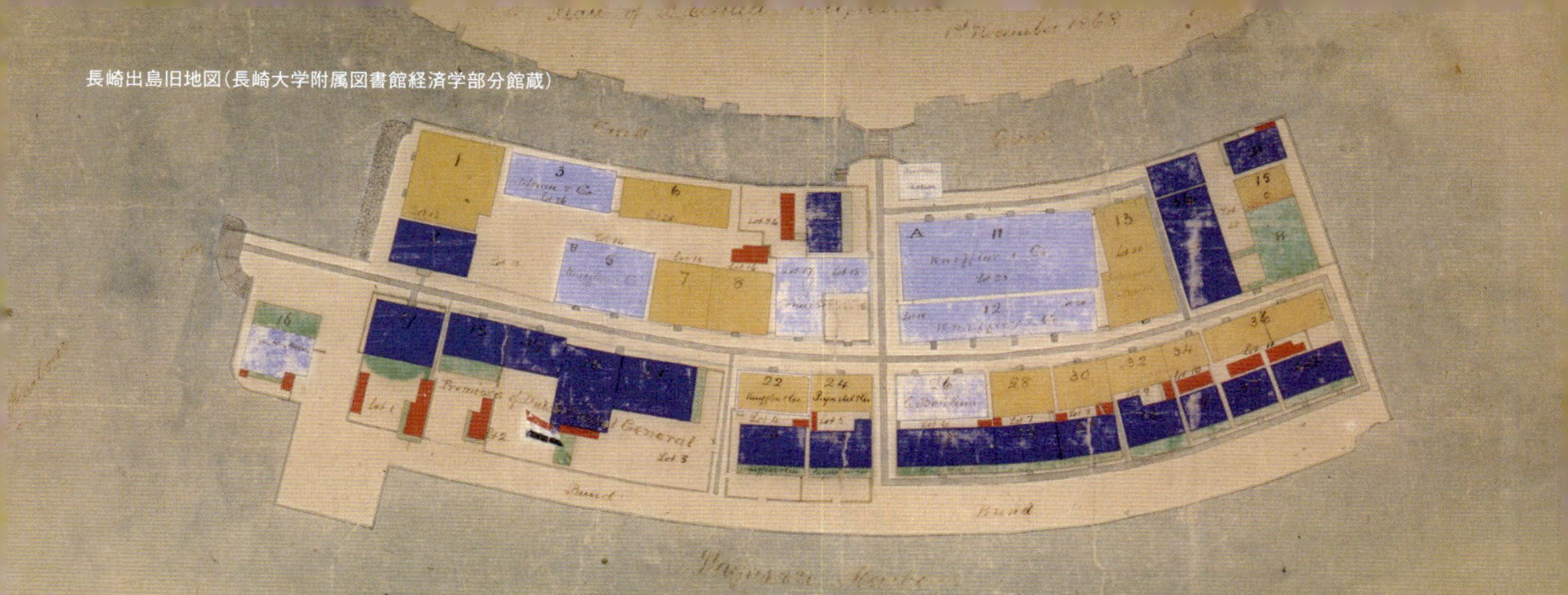

出島と居留地

諸外国が開国を迫ったため、江戸幕府は、和親条約、修好通商条約を相次いで結び、安政6年（1859）には神奈川、長崎、箱館を開港し、アメリカ、オランダ、ロシア、イギリス、フランスとの貿易を許可しました。出島におけるオランダだけの貿易は終わり、オランダ商館は廃止され、新たに領事館となります。さらに慶応2年（1866）には、出島は外国人居留地に編入され、新しい時代を迎えました。

この頃の出島は、居住者の増加により、庭園であった場所にも住居や倉庫が増築されました。建物は次第に洋風化が進み、出島の西側や南側には築足しがおこなわれ、出島の形状は次第に変化します。この頃の変わりゆく出島の姿が、往時の古地図や古写真の中に残されています。

江戸時代には、出島の中央を東西に伸びる道路に面して、ほとんどの建物が建てられていましたが、幕末以降は、建物の正面が南側になるように造らました。海に向かって開かれた出島を象徴しています。

みんなが住む街大きな出島へ

明治31年（1898）以降、出島の周囲が埋め立てられ、囲われた島としての空間は完全になくなりました。出島は、貿易に従事する外国商人が住む街となりましたが、次第に日本人が管理する倉庫や病院などが増え、日本人の住む街へと変わってゆきました。このため、出島が故郷である日本人もたくさんいます。

出島の周囲も、出島町となり、内外一体となった新しい出島町が誕生します。外国人の住む街から長崎人の故郷へと移り変わりました。

長崎出島とロシア人居留地
（長崎大学附属図書館蔵）

第1部

出島のつくり方

6 ふたたび、ツクル

江戸時代の建物が復元され、島の輪郭を顕在化し、
新たな施設としてよみがえった出島は、
現在、多くの来場者で賑わっています。
復元整備をおこなうことを目的としたさまざまな調査によって、
往時の出島の姿が明らかとなり、
等身大の出島を体感できる空間は、
出島の歴史のヒトコマを形作っています。
このような整備事業にさまざまな立場で関わった人々は、
現在の出島人です。

出島のこどもたち

2006年に完成した建物について、長崎のこどもたちに知ってもらいたく、子どもスケッチ大会を開催しました。数年間にわたり、開催したこのイベントには、長崎在住のたくさんのこどもたちが参加しました。

カピタン部屋を描いたこどもたち

出島復元整備事業

整備計画の経緯

長崎市では、失われた往時の出島を現代に甦らせるべく、昭和26年より整備計画の策定に取り組みました。整備事業に取り組んだ契機については、戦後の賠償問題の中で、当時外交政策に携わっていた担当者間の会話のなかで、出島の復元につきオランダ側から要望があったと言う主旨の話が伝わっています。この件については、経緯につき調査する中で、正式な外交文書としての記録がなかったことが報告されています。しかしながら、江戸時代から現在までの日蘭の400余年に渡る関係の中で、両国にとって出島が重要な遺跡として位置つけられ、現在の復元整備などの取り組みはオランダにも好意的に受け止められています。

昭和53年、長崎市は長崎市出島史跡整備審議会を設置し、史跡整備の方針について検討を行いました。委員には、国内の著名な日蘭研究家や長崎の政財界関係者が選ばれ、復元の基本方針がまとめられました。この中で、19世紀初頭の出島を完全復元するという方針が示され、現在も復元整備事業の大きな指針となっています。

その後、さらに第2次出島史跡整備審議会が設置され、平成8年には審議会の答申を得て、本格的な復元整備事業、具体的な建造物の復元を打ち出した短中期計画と、出島の顕在化を基軸とした長期計画に着手しています。

短中期計画は、25棟の江戸時代の復元建物を建造する計画です。出島の建造物復元時期については、古絵図が比較的多く残され、オランダに往時の建物の模型が現存する1820年代頃に設定されています。この計画では出島の西側から順に建造物の復元を行い、東側では今も現存する明治期以降に建てられた洋館群も併せて活用を行います。既に平成12年4月に出島西側に5棟の建造物が完成し、平成18年春には続く5棟の建造物が完成しました。また、失われた扇形の出島の顕在化を行なうため、現在南側及び西側の一部に堀を作り、護岸石垣の整備を行なっています。今後は出島の中央部に位置する6棟の建造物復元、さらに出島の対岸にあたる江戸町側から出島に架かる表門橋の架橋に取り組み、出島中央部の整備を集中的に行います。中央部の建物は平成28年に、表門は平成29年に完成します

長期計画では、出島周辺の交通網の整備、中島川、銅座川の流路の変更を行い、出島の四方を水面とし、19世紀初頭の海に浮かぶ出島を再現する計画です。

用地の公有化
平成13年に完了

これらの事業の推進にあたっては、出島敷地内の用地の公有化が、優先的かつ重要な課題のひとつでした。もともと出島は長崎の町人25名の出資により築造された築島で、その後もポルトガル人、オランダ人に対して、借地料を設定し、出島家主として常に関わりをもって運営されてきた歴史的経緯があります。それ

平成6年時の出島（長崎市出島復元整備室提供）

を引きつぎ、オランダ商館が廃止され、居留地になって以降も、民間人がそれぞれ土地を所有する、まさに長崎の町人が権利をもつ島でした。そのなかで史跡整備に取り組むにあたり、その趣旨をご理解いただき、長年住み慣れた場所から移転することに同意いただき、用地買収が進められました。その取り組みは、昭和27年に始まり、平成13年に敷地内のすべての用地の買収が完了しました。

出島の第Ⅰ期事業は、効果的な整備ができることを考え、この用地買収においてまとまった敷地面積を確保できた西側から取り組まれ、その後連続した町並みの整備を目指し、隣接地を計画地とした第Ⅱ期事業に着手しました。現在の用地買収が完了した出島からは、想像するのは難しいところですが、第Ⅰ期からⅡ期にかけての10年間に至る事業は、この用地買収の進捗状況と連動しながら、調査の計画、そして整備が進められました。

平成8年時の出島

平成18年時の出島

平成24年時の出島

現在の整備状況

第Ⅰ期整備事業 5棟の復元整備完成

平成8年の答申を受け、長崎市は本格的に出島復元整備事業に取り組みました。その年より着手した第Ⅰ期整備事業は、まず南側護岸石垣の発掘調査及び敷地西側の発掘調査から始まりました。この年、敷地内の調査で発見された柿右衛門様式の色絵輪花鉢は、まさしく出島の一時期の姿をあらわす資料であり、私たちに、これからの出島の発掘調査成果への期待を抱かせるものでした。この平成8、9年度を中心とした発掘調査に続き、石垣の修復、顕在化、江戸時代の建物の復元が次々と設計、施工されました。同じ頃、出島復元募金が立ち上がり、10億円を目標額とした寄付金が集められました。

平成12年4月には、出島西側の復元建造物5棟(ヘトル部屋、一番船船頭部屋、料理部屋、一番蔵、二番蔵)が完成し、一般に公開されました。さらに西側・南側護岸石垣の一部も復元され、往時の海に浮かぶ島の輪郭の一部をあらわにしました。

第Ⅰ期復元建物
奥には第Ⅱ期復元建物工事のため足場を組んでいる

第Ⅱ期整備事業 扇形の島を顕在化

続く第Ⅱ期事業は、平成13年から始まりました。本事業は、大きく3つの柱となる事業に分けられます。

ひとつは失われた出島の扇形を取り戻すことを目標とした顕在化事業で、具体的には第Ⅰ期事業に引き続き、南側護岸石垣の調査と整備が131mにわたり行われました。

南側護岸石垣は、往時は海に面していたため、常に潮の干満の影響を受け、台風時には荒波を受けた石垣です。調査の結果、石垣の残り具合は非常によく、調査区全域にわたり、下段から中段までの石積みが検出されました。石垣の積み方や石材のもつ特徴などの調査とあわせ、石積みの孕み出しや破損状況、欠損部の確認など、修復に必要なデータの記録を行い、修復が必要な範囲を決定し、その部分のみ石垣の解体調査を行いました。さらに石垣の裏込め工法や遺物の出土状況などから、往時の土木技術や石垣の破損履歴などが分かりました。

これらの調査成果に基づき、石垣の修復工事が行われ、さらに、上段の石垣が欠損している箇所については、既存の石垣を手本としながら、新補材による復元を行い、護岸石垣が完成しました。現在、出島の外周を巡る歩道から、これらの整備された石垣が見学できます。

二つめは、19世紀初頭の建造物の復元です。新しく復元された5棟の建物は、カピタン部屋、乙名部屋、拝礼筆者蘭人部屋、三番蔵そして水門です。すでに完成している5棟と合わせ、10棟の復元建造物が完成し、出島西側に往時の町並みが姿をあらわしました。とくに第Ⅱ期では、出島の中心的な建

復元された往時の町並み

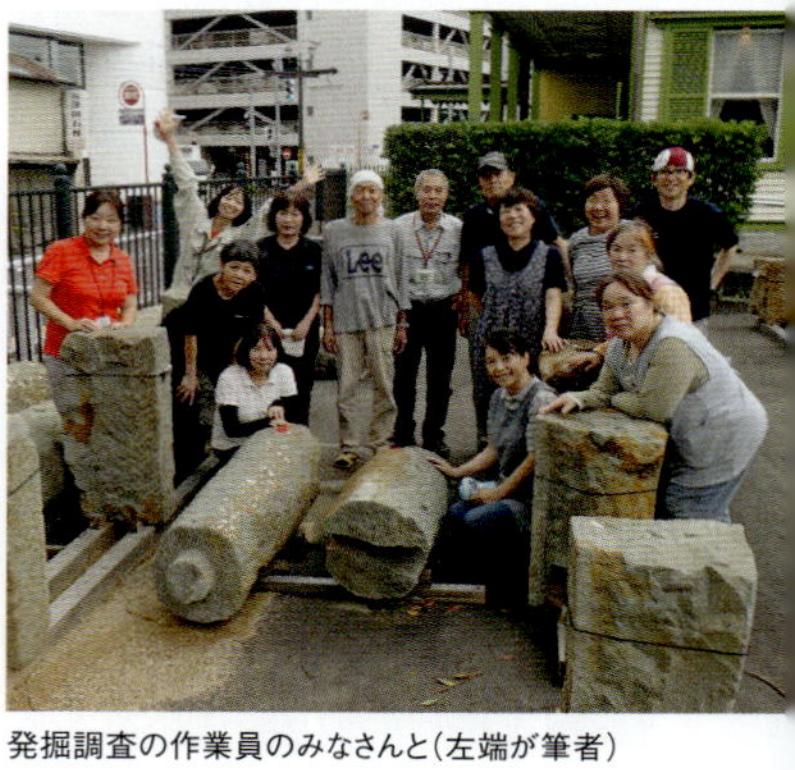

発掘調査の作業員のみなさんと(左端が筆者)

物であったカピタン部屋（商館長の居宅）や貿易品が出入りした水門が建設され、その果たした役割や機能から、復元建物の中でも重要な位置を占めています。

　これらの建物復元にあたっては、発掘調査、幕末期の古写真、市内に現存する類例建物、平面図、絵画、文献史料など、さまざまな根拠となる資料に拠って、設計が行なわれました。なかでも、ライデン国立民族学博物館が所蔵する『ブロムホフの出島模型』は、19世紀初頭に日本で製作され、オランダに送られ、現在まで残された貴重な資料であり、復元設計の中で、重要な位置を占めます。

　三つめは、出島全体の展示活用計画、新しい建物の展示と旧施設の再活用です。

　現在の出島は、復元建造物が建ち並ぶ復元ゾーンと明治期以降の建物を活用した交流ゾーンに分けられます。復元ゾーンでは建物、外構、内部の再現と総合的に19世紀初頭の出島の復元に取り組み、往時の出島を体感できる空間作りを行なっています。さらに、生活再現展示とテーマ展示の大きく二つに分け、それぞれの建物の展示を行っています。

　生活再現展示では、19世紀初頭の復元建造物に合わせ、同時期のある日に情景の設定を行い、調度品の配置を行っています。テーマ展示では、貿易、蘭学、考古学、建築など出島に関連するテーマごとに、展示を行っています。これらの各々のテーマが、出島が多面的なものであることを示し、さらに相互に関連付けることによって総合的な出島像が見えてくると考えます。

第Ⅲ期復元整備事業
出島の街並が出現

　現在、出島では、出島中央部の整備を行う第Ⅲ期事業に取り組んでいます。この事業では、日本人役人の詰所であった乙名詰所、砂糖などの輸入品を納める蔵であった十四番蔵、香辛料の丁子を納めていた十六番蔵、オランダ人の書記が暮らしていた筆者蘭人部屋の復元を計画しています。また、日本からの輸出用の銅を納める銅蔵などがあり、エリアとしては、出島の表門から入場してすぐの位置に当たり、出島の中央部であるため、西側とは異なる敷地利用、住環境となります。

　平成22年度から始まったこれまでの3ヵ年にわたる調査では、十四番蔵や筆者蘭人部屋の礎石の一部、銅蔵の礎石が検出されました。とくに銅蔵跡では、内部及びその周辺から棹銅の欠片や銅粒が出土し、往時の建物の用途が発掘調査結果からもうかがえました。銅は、当時の日本の代表的な輸出品であり、世界中で取引が行なわれた商品であるため、銅蔵の調査は、非常に意義深い内容となりました。このほかに、建物の裏側に当たる区域から、水樋跡が検出されています。

　これらの建物は、２０１６年に完成予定で、これまでの復元建物10棟と合わせ、出島の町並みが、より整備されることとなります。

　さらにもうひとつ、江戸時代、出島に渡る唯一の架け橋であった、表門に架かる橋の架橋が計画されています。

　現在、海に浮かぶ島としての形状を有していない出島ですが、長崎市中から橋を通り、川を渡って島内に踏み入ることによって、隔離された空間であった出島、そしてさらに、長崎市中とこの架け橋をもってつながっていたとも言える出島を再認識することでしょう。

　今後も、出島の整備事業の継続によって、出島は昔の人が生きた過去の遺跡ではなく、現在の人々によって生かされた空間として、歴史を重ねていくことでしょう。

第Ⅲ期復元整備事業

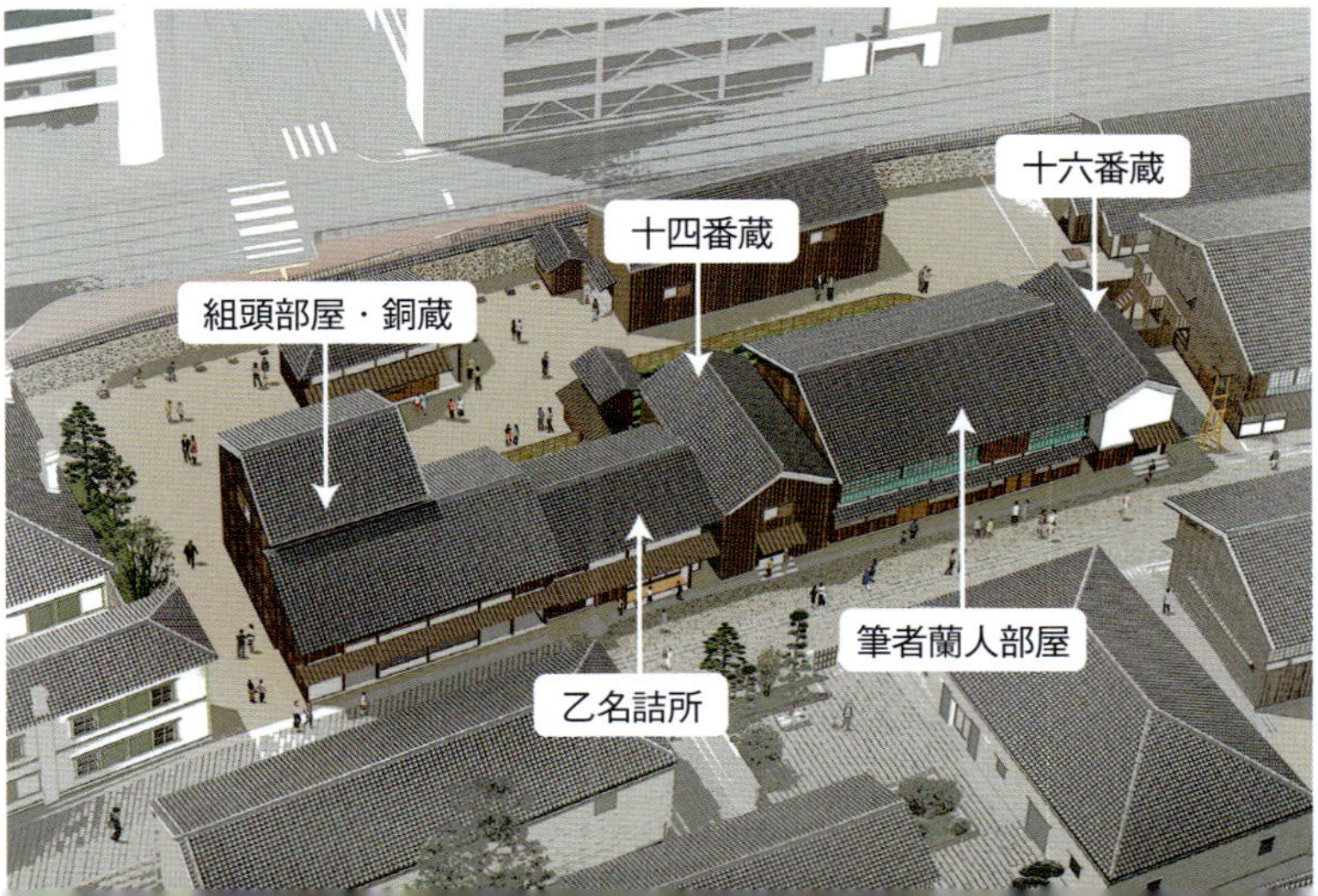

復元の史料　復元整備と出島図

現在、出島の復元整備は、19世紀初頭の姿を目標に行っています。1820年頃の出島は、寛政の大火後に建てられた建物が軒を連ね、再建されたカピタン部屋には、その前面に特徴的な三角屋根の階段が取り付けられています。この時代以降の出島の建物の配置や規模を表した図の一つに出島麁絵図があります。これらの絵図に記された建物の配置や名称、規模、また描かれた附属施設の情報などを参考に、復元整備が進められました。

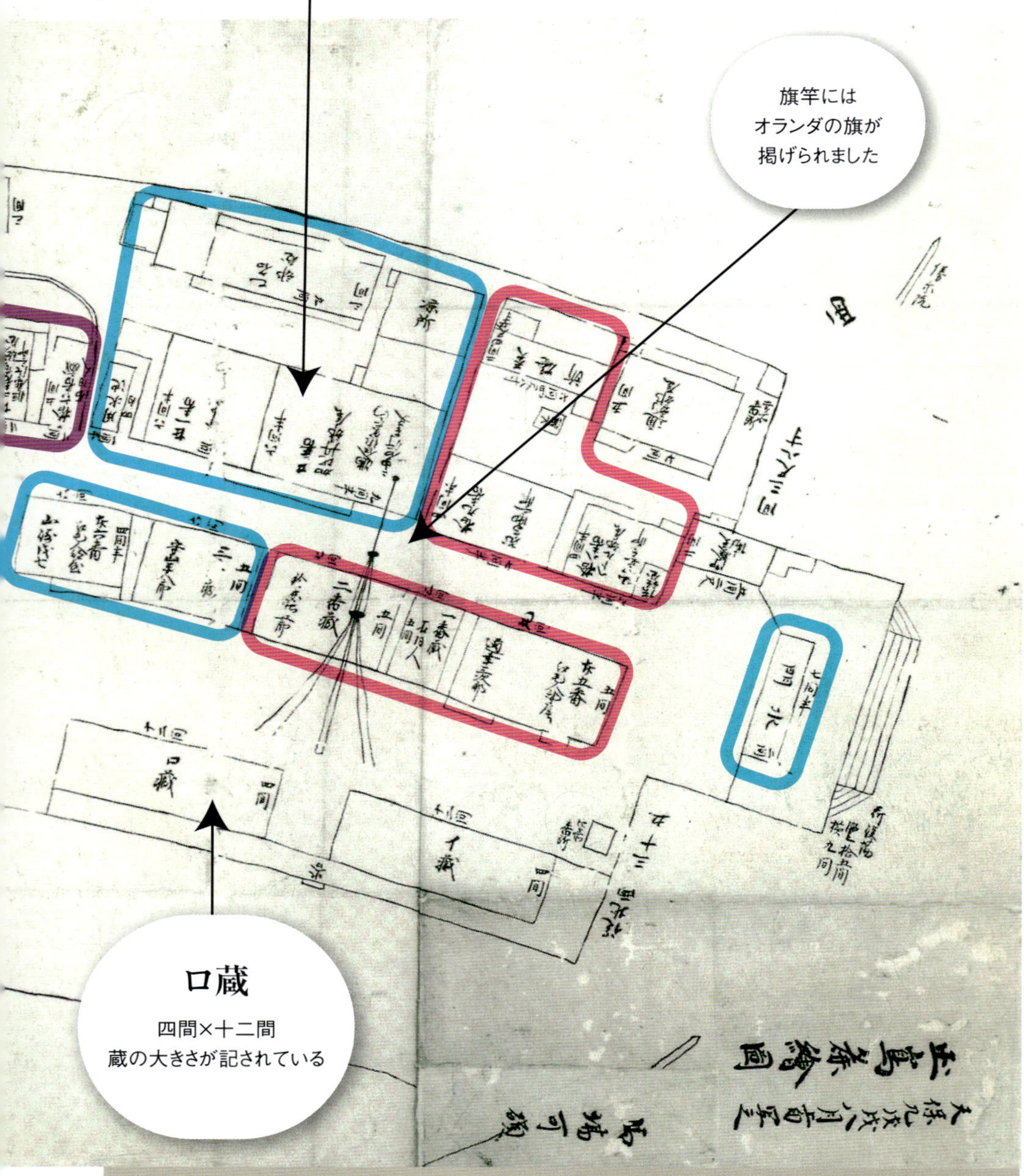

加比丹《カピタン》部屋
カピタン部屋の家主として
嶋谷佐賀右衛門･高石行太夫の
名前が見える
二人はともに出島乙名でもあった。
嶋谷（1797～1823）、
高石（1805～26）
旗竿には
オランダの旗が
掲げられました
ロ蔵
四間×十二間
蔵の大きさが記されている

出島麁《あら》絵図
天保9年（1838）馬場可硯写

麁絵とは、簡単な絵図のこと。本図には、建物ごとに、出島町人名、建物番号、建物名称、竪横の間数が記入してある。建物番号は1番から30番まで。天保9年に写されたものではあるが、カピタン部屋の形状や家主の名前から推測すると、原図は文化年間の中頃に製作されたと考えられ、復元年代に近い1810年頃の作と思われる。建物の配置や規模などが参考となり、復元の基礎となる資料である。

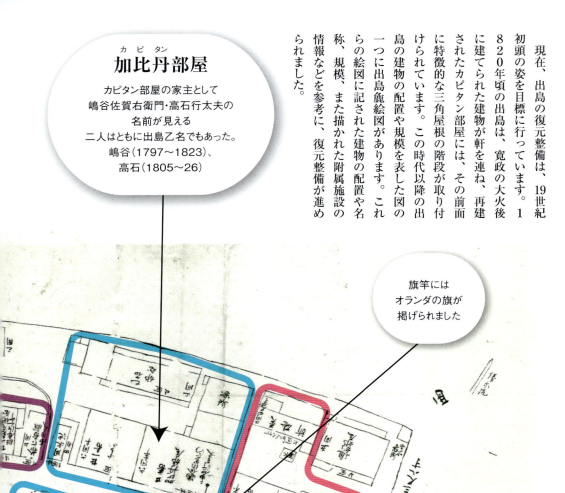

出島図から情報を読みとろう

出島の平面図には、たくさんの種類があります。なかには建物の名前や大きさ、持ち主の名前が書かれたものがあります。また外周には出島の寸法が記され、細かく観察すると木柵や門の位置も分かります。

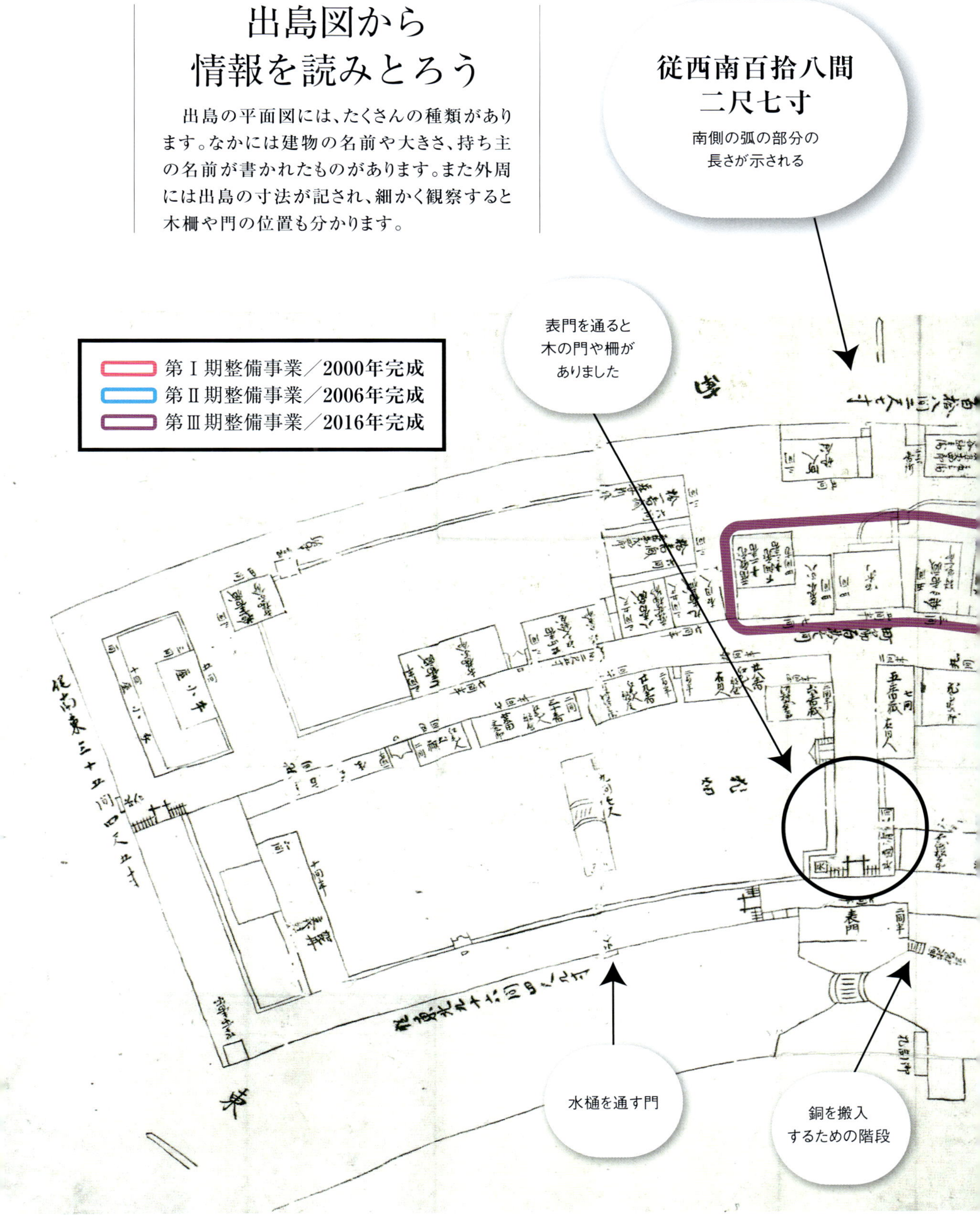

出島麁絵図（長崎市出島復元整備室蔵）

出島の家主と色分けされた建物

この平面図の建物は、主に青色、黄色、白色、橙色、灰色の五色に塗り分けられています。建物の色分けで、その持ち主の身分と壊れたときの修理費用の分担が分かります。これは建物の機能や役割をうかがうための重要な手がかりのひとつです。

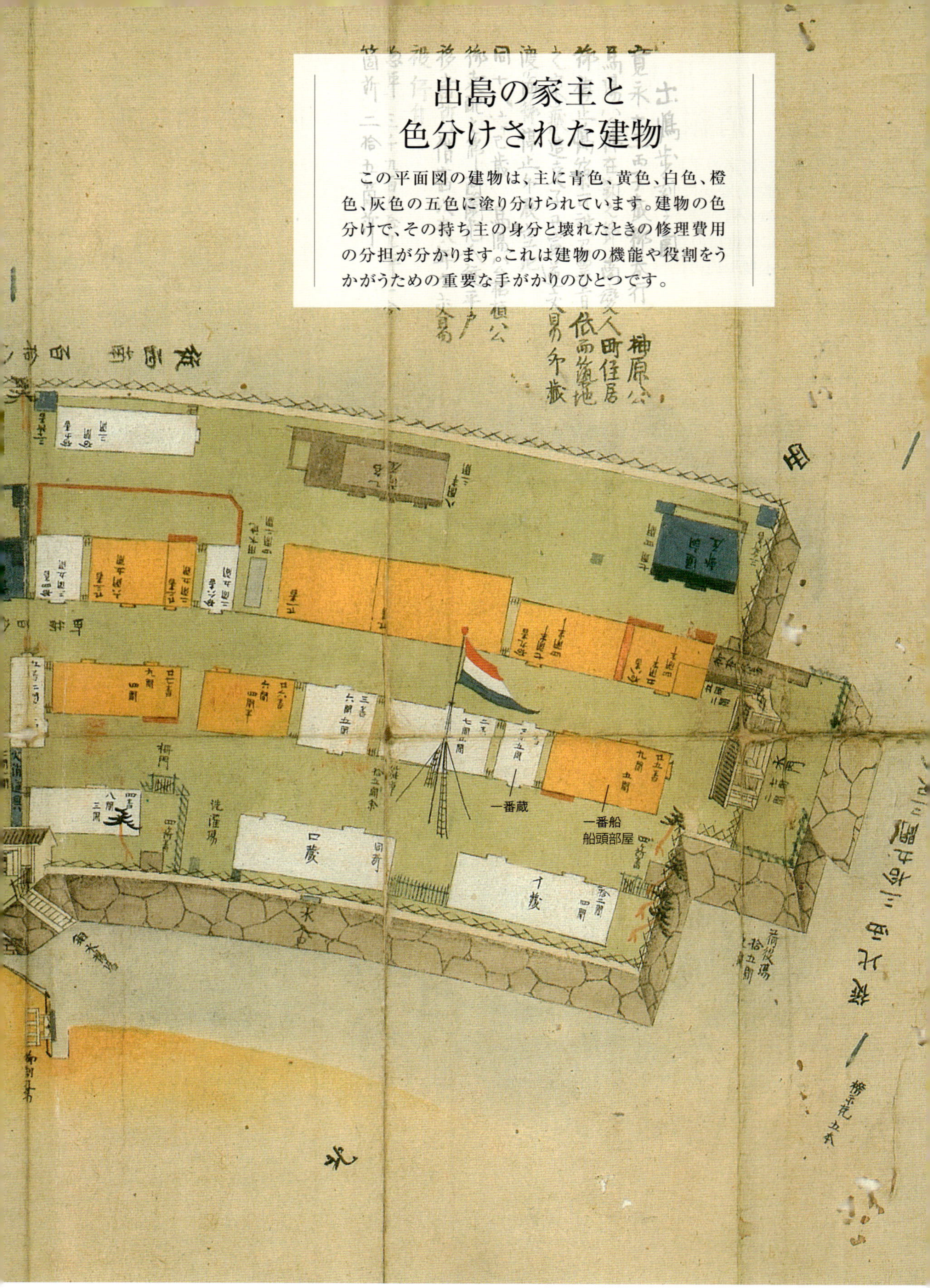

出嶋歩刻之図（長崎市出島復元整備室蔵）

一番船船頭部屋・一番蔵付近	橙色／出島町人が家主のオランダ人住居 出島町人が修理費用を負担
	白色／出島町人が家主の蔵 出島町人が修理費用を負担
町人部屋・番所付近	灰色／出島町人が共有する詰所 出島町人が共同で修理する
玉突き場付近	青色／警備を行う番所など幕府所管の建物
	朱色／オランダ人が建てた住居 オランダ人が修理費用を負担

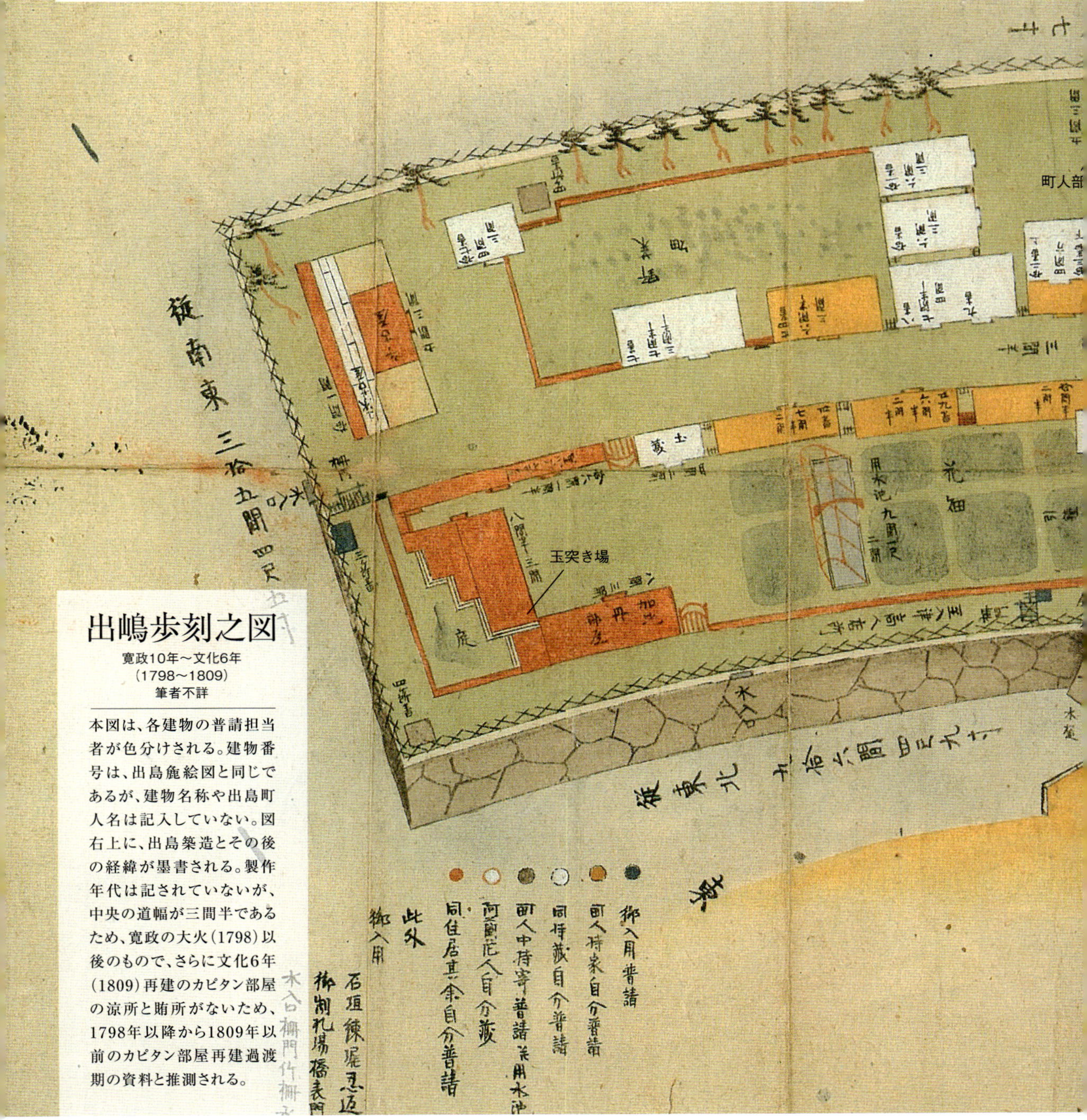

出嶋歩刻之図

寛政10年～文化6年
（1798～1809）
筆者不詳

本図は、各建物の普請担当者が色分けされる。建物番号は、出島鹿絵図と同じであるが、建物名称や出島町人名は記入していない。図右上に、出島築造とその後の経緯が墨書される。製作年代は記されていないが、中央の道幅が三間半であるため、寛政の大火（1798）以後のもので、さらに文化6年（1809）再建のカピタン部屋の涼所と賄所がないため、1798年以降から1809年以前のカピタン部屋再建過渡期の資料と推測される。

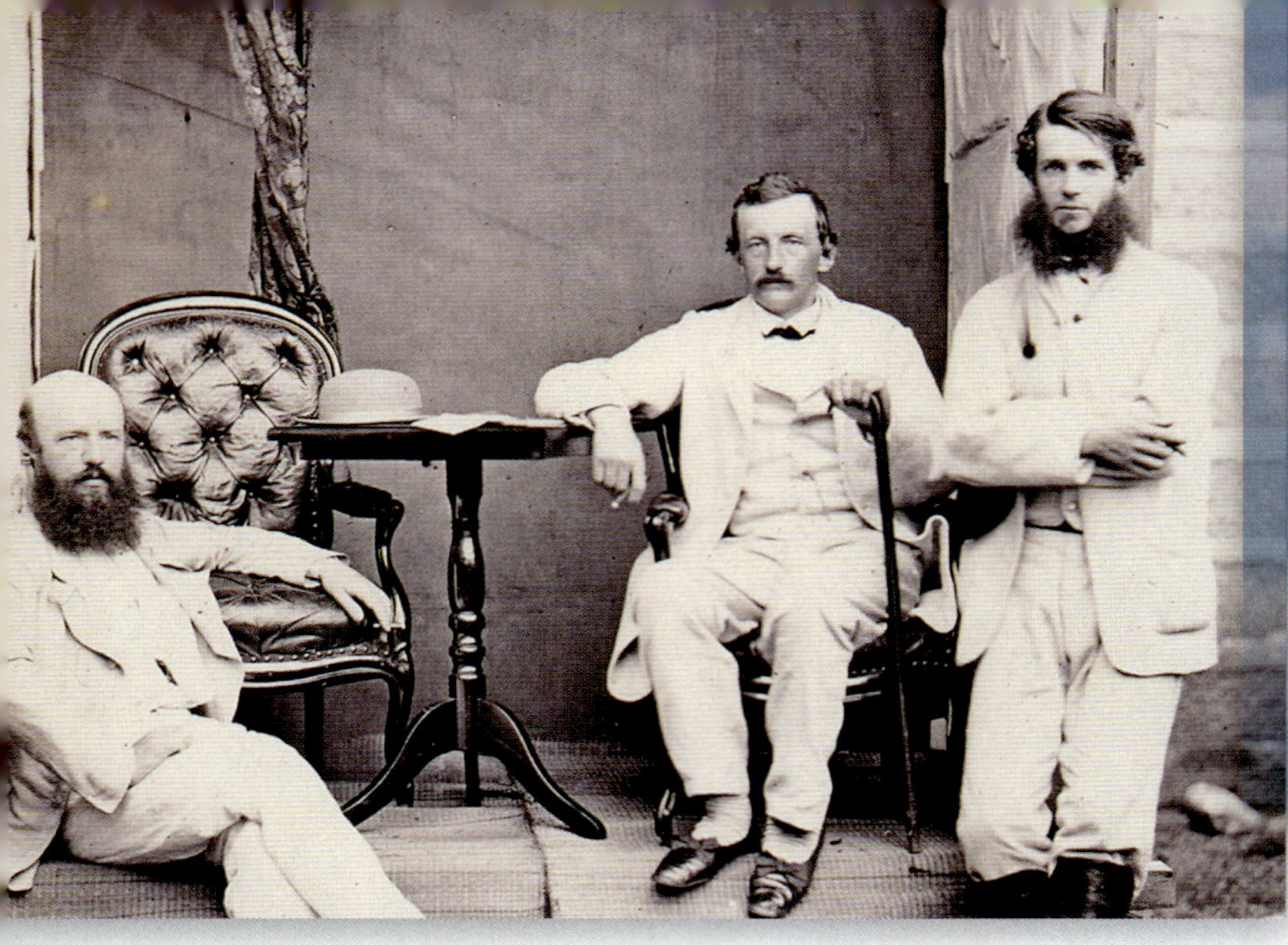

出島

時を超えて、過去から現在へ。
空間を超えて、行き交い、そして混じり合う。
人々が欲したものは、必需品に始まり、
貴重品、贅沢品と多様化し、
そして生活様式に大きな影響を与えました。
ダイナミックな人とモノの交流から、
人々がそこに夢見たあこがれの出島が見えてきます。

第2部

あこがれの

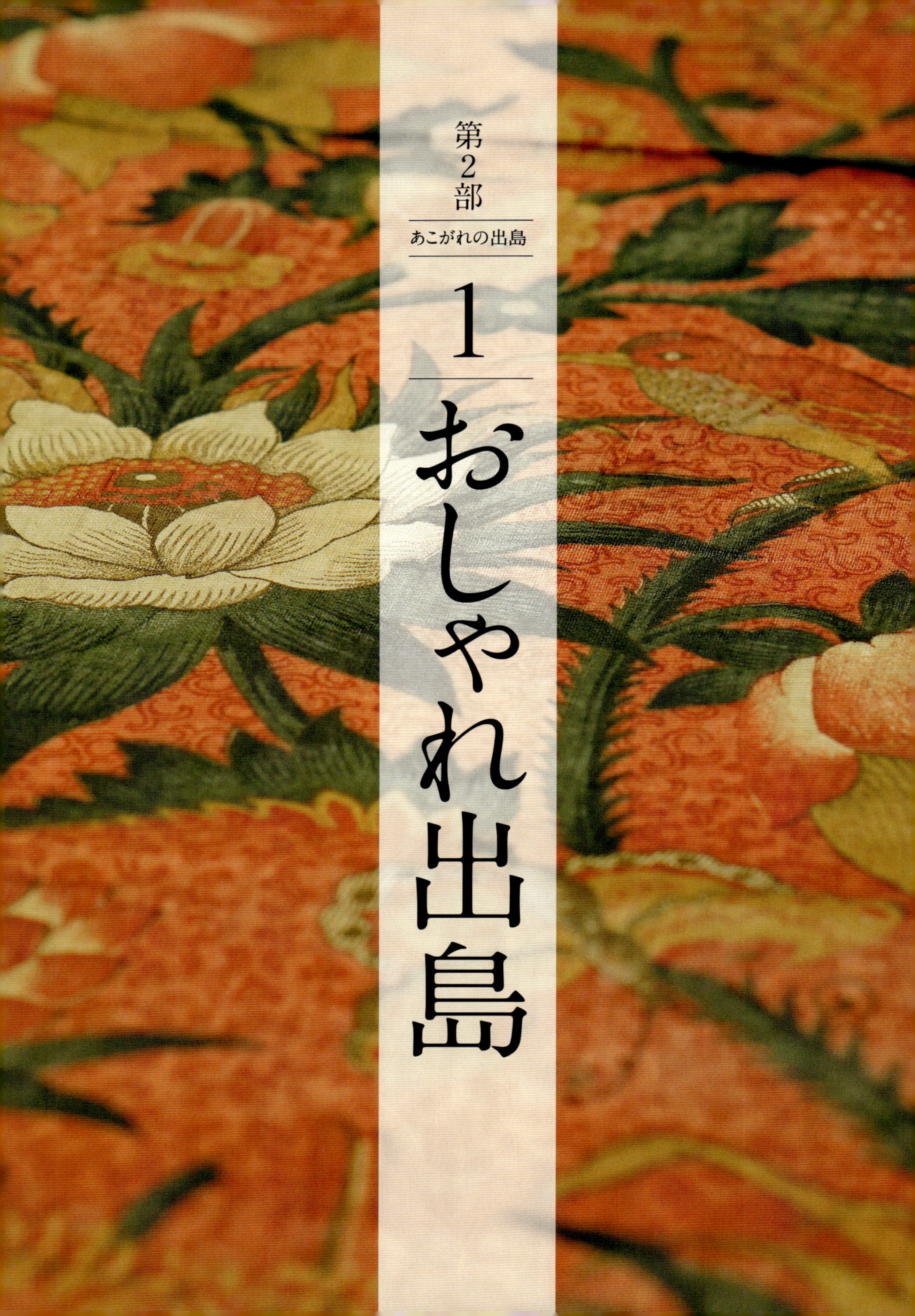

第2部

あこがれの出島

1 おしゃれ出島

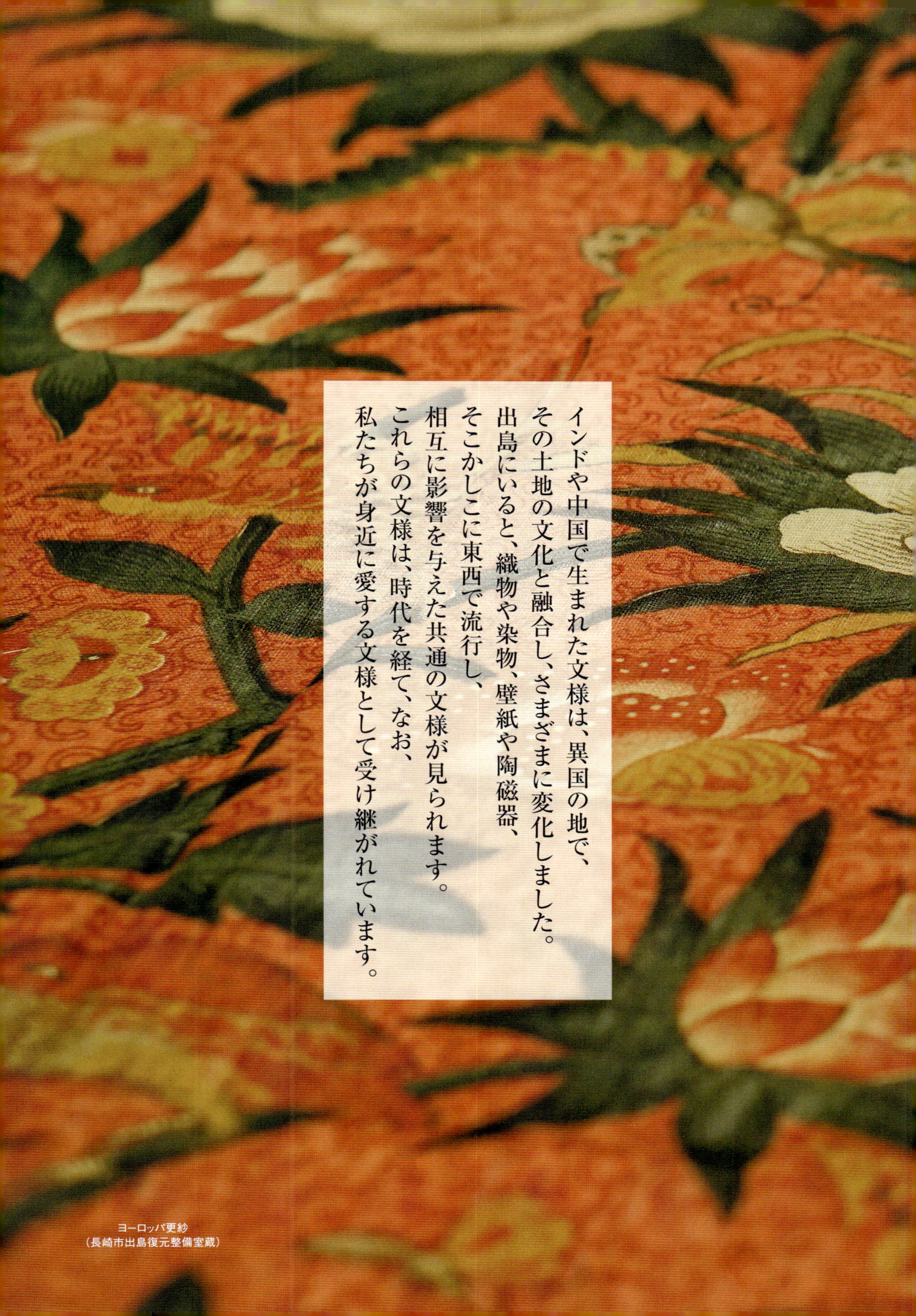

インドや中国で生まれた文様は、異国の地で、
その土地の文化と融合し、さまざまに変化しました。
出島にいると、織物や染物、壁紙や陶磁器、
そこかしこに東西で流行し、
相互に影響を与えた共通の文様が見られます。
これらの文様は、時代を経て、なお、
私たちが身近に愛する文様として受け継がれています。

ヨーロッパ更紗
（長崎市出島復元整備室蔵）

更紗

憧れの赤

インド産

更紗《さらさ》概史

インドにおける染織文化の起源は、インダス文明までさかのぼると言われます。長きにわたり培われた技術は、華やかな色彩の布を作り上げ、権力者の所持品として、また近隣諸国との交易品として珍重されました。15世紀以降、西洋人の東洋への進出によって、この鮮やかな染織物は、西洋はもとより広くアジアに知られ、東洋の産物として人気を得て、更紗は世界的に広まってゆきます。

西洋では、オランダやイギリスの東インド会社によって、もたらされたインド更紗が、伝来しています。白地に草花を散らした文様は、イギリス人が自国向けに発注した文様として、有名です。大判の更紗はカーテンなどの室内装飾のほか、ドレスやローブ（室内着）に仕立てられました。17世紀後半には、ヨーロッパで木版、やがては銅版を用いたプリント布の生産が広まり、伝統的なインドの文様や白地に花柄の西洋的な文様

（長崎市出島復元整備室蔵）

をモチーフとして、多様なデザインが生まれ、ヨーロッパ更紗が大量に生産されました。

日本でも、インド更紗が人気を博し、肌着や風呂敷など、様々に利用されました。しかしながら、更紗はたいへんに高級であったため、裂《きれ》（布地の端切れ）が珍重され、茶壺や香合、棗などの茶道具をしまう仕覆や裂を縫い合わせた肌着などが製作され、大事にされました。更紗は、肌触りが良い上手の製品と、織りが粗く厚手の鬼更紗と呼ばれる製品がありますが、後者は丈夫なため風呂敷など包物に使われました。

18世紀以降は、日本にもヨーロッパ更紗が輸入されるようになり、インド更紗はより得難い品になります。また、プリントの技法は日本にも伝えられ、長崎、佐賀（鍋島）、堺、京都、江戸などで和更紗が製作されました。ヨーロッパ更紗、和更紗の広まりによって、更紗は次第に富裕な庶民であれば手が届く品へと変化し、身近な装いや誂え品に用いられました。

唐花文 更紗裂

ヨーロッパ産・インド産

インド産の手描きの更紗は、今でも貴重な一品です。壁一面に匹敵する大判のサイズに、吉祥を表す様々な文様が描かれます。生命の樹を初源とする立木のモチーフは、のちに唐花と唐草の文様へと移り変わり、広く世界中で親しまれるパターンになります。インドでは、紅花、茜、蘇芳などの植物染料を用い、伝統的で高度な染織技法によって、難しい植物繊維の染色も美しく仕上げます。媒染技術を駆使して、鮮やかな赤から、紫系、茶系など様々な色調を表し、複雑で色褪せない美しさを今に伝えます。伝統的な唐花や唐草をモチーフとした文様はヨーロッパでも生産され、次第に西洋的な花柄へと変化していきます。

（長崎市出島復元整備室蔵）

インド更紗

コロマンデル地方で多様な更紗が製作されました。インドでは、主に儀礼用の敷布や掛布、天蓋など床や壁に用いられるほか、腰布や胴着などの着衣として多用されました。また、貴重な交易品として諸国に輸出されました。

描かれた文様は、ペイズリー柄や鋸歯文、格子文、草花文、鳥獣文など多様なデザインが見られます。産地では、各地で好まれる絵柄を生産し、輸出用としていたため、西洋風の艶やかな鳥獣文、人物風景文、花柄文や日本向けの格天井、巴文、丸文尽くし、亀甲手など、諸国の伝統柄を反映した製品が作られました。

日本に伝世する裂の見本帳としては、彦根更紗の見本帳が有名で、往時の多様な更紗の種類を知ることができます。

インド更紗　裂

（長崎市出島復元整備室蔵）

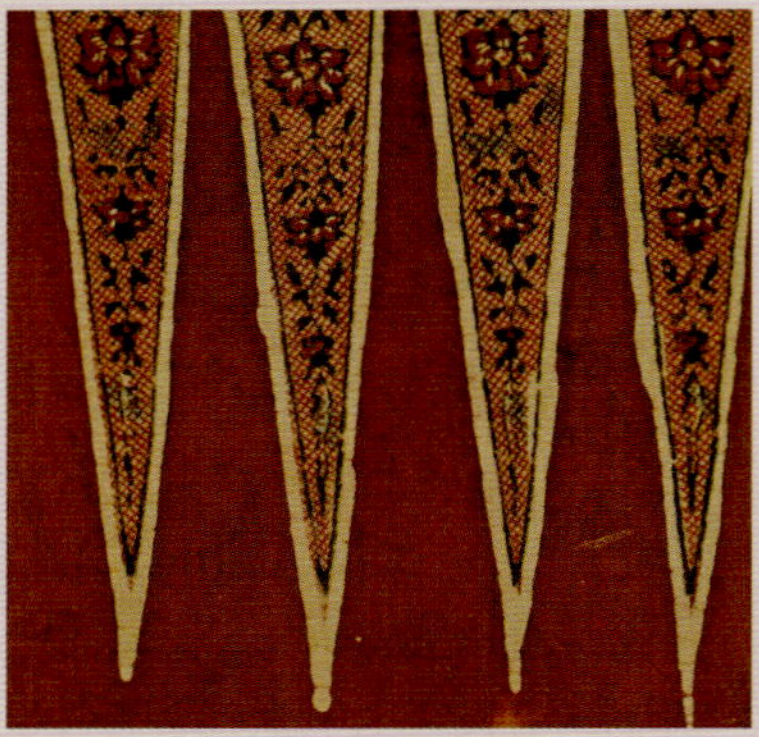

鋸歯文　インド風

花柄文　ヨーロッパ風

花菱文　日本風

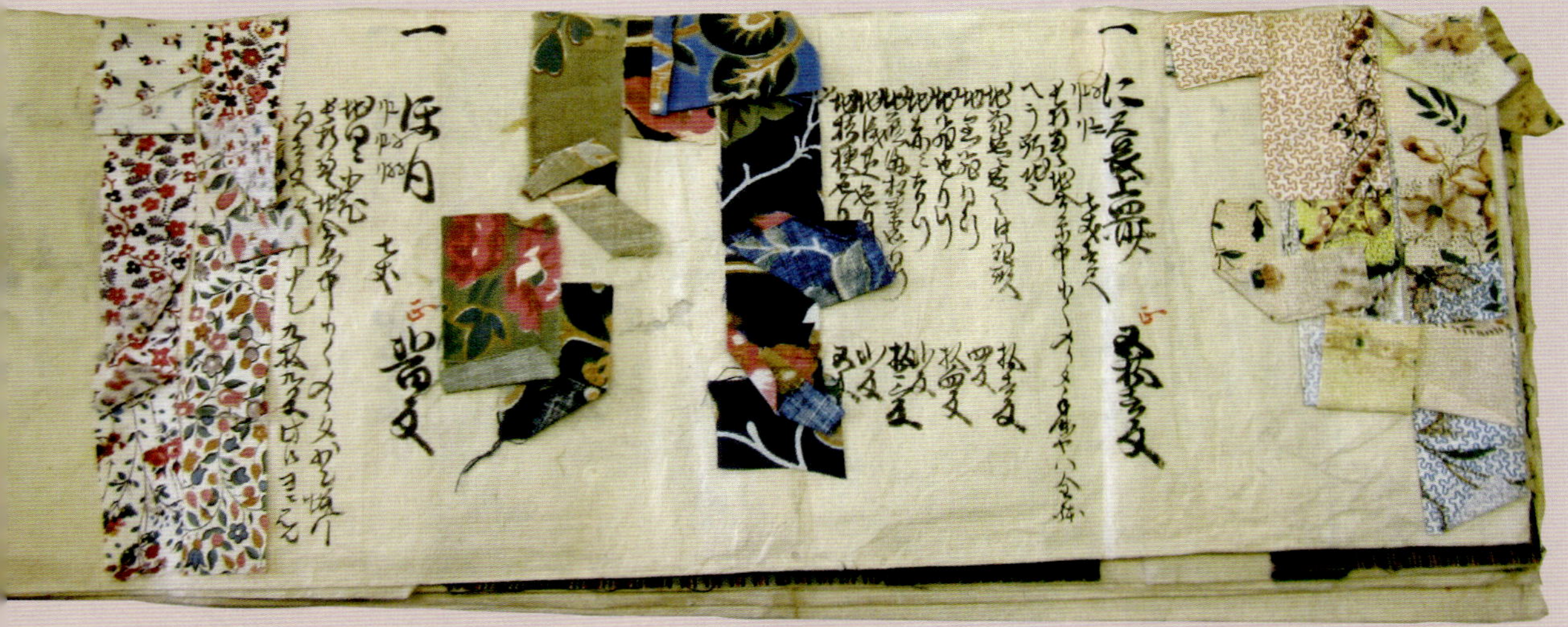

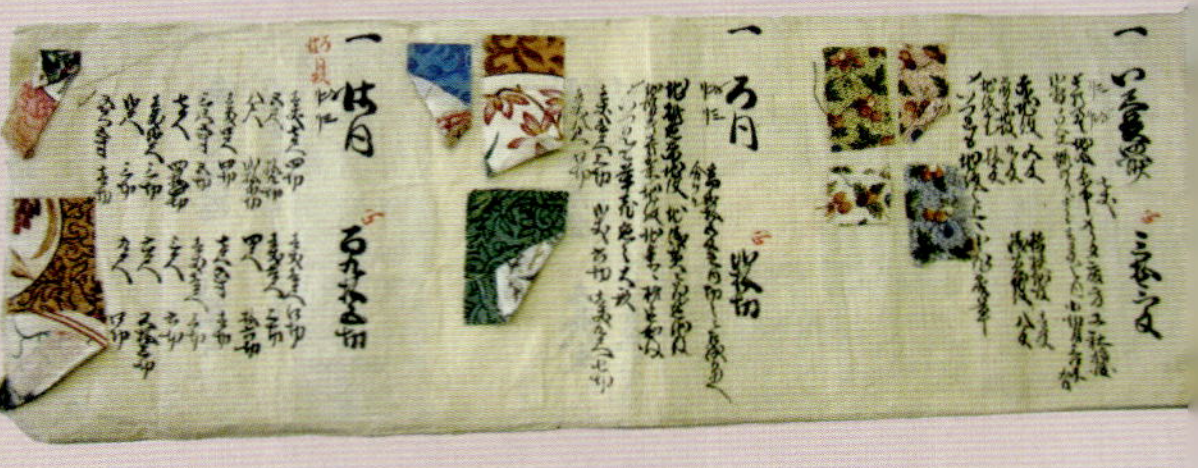

丑紅毛本方并品代り端物切レ本帳

サラサ、ラシャ、ビロードなど様々な織物の裂の見本帳。嘉永6年にオランダ船が輸入した染織品の名前と数量、寸法、特徴と現物の裂が貼られている。
（長崎市出島復元整備室蔵）

ヨーロッパのプリント更紗

フランス、イギリス、オランダなど各地で銅版によるプリントの更紗が生産されました。人物文や草花文が描かれ、文様は次第に西洋風俗を取り入れた意匠に変化していきます。地色も黄色や青色などカラフルになり、小花が散らされ、より鮮やかな色彩の布地となります。イギリスで興った産業革命によってイギリスでは繊維業は大いに発展し、大量生産が可能となるなか、インドの繊維業はその需要を奪われ、材料となる綿花の栽培のみを強いられました。そして、本来の伝統的な染織手工芸は次第に衰えました。

(部分)

(全体)

花束文更紗　ヨーロッパ製
(長崎市出島復元整備室蔵)

和更紗

日本では17世紀のはじめ頃から更紗の製作が始まったとされ、手描きや型紙、木版による染色技法が広まりました。型紙の生産地として伊勢型紙が主流になると、この型紙が産地に普及するため、同種の更紗が日本各地で生産されるようになります。そのような中、鍋島更紗は、独自の型紙により、精巧な染めの技術を確立し、美しい更紗を作ったことが知られています。

長崎更紗

長崎では、各地の更紗を輸入品として取り扱う中、その多様性や技法などを見る機会が多くありました。長崎での更紗の生産が史実として知られているのは、19世紀前半の長崎更紗です。長崎更紗は、輸入品であった蘇芳によって染め上げた色が茶系の赤色であることが特徴の一つに挙げられ、また中国から輸入した布地を用いたことによって、日本の反物の尺と異なり、幅広であると言われています。伝世する製品は、中央にオランダ人や帆船を描いた西洋風な図柄や、双龍文が描かれた中国風のものなど、長崎らしさが感じられるものが中心となります。

双龍文長崎更紗(今昔西村蔵)

南蛮人来朝之図（長崎歴史文化博物館蔵）

ポルトガルと更紗

日本へのインド更紗の伝来は古く、出島以前にさかのぼるため、古渡りの更紗の一部はポルトガル船が我が国にもたらしたものでした。その名残として、更紗の名品には、ポルトガル縁の名称をもつものが知られています。そのいくつかを紹介します。

カピタン織

（今昔西村蔵）

カピタン織は厚みのある風合い

カピタンはポルトガル語で商館長を意味する言葉です。出島では、ポルトガル時代からオランダ時代に移り変わっても、日本人は商館長をカピタンと呼びました。

カピタン織は、経糸に絹、緯糸に木綿を用いた織物です。絹の照りと柔軟さ、木綿の厚みと馴じみの良さが相まって、独特な風合いを感じます。

南蛮屏風の中に描かれたポルトガル人が着ている装束は、更紗以外にも、ラシャやビードロなど、珍しい海外の織物で作られています。屏風そのものが、海外文化の見本一覧のように思えます。

〈取材協力〉 今昔西村
京都市東山区大和大路通三条下ル弁財天町36番地
http://www.konjaku.com/

インド更紗　金平糖

（長崎市出島復元整備室蔵）

金平糖

「金平糖」の小花文様

金平糖は、ポルトガル語の砂糖菓子を意味するコンフェイトconfeitoに由来する菓子です。本来は小さな種や実を芯として砂糖で覆い、表面に多数の角「いら」を持つ砂糖菓子を指します。大鍋を回しながら少しずつ砂糖で覆い、時間をかけて作られた素朴なお菓子です。丸い小花文を連続的に配した更紗は、金平糖を散らしたように見えることから通称〝金平糖〟と呼ばれています。よく見ると愛らしい小花文が印象的な更紗です。

縞文様更紗裂　有平更紗

（今昔西村蔵）

有平糖　千代結び　千寿庵

「有平」は カラフルな縞文様

有平または有平糖は、ポルトガル語で砂糖菓子を意味するアルヘル、アルヘイalfeloaを語源とする南蛮菓子です。砂糖を煮詰めてから冷やし、引き伸ばして細工を施した飴状のもので、縞模様の飴細工がとくに有名です。長崎では代表的な有平糖として、白色と赤色の二色の縦縞をよって千代結びにした商品がよく知られていますが、この縦縞から派生してカラフルな縞模様を有平縞と呼ぶようになり、更紗の場合も有平更紗と呼ばれるようになったと言われます。

出島の唐紙

装う空間

からかみとは

唐紙《からかみ》は、中国をルーツとする木版による印画紙です。平安時代には日本に伝えられ、貴族の屋敷を飾る材料として用いられていました。このため、京都には唐紙作りを専門とする工房が多数存在しました。日本では、ふすまや屏風などの建具に用いられることが多く、室内のアクセントとなっています。

江戸時代の出島の住居は、内壁や天井の一部に様々な柄の唐紙が貼られていました。その当時、ヨーロッパでは、邸宅の内部に壁紙を用いることが流行していたことから、オランダ商館員らは、日本製の唐紙を代用して、居住空間を飾りました。現在の出島の復元された建物においても、調査成果に基づき、その内装には多様な唐紙が使われ、独特な空間が作り出されています。

天井も壁も唐紙の内装　カピタン部屋　17.5畳の間

Column

出島唐紙文様帳

唐紙の文様は、唐紙の老舗に現在まで大切に受け継がれている板木によるもの、板木が失われたため残された唐紙を型として復刻されたもの、絵画史料等を参考に新しく製作されたものに大きく分かれます。

復元された出島の建物では、現在までに10種類以上の唐紙が使われていますが、カピタン部屋２階の玄関の間に用いた唐紙「松皮菱に松」は、石崎融思の絵画『蛮館図』「蛮酋飲宴図」に描かれた壁紙の柄を参考に作成した出島オリジナルの文様です。

牡丹唐草　一番船船頭部屋

菊の丸　一番船船頭部屋

信夫の丸　拝礼筆者蘭人部屋

小花柄七宝　一番船船頭部屋
カピタン部屋、拝礼筆者蘭人部屋

四つ目菱綸子　一番船船頭部屋

松皮菱に松　カピタン部屋

大八ツ藤　カピタン部屋

松菱／大菱　一番船船頭部屋
カピタン部屋

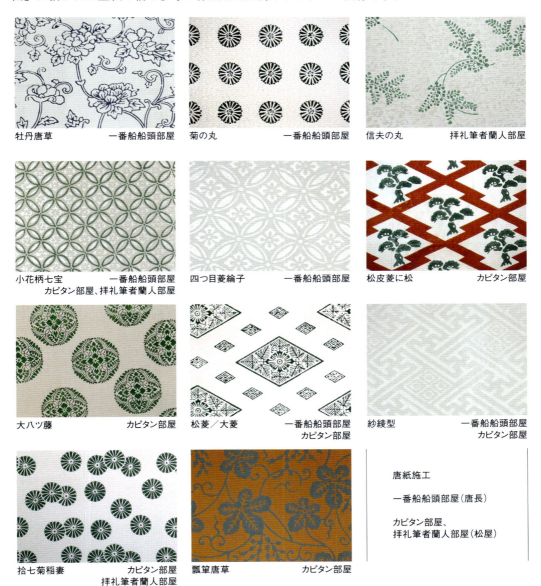

紗綾型　一番船船頭部屋
カピタン部屋

拾七菊稲妻　カピタン部屋
拝礼筆者蘭人部屋

瓢箪唐草　カピタン部屋

唐紙施工

一番船船頭部屋（唐長）

カピタン部屋、
拝礼筆者蘭人部屋（松屋）

一番船船頭部屋

江戸時代の商館建物 一番船船頭部屋

2000年に復元が完成した一番船船頭部屋は、江戸時代の商館建物を模して制作した「ブロムホフの出島模型」を、大いに復元の参考とした建物です。1階、2階それぞれの室内の唐紙も多様で、これらの柄から類似の木版を探し、復元建物に利用した出島における最初の事例でした。

1階は、土間と二間続きの和室に分かれ、和室の壁には大柄の花唐草文があしらわれた唐紙が見られます。2階西側の船長の部屋には、松菱の唐紙、東側の商館員の部屋には菊の丸や小花柄七宝の柄の唐紙が用いられています。洋家具と合わせた空間は、可愛らしさもあり、独特な誂えとなっています。

唐紙のルーツを求めて

一番船船頭部屋の模型に見られる唐紙を復元するにあたり、その元となる板木を探し始めるなか、当時の復元事業の担当者らは、唐紙の老舗「唐長」に、それらを見つけました。唐長は、京都に工房や店舗を構える1624年から続く唐紙屋です。伝統的建造物の修復に際し、受け継がれてきた技法をもって施工し、その伝統を守り続けています。

一番船船頭部屋模型の室内に貼られた艶やかな「牡丹唐草」は、唐長が今日まで受け継いだ「牡丹唐草」板木と全く同一のものでした。時を越えて、模型を所蔵するオランダのライデン民族学博物館と京都唐長、そして長崎の出島がつながります。

「牡丹唐草」「小花柄七宝」の試刷り（唐長）

一番船船頭部屋（2階）唐紙　「松菱」

一番船船頭部屋で使用した「牡丹唐草」の板木　（唐長）

「牡丹唐草」の唐紙でを仕上げられた一番船船頭部屋（1階）

〈取材協力〉
唐長　修学院工房
京都市左京区修学院水川原町36-9
http://www.karacho-sanjo.org

Column

ブロムホフの模型

ブロムホフの出島模型は、商館長ヤン・コック・ブロムホフJan Cock Blomhoff（1817～23在任）が出島に着任した後、建物の模型製作を発注し、完成した1818年にオランダに向けて送ったものです。1820年にデン・ハーグの王立骨董陳列室（現マウリッツハウス）のコレクションとして登録され、現在は日本の民族資料を有するライデン民族学博物館に収蔵されています。

1931年パリの国際植民地博覧会において、オランダパビリオンに出展された際に火災に遭い、カピタン部屋やヘトル部屋などの数棟の建物が失われ、また現存する模型も後世に何らかの補修が施され、当初の模型から改変された痕跡が確認されています。しかしながら、江戸時代後期の出島の建造物を手本に製作された建物模型は、各建物の外観の意匠や内部の構造を知るうえで他には換えがたい貴重な資料であり、出島の建造物復元に際し、大きな役割を果たしました。

これまでの復元設計においては、オランダ人の住居『一番船船頭部屋』や『拝礼筆者蘭人部屋』、日本人役人の詰所『乙名部屋』のほか、蔵の模型等が調査対象となり、とくにオランダ人住居の模型内部には、日本の伝統的な文様の唐紙がいくつも室内に貼られ、これらを参考に復元を行った建造物群の内装は華やかな仕上がりとなっています。

模型に貼られた唐紙は、往時の出島で実際に使用されていた壁紙の一部が、例として貼り込まれていたと考えられることから、その図柄を元に板木の特定を行いました。残されているオランダ人住居の模型の中では、外科部屋やカピタン別荘、一番船船頭部屋に多くの唐紙が見られます。

一室ごとに異なる天井や壁の唐紙の柄から、それぞれの部屋の格や用途もうかがい知ることが出来ます。

ブロムホフ模型写真

拝礼筆者蘭人部屋模型の唐紙例

「松菱」

模型内部に貼られた唐紙

古伊万里の文様

オランダ東インド会社と古伊万里

　1602年、オランダに連合オランダ東インド会社が設立され、アムステルダムに本拠が置かれました。アジアへ進出し始めたオランダは、アジアの各地を拠点に、香辛料や生糸、金、銀、綿織物、毛織物などの取引をおこないました。その貿易品のひとつに中国磁器が含まれていましたが、中国における明から清への王朝交代にかかる混乱、清の海外貿易の制限政策「海禁令」によって、1650年代には中国磁器が入手できなくなりました。そのころ、肥前では日本初の磁器の焼成が始まりました。この磁器が、のちにオランダ商館出島を通じて海外に輸出され、ヨーロッパの王侯貴族を魅了した古伊万里です。

　1650年、オランダ東インド会社による初めての古伊万里の輸出が、東南アジア向けにおこなわれました。その後1657年には、ヨーロッパに向けて運ばれました。往時の航海では、出島からバタヴィア（現在のインドネシア・ジャカルタ）まで約2ヵ月、バタヴィアからオランダへはさらに6ヵ月の月日がかかりました。

　オランダ東インド会社はアフリカ、東南アジア、台湾などアジア各地に商館を設け、中継貿易をおこなっていました。古伊万里は、通常、佐賀の有田から伊万里へ運ばれ、伊万里港から海路で長崎出島へ運ばれました。長崎からは、まず帆船でバタヴィアに運ばれ、そこから主要な各地の商館へと輸送されました。オランダ東インド会社の手を介して、アジア及びヨーロッパの各地へと、古伊万里が広がっていきました。

牡丹に鳳凰文

江戸時代、伊万里と呼ばれた染付皿。中国の景徳鎮で生産されていた花卉や鳳凰文をあしらった芙蓉手の文様を有田で写し、出島を通じて、海外へ輸出しました。中央の丸にVOC文字は、オランダ東インド会社の頭文字を組み合わせて作られたマークで、出島を代表する出土品です。東洋の硬質な磁器は、海外で高く評価され、17世紀後半から18世紀初頭にかけて、日本の主要な輸出品のひとつとなりました。

染付VOC銘入花鳥文大皿
（出島出土品）

ヨーロッパに広がった有田磁器

出島における有田磁器の輸出は、1650年から始まりました。中国で海禁令が発布されるなか、1659年、出島の商館長ワーヘナールはアラビアのモカ向けに磁器3万2300個を注文をしました。これらの磁器はアジア各地の商館、オランダ本国に送られ、これ以降肥前磁器の大量輸出が始まります。

初期に輸出された製品の内容は、丸碗など小振りの磁器が主でしたが、焼成技術の向上に伴い、次第に大型の磁器がつくられるようになりました。

17世紀末から18世紀初頭にかけて、ヨーロッパの宮殿を飾った大皿や長胴瓶、蓋付広口壷などが盛んにつくられ、輸出向け肥前磁器の隆盛期を迎えます。その後、中国の磁器製作の復興が進み、18世紀中ころには輸出向け古伊万里は次第に押され、肥前磁器は転換期を迎えることになります。

肥前磁器は、硬質で丈夫であったため、当時ヨーロッパでは磁器で作られていなかった様々なものが、注文により磁器で作られました。これらは、当時の日本人には馴染みがないものだったため、実物や絵入りの注文書などで、有田の陶工はその製作を試みました。このため、まったく知らない文字であったオランダ語のアルファベットなども、絵師により絵付けされました。

ヨーロッパの陶器や炻器《せっき》、金属器を手本に、そっくり写した肥前磁器も、出島から多数出土しています。これらの古伊万里は、長期の輸送に耐えられるよう、梱包を専門とする縄師が藁縄でしっかりと包み、船積みされました。大型の壷は一個体で、大皿は数十枚重ねて梱包されました。

二番蔵　染付皿の梱包の様子の再現

出島の貿易

18世紀の初めごろに描かれた出島の絵画には、出島の北東部に「伊万里焼物見せ小屋道具入」と記された建物が描かれています。この建物からも、当時出島のなかで、貿易品として古伊万里が重要な位置を占めていたことがうかがえます。

出島では、この時期、古伊万里のほかに、銅や樟脳などが主な輸出品として取引きされていました。オランダ船が港に入り、貿易で賑わう夏から初秋の間が、人や物資の出入りが盛んで、もっとも出島が活気付く季節でした。オランダ商館の注文に応じ、必要な品物を準備する有田の窯場も、納品に追われました。

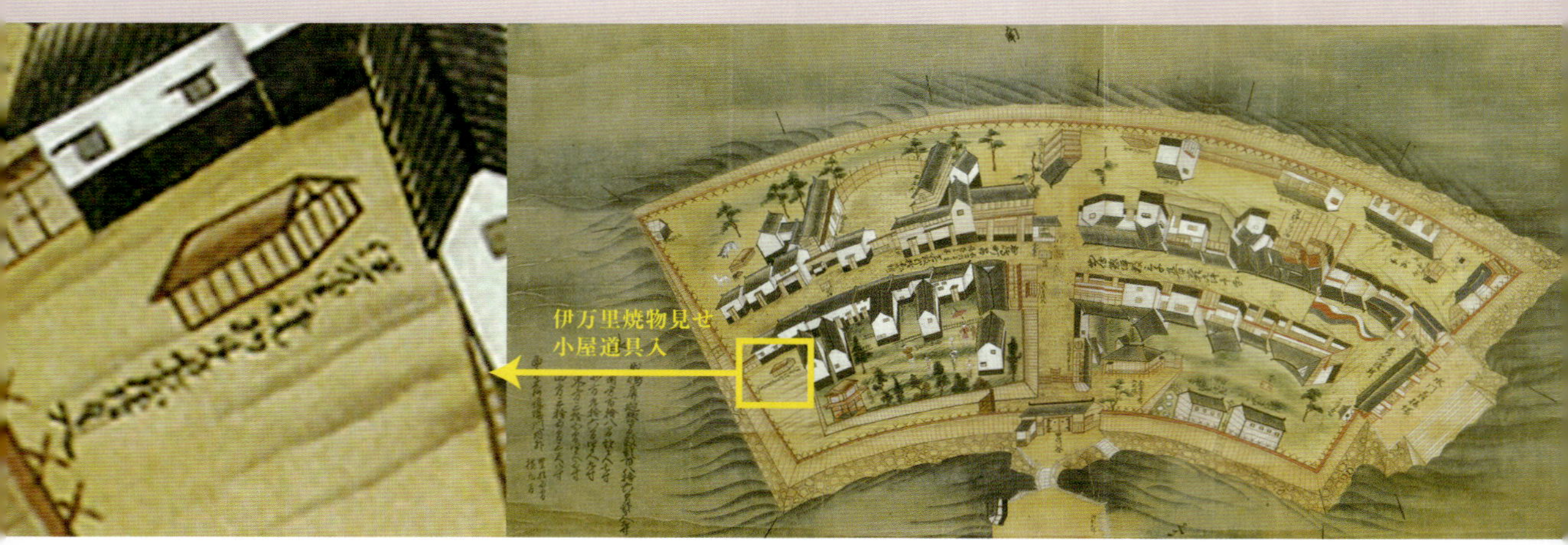

阿蘭陀屋敷之図（東京大学史料編纂所蔵模写）

出島から出土した古伊万里

出島でおこなわれた発掘調査により、たくさんの近世陶磁器が出土しました。海外輸出向けの古伊万里も多数みつかりました。その一部は、溝や穴（土坑）からまとまった状態で出土し、オランダ船に積荷する直前になんらかの問題が生じ、出荷を断念したように見受けられます。また、その他のゴミと混じりあって、ゴミ穴から出土する例もありました。

色絵が剥げ落ち、使用によるキズ痕がみられ、商館内で消費されたものと思われます。出島から出土する有田磁器は、製作された年代が細かい単位で分かる資料が多いことから、土層や建物跡の年代決定を行う際に参考となるため、割れた欠片でも大変貴重な資料です。

色絵皿

色絵皿

色絵長銅瓶

染付皿

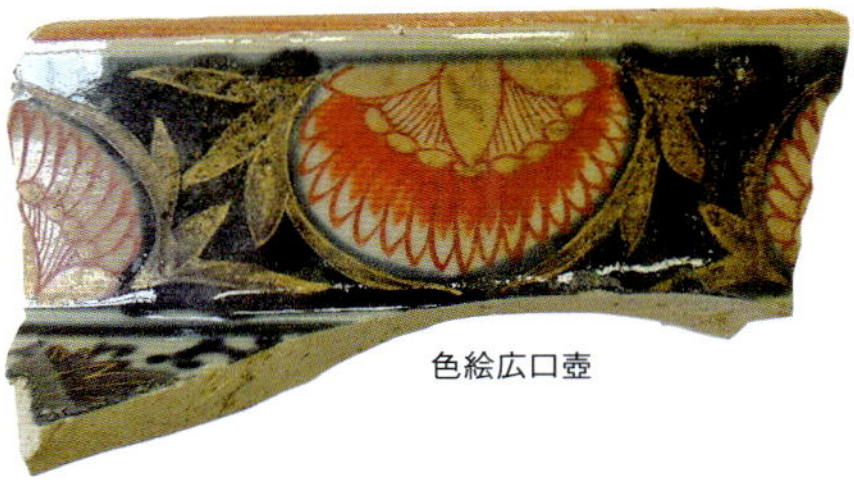
色絵広口壺

染付水差

（出島和蘭商館跡出土品）

ヨーロッパの宮殿を飾った柿右衛門様式

肥前磁器の輸出は、初めは東南アジアやイスラムに向けてのものでしたが、ヨーロッパの王侯貴族の東洋への興味や憧れとあいまり、高級磁器として権力者が収集するようになりました。当時のヨーロッパでは、まだ硬質な磁器を焼成する技術がなく、中国や日本の磁器が求められたのです。

日本の磁器でそのさきがけとなったのは、柿右衛門《かきえもん》様式の磁器でした。柿右衛門様式は、海外への輸出向けにつくられた高級磁器で、日本的な文様と非対称な構図がかもし出す絵画的な雰囲気、白濁した素地に鮮やかに映える上絵付けが好まれました。その後ヨーロッパ各地の王侯貴族が、自らの領地に開いた窯で、この様式の「写し」がつくられたことは有名です。

柿右衛門様式の後、有田では染付に赤や金彩を施す金襴手《きんらんで》（古伊万里様式とも呼ばれる）の磁器が製作されました。大型の壺や瓶、大皿など各種の器形がつくられ、ヨーロッパの宮殿を華やかに飾りました。とくに、プロイセンの王フリートリヒI世やザクセンのアウグスト強王が数多く収集したことが知られています。規則的に並べられたその様子から、当時古伊万里が、室内装飾品として用いられていたことがわかります。また、その生活習慣に併せて、様々な用途の器がもとめられ、その注文に応じて有田の陶工たちは、当時の日本国内では用いられない形の器をつくりました。

その後、王侯貴族が保護した各地の窯、マイセン（ドイツ）、チェルシー（イギリス）、セーブル（フランス）などで、上質な磁器の焼成が可能となり、また一時停止していた中国磁器の輸出が再開されるなか、肥前磁器のヨーロッパへの輸出は衰えていきました。

ザクセン
アウグスト強王

色絵花鳥文蓋付角壺
イギリス

色絵花卉文壺
オランダ・デルフト

色絵折枝花文十角鉢
ヨーロッパ

（写真すべて吉川コレクション）

カラフル伊万里

青一色の染付の器も粋で素敵ですが、当時ヨーロッパで人気を博した伊万里には、艶やかな色絵の製品が数多く知られています。大型の壷や瓶、大皿などは邸宅の壁面や棚に飾られ、豪華な空間を演出する役割を果たしました。

テーブルウエアである食器類や茶器は、手に取って愛でることが出来、その艶やかさに心が華やいだことでしょう。金彩や赤絵を用いて描かれた花樹や空想上の動物達、吉祥文などは東洋風の意匠で、薄明りの中、シャンデリアや燭台の蝋燭の灯りに照らされ、キラキラと輝いたことが想像できます。

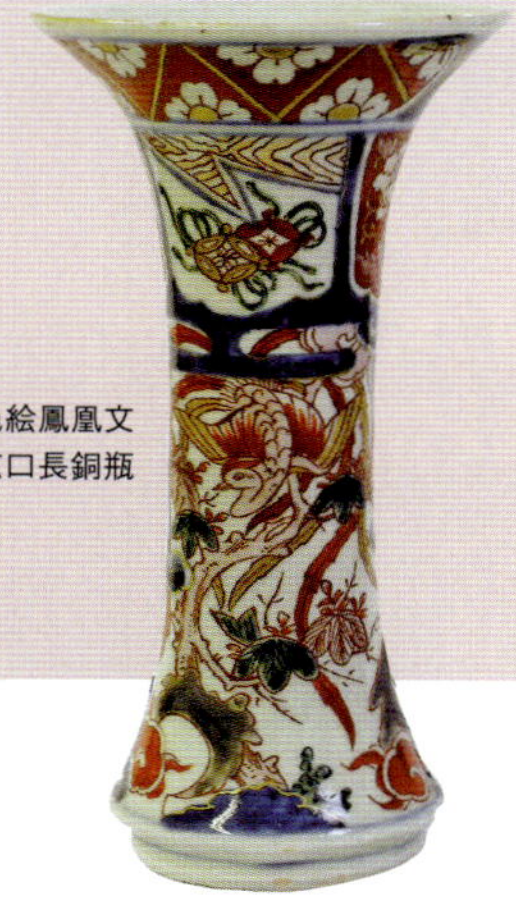

色絵鳳凰文
広口長銅瓶

色絵牡丹に
菊花盆文大皿

色絵八角牡丹に
菊花盆文大皿

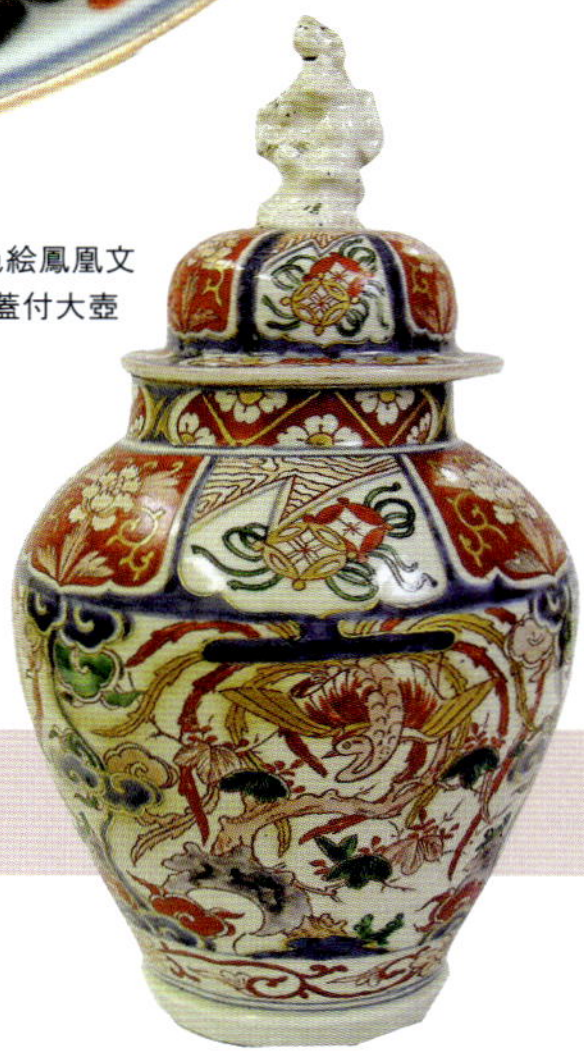

色絵鳳凰文
蓋付大壺

（写真すべて吉川コレクション）

ツヴィンガー宮殿の長廊館と王冠の門

ザクセン王
アウグスト強王

ザクセン選定侯アウグストⅠ世（１６７０～１７３３）は、中国や日本磁器の愛好家で、その情熱からヨーロッパで最初に磁器焼成に成功したマイセン窯（１７０９年～）を誕生させた人物です。とくに柿右衛門様式の磁器に魅了され、その写しがマイセンで多数作られています。アウグスト王が東洋磁器の収集を行っていたオランダ宮殿は、のちに日本宮殿と呼ばれ、その収集品は現在のツヴィンガー宮殿（上、下左）磁器コレクションに収められています。

裏銘

色絵梅樹に鶉文手付碗
マイセン
（吉川コレクション）

ツヴィンガー宮殿の全容

マイセンの窯印にも見られる剣の文様

マイセン人形道化師

ヨーロッパ初の磁器窯 マイセン

マイセンは、ドイツのドレスデン近郊に、ザクセン選帝侯でポーランド王フリードリッヒ・アウグストII世（1670〜1733）が開いた窯です。アウグスト王は、錬金術師のベドガーをケーニッヒシュタイン城に軟禁し、硬質磁器焼成のための研究を強要、1709年にカオリンが発見され磁器焼成に成功、1717年には初の染付磁器の焼成に成功しました。その後、ケーラーやステルツェルにより染付の改良が行われ、絵付師ヘロルドが東洋的な意匠をマイセン磁器に取り入れ、彫刻家ケンドラーがモデラーとして人形の型をつくり、現在のマイセンに続く伝統的な技法を形成しました。

ヴィクトリア・アンド・アルバート美術館

第2部

あこがれの出島

2 憧れの出島

～ヨーロッパの工芸品～

銅板転写陶器と転写紙
（ヴィクトリア&アルバート博物館）

出島ならではの品物といえば、
何といっても憧れのヨーロッパからもたらされた品々でしょう。
日本では見ることの少なかった西洋の陶器やガラス器には、
どんなものでも付加価値が付き、その珍しさから収集の対象となりました。
これらのヨーロッパの工芸品が、それぞれの土地で生産され、流通し、
そしてオランダ船で日本に運ばれるまで、さまざまなエピソードがありました。
この子たちの故郷を訪ね、日本で愛された訳を探ってみます。

髭《ひげ》徳利

ライン川で生まれた酒瓶

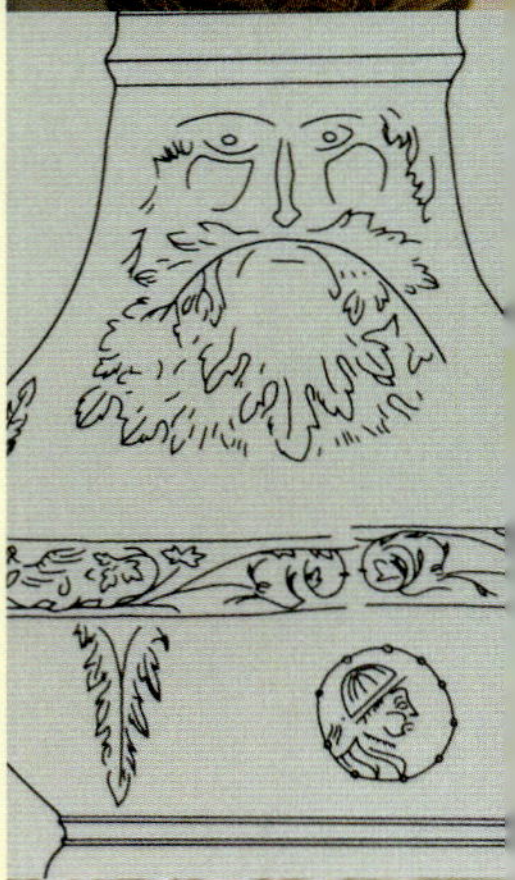

ライン地方の炻器

アルプス山脈を源流とし、ドイツからオランダを流れるライン川流域では、古くからこの地方独自の陶土を用いた器が作られました。現在のドイツ、ベルギー地域の一部にあたるライン地方では、器の表面が乳白色から褐色に見えるものと、灰色に見えるものの二種類の炻器《せっき》が伝統的に生産されています。

炻器は陶器と磁器の中間に位置する焼き物です。粘土を原料とし、約１２００～１３００度の温度で焼成します。とくにライン川流域で生産されたこれらの炻器は、塩釉炻器（一部、無釉のものもあります）と呼ばれます。塩釉炻器とは、焼成時に窯内に岩塩を投入し、器壁表面をソーダガラス質の釉薬で覆った製品のことを指します。このうち褐色系の炻器を代表する生産地として、フレッヒエン地方が知られています。

髭徳利

フレッヒエンはドイツの都市ケルンに近い町で、ライン川近郊の町です。この地で製作される代表的な資料として、器壁表面がまだらな褐色を呈し、肩部に髭男の模りを配した手付きの洋酒瓶が挙げられます。この洋酒瓶は、16世紀中頃から製作が始まり、17世紀には輸出用に大量に生産されました。ドイツではバルトマンクリュークと呼ばれ、日本における伝世品は17世紀代のものが知られ「髭徳利」と呼ばれています。

２０１３年フレッヒエンの陶器博物館ケラミオンを訪問しました。博物館では、人面洋酒瓶や窯道具、窯跡出土資料のほか、髭男やその他の文様の型についても実物を見ることができ、その製作過程が分かります。

当博物館の図録によると、１５３０年代の初期の資料は、口径が広く、肩から胴部にかけての曲線がなだらかで、低径も比較的広い。髭男のモチーフは肩部を中心に頸部及び胴部に大きく広がり、樫の葉をはじめとするその他の文様も器面全体に見られます。

１５５０年代には、口径が小さくなり、胴部が膨らむ球形状の形になり、髭男及びその他の装飾も規則的もしくは限定的に配される傾向が強くなります。１６００年代以降の様式は、胴部の重心位置が高くなり、長胴化の傾向が見られ、文様が画一化されます。

１７００年以降は、胴部の割合

（写真すべてケラミオンにて撮影）

髭面のおじいさん

まるでヨーロッパのお酒の神様を模ったかのような、おじいさんの顔。日本では、その特徴そのままに髭徳利と呼ばれています。これらの酒瓶は、遠いドイツのライン川流域で、作られていました。

が大きく、球形に膨らむ傾向が見られ、これによって容量が増加したことが分かります。器高は、いずれの時代も15～20㎝未満の小型と20～30㎝未満の中型に分かれ、1700年代以降は40㎝を越える大型の瓶が生産されるようになりました。

器表面の色調にも変化が見られ、初期は明るい褐色でしたが、その後、より黒褐色みの強い斑な色調へと変化し、1700年代以降は斑が見られない均一な色調へと変わります。全体的には、装飾性が高い時代から、容器としてシンプルな形状へと変化していったことがうかがえます。

このほかにも、同質の陶土を用いて、より大型の片手瓶や四耳壺が製作されています。炻器の性質として、硬質で耐水性、密閉性が高いという特徴が挙げられるため、液体物の保存容器に適していました。

ケルンの町で取材中の筆者

型押しで模様を作り出します。

髭徳利の製作手順と出土した陶器の欠片
（左右写真ともにケラミオンにて撮影）

青と灰色の炻器

同じくライン地方で製作された塩釉炻器のうち、コバルトで彩色し、還元焼成で灰白色とした趣の異なる器があります。これらの炻器の産地のひとつとして、フレッフェンのさらに奥地に位置するヴェスターヴァルトが知られています。

17世紀はじめに盛んに製作されていた頃には、高い技術力が必要な装飾的な水差しなどが製作されていましたが、次第に装飾は簡略化され、日用的な貯蔵用具としての需要に応える製品へと移り変わります。各地の博物館が所蔵する資料には、さまざまな種類があるため、前述のフレッフェン製の容器と比較すると変化に富み、つかみどころがない印象があります。

そのなかでも、遺跡からの出土例が多い製品は、ふたつの取手が付く広口の筒形壺がもっともよく知られ、大小様々なタイプがあり、藍絵で唐草文や果実文、鳥獣文などが側壁面に描かれます。小型の広口壺はテーブルや棚上での保管と移動がしやすく、バターやピクルスなど食品の保存容器として便利に使われていたと聞きます。大型の広口壺は、保管、貯蔵容器として用いられました。このほか、手付瓶や横に片手の取手がつくジャグタイプは、それぞれ酒の容器、水差し、ビールなどの飲用として使用されました。

藍彩広口大壺（個人蔵）

藍彩広口壺（出土品）

藍絵瓶（出土品）

ミネラルウォーター瓶

18世紀中頃からはヴェスターヴァルトにて取手付筒型瓶が大量に生産されます。ミネラルウォーターを封入するための長胴瓶で、コバルト彩灰色炻器に見られるような装飾性は一切なく、肩部や胴下半部に硬水の産地を示すスタンプが押印されます。

現在もドイツにおける大手のミネラルウォーター飲料の製造会社SELTERは、会社創業当初、この地域で生産する炻器瓶を容器として使用していたことが知られています。

オランダに伝わる例には、同種の炻器瓶で小型のものも多くあり、これらについては飲料品や食品の容器だけでなく、オイルや香料など、身だしなみに必要な液体の保存容器として利用されたと伝えられるため、多様な容器が商品として取り扱われていたことがうかがえます。

以上のフレッフェンやヴェスターヴァルトで生産された容器類は、ライン川の河川交通を利用し、中世から近世にかけて貿易港として栄えていたケルンを出港地とし、ヨーロッパ中で使用されました。

オランダ人の日常的な生活の中でも必要とされ、定着したことによって、はるばる出島のオランダ商館にももたらされました。ヨーロッパでは日常生活で使用する生活雑器でしたが、日本では、その風合いが愛され、珍重され、野々村仁青などの江戸を代表する工芸家によって、その写しが製作されました。

ミネラルウォーター瓶
スタンプ印

ミネラルウォーターと酒瓶　カピタン部屋大広間

銅版転写陶器の故郷

ストーク・オン・トレント

スタッフォードシャー窯業地帯　イギリス

２０１４年、念願であったイギリスのスタッフォードシャー一帯の窯業地域について調査するため、その中心であったストーク・オン・トレント及びグラッドストンを訪問しました。ストーク・オン・トレントは、ウエッジウッドやドルトン、ミントンなど、有名かつ伝統を有する磁器製造会社ゆかりの地であり、現在も磁器メーカーが点在し、それぞれに特色ある製品を生み出しています。また、グラッドストンは、イギリスの窯ボトルオーブンが街のあちこちに点在する地域であり、その一部を活用して、陶磁器の製造過程を知ることができる体験型博物館が公開されています。

スタッフォードシャーは、イギリス中西部に位置し、１７７７年トレント川とマージー川をつなぐ運河の完成によって、原材料の運び込みと完成品の輸送が容易となり、窯業が栄えた地域です。この地域で産出する粘土は、鉄分を含み焼成時に赤みを帯びるため、サガー（さや鉢）の原料として用いられ、イングランド南西部から運ばれた白色陶土が製品の材料として使われました。

19世紀には、この街に何百というボトルオーブンが設置され、稼働し、石炭を燃料としていたこの時代、立ちのぼる煙で汚染され、公害は深刻なものだったといいます。また、成人男性のみならず、婦人や子どもも労働力として計算され、劣悪な労働条件のもと、とくに子どもたちが基礎的な教育を受けることもなく働かされていた実態が明らかにされています。これらについては、近代化が進むなか、工場法の度重なる改正により少しずつ改善され、街の空気汚染も次第になくなりました。

イギリスに限らず、窯業地として産業が振興する場合、その製造に関わる様々な業務が発生しま

出島の青い薔薇

19世紀、イギリスやオランダで大量生産された銅版転写陶器は、安価なテーブルウエアとして、ヨーロッパ中に広まります。西洋風のデザインが施されたこれらの洋食器は、出島を通じて日本に紹介され、西洋文化に傾倒していた一部の日本人にたいへん好まれました。

出島から出土した 西洋陶器

す。当地においても分業が進み、人手不足から、街の人々すべてが就労者となりました。グラッドストン博物館では、その作業工程（分業状態）に合わせ、次のように従事者の説明が行われていました。

　まずは、鋳型の製造です。鋳型も大きくサヤの鋳型の製造と磁器の鋳型の製造に分かれます。そして轆轤《ろくろ》による製品の成型が行われます。成型後は、乾燥ののち素焼きを行い、プリントによる加飾が行われます。このプリントについても、銅版の彫師が彫刻を行い、その次にローラーを用いた印刷、器胎への貼り付け、窯での焼成が行われました。必要な場合は上絵付けや粘土細工の加工、貼り付けなどの仕上げを行い、さらに焼成が繰り返され、ようやく完成します。これらの一連の作業には約3週間かけられました。

　このようにして完成した製品は、運河を通じて大都市圏に運ばれ、イギリスはもとより、ヨーロッパそして広く、アジアやアメリカに輸出されました。販路の拡大にまで至った産業の発展の背景には、産業革命による各分野の技術的な進展が相まってのことであると指摘されています。

　銅版転写陶器の輸出は、1830年代の中頃にピークに達しますが、以降は衰退期に入り、19世紀中頃までには量的、質的にかげりが見え始めます。

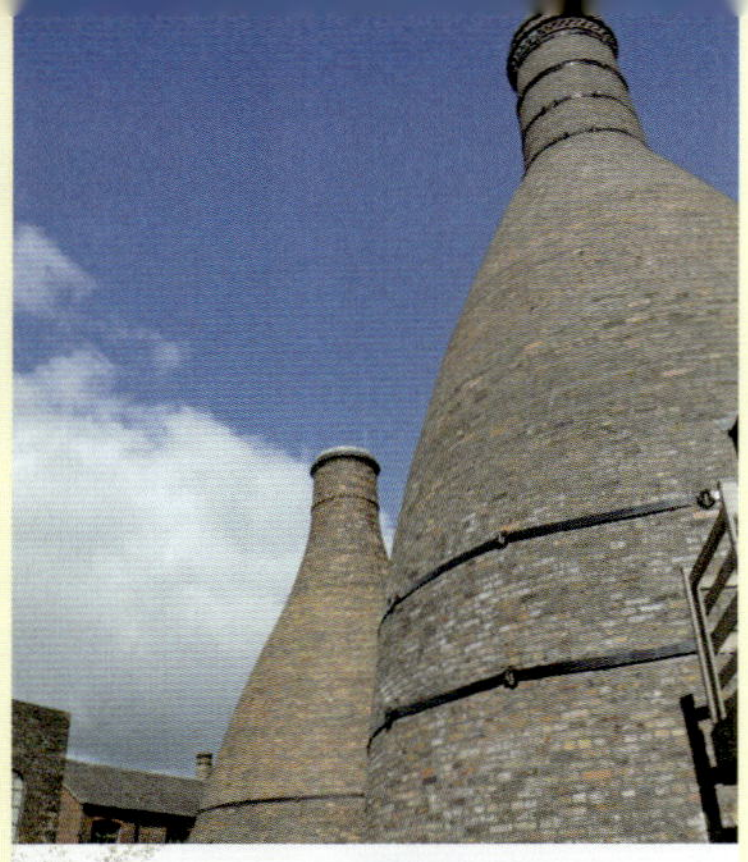

ボトルオーブン

ジョサイア・ウェッジウッド像

写真上／皿の縁模様のパターン帳　下／鋳型が収納された一室
右／工房見学:花の装飾の製作　（グラッドストン陶器博物館）

Column

銅版転写陶器とは

銅版転写陶器（プリントウェア）は、18世紀中頃に、産業革命により工業化が進んだイギリスで技法が発明され、18世紀後半にはスポード窯で本格的に導入され、スタッフォードシャー一帯の窯業地にその生産が広まった陶器です。

その製作工程は、まず絵柄を彫り込んだ銅原板に薄い紙をあててローラーで刷り、銅版画の絵を写し取ったこの紙を素焼きの器の表面に貼り付け、図柄を転写し、最後に釉薬をかけて焼成を行いました。銅版画は木版画に比べ細かい描写が可能なため、均一な絵柄の製品を何枚も作ることが出来ました。

大量生産を目的としたため、胎土も高価な磁器ではなく、軟質磁器や陶器を用いました。このため、耐水性はあるものの、硬質さに欠け、脆い性質をもちます。

安価なこの陶器は、ヨーロッパでは銀器や高価な東洋の磁器に代わり、生活のあらゆる場面で使用されるようになりました。さらに需要は高まり、ヨーロッパから北部アメリカ、アジア、イスラム地域に向けて輸出され、日本へも伝えられました。その後、その技法はオランダやベルギー、フランスへと広がり、各地で特徴的な転写陶器が生産されました。

転写台

オーロリアの銅版

絵柄にはそれぞれパターン名があり、色調は、染付、紫絵、赤絵、緑絵、茶などがあります。器種は、食器や茶器などのテーブルウェアが中心になります。

同一のパターンで取り揃えられたディナーセットは、料理や菓子、果物を盛る大皿やボウル（鉢）、スープを入れるチュリーン（蓋物）とレードル（杓子）、取り分け用の皿や碗、スープ用の深皿や塩を入れる小皿など、非常に多様で、この時期にテーブルウェアのバリエーションの基本が確立していたことがうかがえます。

世界各地から茶葉やコーヒー、カカオがヨーロッパに大量にもたらされ、ヨーロッパでは広く喫茶の習慣が普及しました。このため、その需要を満たすべく、プリントウェアによるポットや砂糖入れ、カップ&ソーサーの生産が行なわれました。食器のほかには、洗面器や水差し、石鹸入れ、おまるなどの衛生用具も作られています。

銅版転写陶器は、19世紀代にその需要のピークを迎えましたが、より耐久性の高い磁器の生産量が増え、庶民にも入手が可能になってくると、脆い陶器の需要は減少し、磁器に移り変わりました。

Column

日本で好まれた文様

銅版転写陶器の絵柄には、様々なパターンがあり、それぞれに名称が付けられています。このパターン名は、通常、社(窯)銘とともに器物の裏面に記されています。ここでは、日本に伝世している例や日本の遺跡からの出土数が多い事例から、日本に多い文様、すなわち日本で好まれた文様や器種について紹介します。

ウイロウ

日本でなじみ深い文様パターンのひとつとして、ウイロウ（柳）パターンが挙げられます。文様名は染付楼閣山水文で、モチーフの一つである柳の木から、この名称が付けられました。このパターンの原点は、中国の景徳鎮窯で製作された染付楼閣山水文で、これを手本に後世に製作されました。もともと西洋における陶磁器生産は東洋の上質な磁器への憧れから始まっているため、中国の伝統的な文様が手本とされました。器種は、皿の出土が多く、まれに鉢などが見られます。

当初はイギリスで生まれた文様でしたが、人気があったことから、その後、オランダでも全く同じ銅版のウイロウが製作されています。定番という印象が強いウイロウですが、現代までそのモチーフは生き続け、函館のホテルでも、茶器に見ることがありましたし、イギリスではその文様の一部を切り掻き、デザインされた皿が販売されていました。

ウイロウパターン

函館のホテルの茶器

偶然見つけたウイロウのカップ&ソーサー

ワイルドローズ

ワイルドローズは、出島からの出土例の多さから、大量に輸入されたことがうかがえます。また、日本における伝世例も多いため、比較的入手しやすい製品として、日本向けに出回ったことが推測されます。

よく見ると銅版画の絵柄がぼってりとしていて、繊細さがなく、2級品という印象を受けますが、青色以外に緑や紫の例があり、また大皿や楕円形の皿、小皿など様々な大きさがあることから、多様な製品が展開されていました。ワイルドローズのボーダーは、美しく、19世紀初めの古いタイプの上手の銅版転写陶器にも同種の絵柄が見られます。

ワイルドローズ
楕円形の大皿
（写真長崎市出島復元整備室提供）

裏銘

オーロリア

このほかに、滲んだ薔薇の絵が特徴的なオーロリアが知られています。オーロリアは曙を意味する言葉で、オランダのペトゥルス・レグゥー社製の資料です。テーブルウェアとして様々な器種が製作されています。文様に余白があり、薔薇文が浮き立つ構図が美しく、また器の縁の部分や蓋の持ち手などに絵柄の装飾と合わさった凸型の模りが施され、西洋的な意匠が色濃く見られます。

オーロリアの
台付鉢

裏銘

チリアン

裏銘

文様のタイプを大きくまとめると、中国、インド、イスラムなどのアジアの風景や人物をモチーフとしたもの、逆に西洋の庭園や農村の牧歌的な風景をモチーフとしたもの、また植物文を器面全体にめぐらしたものなどに分けられます。

また、日本人の嗜好や食事の習慣にあわせ、必要な器を注文していたことが知られています。食文化の違いから、一般にヨーロッパでは食事の際に皿が用いられることが多く、アジアでは碗や鉢がよく使用されます。徳利や盃、蓋茶碗などは、とくに東洋で必要とされた器です。アジアにおける需要を考慮して、このような趣味、嗜好に合わせた器がマーストリヒトで製作されました。

裏銘

赤絵徳利

ミレー
西洋の農村の風景

裏銘

ホンク
東洋の風景

（写真すべて長崎市出島復元整備室提供）

銅版転写陶器の一大生産地

マーストリヒト

ペトゥルス・レグゥー像

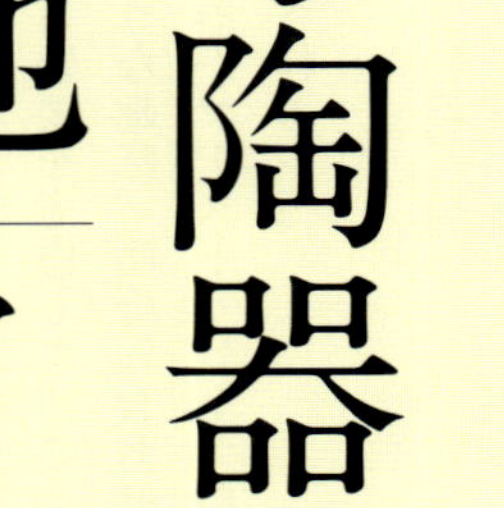

ペトゥルス・レグゥー窯

オランダでは、デルフト陶器の伝統を受け継ぐ、デ・ポースレイヌ・フレス窯がイギリスの技法を取り入れながら銅版転写陶器の製造をおこないました。19世紀中頃までに製品の製造には成功しましたが、産業ベースに載せることはできず、19世紀後半には製造が中止されました。

同じころ、ペトゥルス・レグゥー(Petrus Regout 1801〜78)は、オランダ最南部に位置するマーストリヒトにおいて、1815年にガラスと陶磁器をあつかう事業をおこしました。

マーストリヒトは、ドイツ、ベルギーに隣接し、マース川の河川利用が可能で、なおかつ緑豊かな森が近い窯業地として好条件の場所でした。近隣地では、前述のライン川流域で量産された炻器の焼成が盛んにおこなわれて、歴史的な背景を見ても、海洋王国オランダとは趣が異なり、ベルギーやドイツなどの文化圏と近しい関係性を有した地域でした。

ペトゥルス・レグゥーは、父の代からイギリスを始めとする貿易事業を展開し、陶磁器産業着手時においても、この人脈を生かし、イギリスからの技術導入に抵抗なく着手することができました。具体的には、会社の重要ポストにイギリス人を任命し、その方針に沿って運営したことが挙げられます。

初期のウイロウパターンなどの製品は、イギリスと同質の銅版画を使用しているため、社銘が確認できないと産地が同定できないとも言われるほどそっくりです。イギリスの銅版転写陶器が衰退に向かうなか、マーストリヒトにおいて陶磁器製造は一大産業となり、多くの陶工及び関連事業者が職を得ることとなりました。オーロリアやパルスメなど、特徴的な製品を多く生産し、19世紀末にはスフィンクス社と改名し、現在ではサニタリー用品の製造会社として活動しています。

ペトゥルス・レグゥー社の成功を受け、後出した会社にソシエテ・セラミーク社があります。本社は1851年に前身となる会社が設立され、1859年以後はN・クレルモンとJ・F・シャイナエによって運営された工場でした。20世紀初めにはレグゥー社の質、規模を追い抜き、その後、改名したスフィンクス社と合併し、現在に至ります。このほかに、1854年に創業したが、わずか13年間しか稼働しなかったN・A・ボッス社も知られています。

このように事業としての成功は収めましたが、長い伝統やその地で生まれた技術革新などがなかったことが原因なのか、現在のマーストリヒトにおいては、銅版転写陶器の産業地であったという歴史的経緯はあまり評価されているようには感じられません。近年は、世界的に19世紀以降の新しい技術革新についても、評価が高まり、産業遺産が改めて注目される機運のなか、ペトゥルス・レグゥーの残した成果が見直される時期にきていることを感じます。

アジア各地の貿易港の発掘調査が進むなか、近代初期に積極的な海外展開に着手したレグゥーの痕跡が、そこかしこに見え始めました。出島もその一つであり、ここからグローバルな時代背景をうかがい知ることができます。

ペトゥルス・レグゥーの面影

オランダ、マーストリヒトの事業家ペトゥルス・レグゥーは、イギリスで流行した銅版転写陶器の生産に着手し、マーストリヒトはその一大生産地となります。他社も競合し、西洋陶器の製造で街は賑わいますが、庶民にも磁器の供給が間に合うようになると、西洋陶器産業は一気に衰退し、街の歴史の1頁として埋もれてしまいました。街を歩くと、断片的にその面影を拾うことができます。

ペトゥルス・レグゥー社の倉庫

Column

出島とペトゥルス・レグゥー社

出島には、ペトゥルス・レグゥー社ゆかりの門柱があります。この門柱は、昭和29年（1954）に長崎市立博物館より現在地に移設されました。元々、出島の中で工事が行われていたところ、発見され、刻印があったことから、当時の長崎市学芸員が回収したと聞きます。

柱には、ペトゥルス・レグゥー窯のマークが刻まれているため、オランダのマーストリヒトの同社の製品であり、当時出島にあった店舗に使用されていたことが推測されていました。近年、ペトゥルス・レグゥー社が日本に向けての輸出を試み、その際に出島を窓口として販売を行なっていたことが明らかになってきました。出島に現存するこの柱がそのことを物語っています。

ペトゥルス・レグゥー窯
商品見本大皿
（長崎歴史文化博物館蔵）

ペトゥルス・レグゥーの門柱

マークの部分

もうひとつ、長崎におけるペトゥルス・レグゥー社の足跡を思わせる史料を紹介します。これは、ペトゥルス・レグゥー社の商品見本が描かれた大皿です。市の学芸員によると、マーストリヒトでも、同種の陶器皿は見たことがないらしく、たいへん珍しい資料であることが分かりました。

当時、レグゥー社は陶器とガラスを製造していたため、その2種類の製品が器の中にたくさん描かれています。広告と見本の両方の効果を兼ねた陶器です。このような皿が長崎の旧家に伝わり、現在も長崎の博物館に保管されていることが、出島を介した長崎とマーストリヒトの深いつながりを示しています。

Column

出島から出土したプリントウェア

出島で行われた発掘調査では、これまでに紹介した器類を含む、たくさんのプリントウェアの破片が出土しました。建物の遺構を確認するためにおこなわれる敷地内部の調査からの出土資料については、時折、傷などの使用された痕《あと》が見られるため、販売用の商品だけでなく、出島の館内でも使用されていたことが分かります。

出島の護岸石垣の外側からは、まとまった量の陶片が出土します。これらは、一箇所に同じ会社の製品、同一パターンが投棄されていることから、破損事故など何らかの事情により、商品として取り扱うことができなくなった製品をまとめて廃棄したものと考えられます。この膨大な出土資料から、プリントウェアの日本国内での需要が非常に高かったことが分かります。

西洋陶器　出土遺物いろいろ

出土した陶器の破片は、輸入陶器の重要な証拠

これまでの発掘調査では、プリントウェアの18世紀後半の土層での出土例はなく、ヨーロッパにおける大量生産と日本への輸入が本格化する19世紀前半に、多数の資料が出土します。この時期を通じて、イギリスのダヴェンポートやスポード社製の陶器が多く出土し、19世紀中頃になるとW・アダムス&サンズやドーソン窯の製品が中心となってきます。

この頃から、オランダのプリントウェアも混在し、19世紀中頃から後半にかけて、マーストリヒトのペトゥルス・レグゥー社製が出土資料の主体を占めるようになります。

第2部

あこがれの出島

3 混じりあう出島

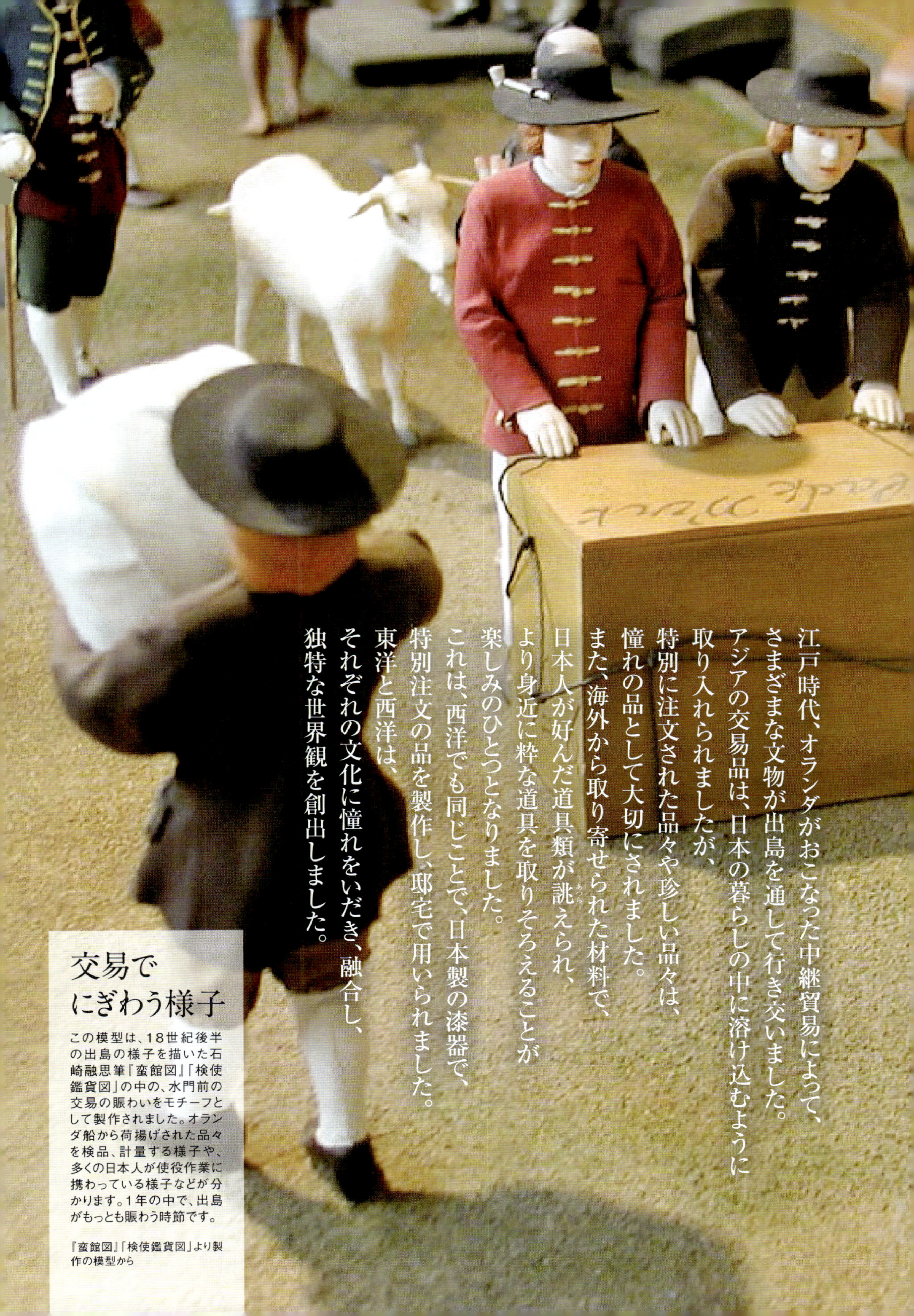

江戸時代、オランダがおこなった中継貿易によって、
さまざまな文物が出島を通して行き交いました。
アジアの交易品は、日本の暮らしの中に溶け込むように
取り入れられましたが、
特別に注文された品々や珍しい品々は、
憧れの品として大切にされました。
また、海外から取り寄せられた材料で、
日本人が好んだ道具類が誂《あつら》えられ、
より身近に粋な道具を取りそろえることが
楽しみのひとつとなりました。
これは、西洋でも同じことで、日本製の漆器で、
特別注文の品を製作し、邸宅で用いられました。
東洋と西洋は、
それぞれの文化に憧れをいだき、融合し、
独特な世界観を創出しました。

交易でにぎわう様子

この模型は、18世紀後半の出島の様子を描いた石崎融思筆『蛮館図』「検使鑑貨図」の中の、水門前の交易の賑わいをモチーフとして製作されました。オランダ船から荷揚げされた品々を検品、計量する様子や、多くの日本人が使役作業に携わっている様子などが分かります。1年の中で、出島がもっとも賑わう時節です。

『蛮館図』「検使鑑貨図」より製作の模型から

閉ざされた交流の島

世界の窓口・水門

オランダ船が運んできた品々が最初に荷揚げされる場所が出島の水門でした。水門は輸出品と輸入品、それぞれ専用の窓口が設けられたため、二つの門が連なる形式となっています。南側に位置する門が輸入品専用、場内に運び込まれると、検使たちによる搬入品の検査や唐絵目利きによる吟味が行われました。唐絵目利《からえめきき》は、珍しい品物を記録する業務も請負っていたた

め、鑑定作業と合わせ、品物を絵に写し取る役目も果たしました。

貿易品や商館員らの個人荷物の持ち込みリストなどの作成は、阿蘭陀通詞《おらんだつうじ》の仕事です。オランダ船は夏に来航し、秋から初冬にかけて出港しますが、その間は出島がもっとも忙しい貿易のシーズンです。

生糸や砂糖などの大量に取り扱われる貿易品が出島内に運び入れられると、その進捗にあわせ、日本からの輸出品の搬出作業も始まります。計量がすんだ銅などの輸出品は、水門の北側に位置する専用の門を通り、艀に積まれ、オランダ船に積載されました。

貿易品のみならず、日本の文化なども、この水門を通じて、海外に紹介されたといえます。

石崎融思『蘭館絵巻』水門前の交易の賑わい
（長崎歴史文化博物館蔵）

交易品の故郷

輸入品と輸出品

17世紀中ごろから18世紀末までの間にオランダ東インド会社が、わが国にもたらした数々の貿易品は、生糸や砂糖など当時大量に日本での需要が見込まれた品物でしたが、珍しさから貴重品とされ特別に輸入された品々がありました。どの貿易品も日本ではごくわずかしか産出しない、もしくは入手しにくいもので、東インド会社の中継貿易によって、世界各地の産物が出島を通じて日本各地にもたらされました。

陶磁器

中国・日本

中国の景徳鎮、日本の有田の染付や色絵磁器が挙げられます。東洋では、古くから陶磁器の生産が盛んであったため、西洋では、東洋の硬質で美しい焼き物が珍重されました。

色絵菊牡丹文蓋付壺

銀・銅

日本

VOC銅貨

丁銀

日本には石見銀山や阿仁・尾去沢銅山、吉岡銅山、別子銅山など、有数の産出量を誇る鉱山がありました。銀は、インドのベンガル、コロマンデル、グジャラット、インドシナ半島諸国に送られ、そこで現地の通貨に改鋳されました。銅は、アジアやヨーロッパまで送られ、貨幣や大砲、船具や建材、調理器具など、あらゆるものの材料になりました。

蘇木《そぼく》（蘇芳《すおう》）

東南アジア

染色の材料となる蘇芳は、広く東南アジア一帯で産出しました。触媒を変えることによって、赤から紫系の色に染めることができました。

香辛料

東南アジア諸島

胡椒や薬として取り扱われた丁子やニクズク、肉桂のほか、伽羅などの香がありました。香辛料は、東南アジア一帯の島々の中で、その産地が限定されるものもあります。肉食を中心とする西洋では、香辛料は欠かせないものでした。日本では、主に薬種として取り扱われました。

砂糖

東南アジア

17世紀末までは、長崎においては中国船が大量の砂糖の販売を行なっていたため、オランダ船による砂糖販売は振るわず、船に積み込まれた砂糖は底荷（バラスト）の役目を負うことが多かったようです。18世紀の初め頃から、市場で余った砂糖の売り込みを日本でも熱心に行い、砂糖の取扱量が増えていきました。砂糖は主にジャワやスマトラで生産されました。

ガラス製品

ヨーロッパ

オランダ製の眼鏡をはじめとして、ワイングラスやデキャンター、深皿などの飲食器類や板ガラス、鏡、シャンデリアなどの建材や調度品があります。日本人が注文した品々は、飲食器類でしたが、オランダ商館では、後述の調度品が屋敷内に使用され、訪問した日本人らは驚かされました。

カットガラス蓋付壺

毛織物

トルキスタン・ペルシア

羊やラクダの毛、綿糸などを混ぜ合わせて織った目のあらい織物で、"ごろふくれん"と呼ばれていました。オランダから輸入された毛織物は、"羅紗《らしゃ》"や"へるへとわん"といいます。

赤地羅紗袱紗

生糸

ベトナム・中国

平戸時代には中国のシナ生糸が主で、出島時代にはベトナムのトンキン生糸やインドのベンガル生糸が多く輸入されました。1747年に生糸貿易が打ち切られるまで、生糸は日本の主な輸入品として取り扱われました。

スオウで染めた生糸

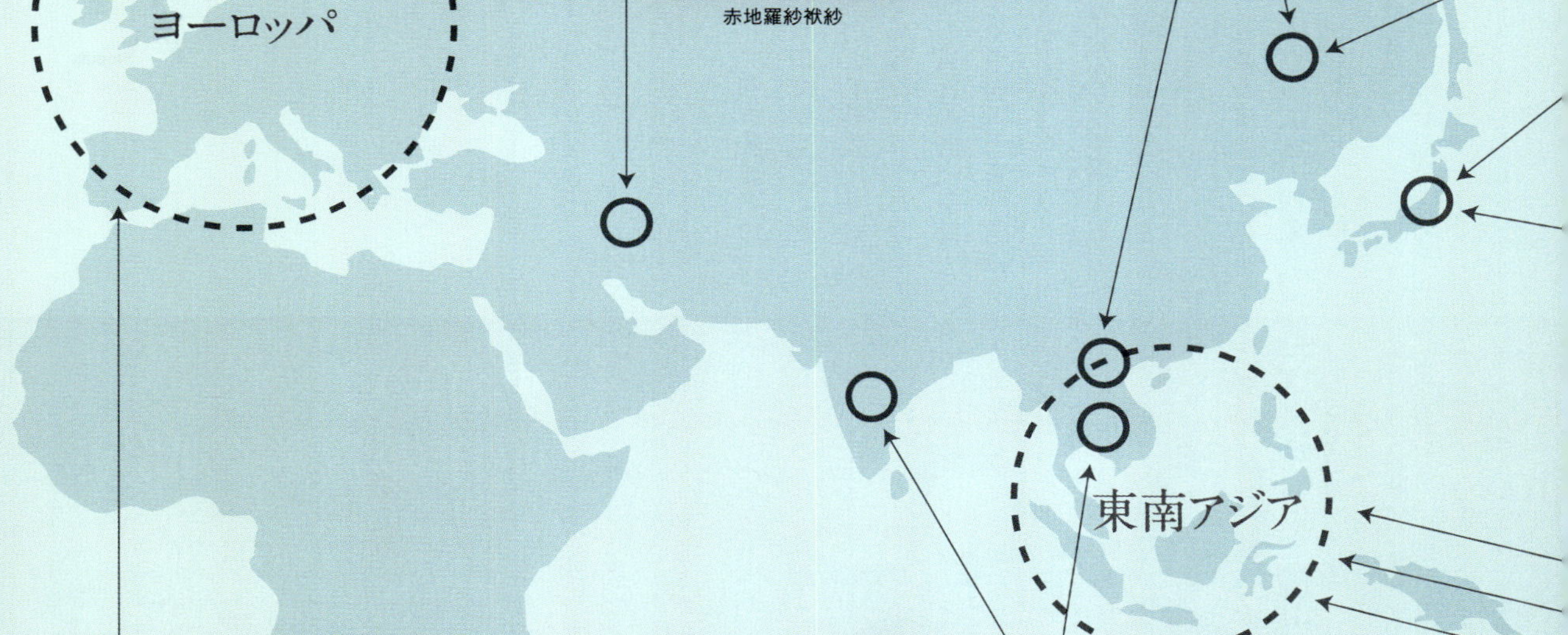

植物文様全唐草煙草入れ

皮革

鹿皮	シャム(タイ)・カンボジア・タイワン
鮫皮	シャム・カンボジア・コロマンデル
染革	ペルシア・コロマンデル・オランダ・スペイン

鹿皮や鮫皮、子牛や山羊などの染革。主に鎧や馬具、刀などの武具の材料に用いられました。染革は金唐革と呼ばれます。ヨーロッパでは、貴族の邸宅の壁の装飾材として使用されましたが、高価なため、日本では、道具箱などの装飾や煙草入れなどの小物類に用いられました。

木綿

インド

木綿には無地染めの金巾《かなきん》、防染の更紗、算盤縞や格子縞のような縞物があります。出島では、もたらされた反物から反物目利が見本となる端切れを切り出し、反物切本帳を作成します。商人達は多くの商品の中から、好みの生地を注文しました。

唐桟道中着

(写真すべて長崎市出島復元整備室提供)

世界を巡った日本の美術工芸品

日本の美と技

日本の銀や銅のほかに、ヨーロッパに輸出されたものの中に日本の美術工芸品があります。

漆器は、蒔絵や螺鈿が施された箪笥や洋櫃、手箱類が主で、ヨーロッパの王族、貴族のほか、アジア諸国の王族や高官も好んで入手しました。英語のジャパンは、日本の国名以外に漆器を表す言葉としても知られています。

また、肥前磁器は伊万里《いまり》と称され、ヨーロッパ、アジア各地で珍重されました。有田ではVOCからの注文でたくさんの磁器を生産し、出島を通じて輸出、ヨーロッパやアジア各地の貴族の邸宅を飾りました。日本や中国の上質な磁器は、オランダやドイツ、フランスなどの磁器生産にも影響を与え、東洋磁器の模造品が作られました。

19世紀には、北斎や広重などの浮世絵が大量にもたらされ、印象派や後期印象派の画家たちに大きな影響を与えました。

東洋の美　西洋の貴族の邸宅

写真は、メトロポリタン美術館の一室です。中央のキャビネットには中国、景徳鎮製の染付瓶と壷のセットが置かれ、壁には、西洋製の金唐革が一面に貼られています。17世紀の西洋の貴族や富裕層の邸宅の一室がイメージされた空間は、磁器の青と白、壁の金色が相まって、重厚な雰囲気を作り出しています。西洋では、中国や日本で製作された磁器や漆器など、細かい手仕事で製作された美しい美術品が邸宅に飾られ、東洋の美で彩られました。

ニューヨーク　メトロポリタン美術館

東洋と西洋の好みの差

大航海時代に新大陸が発見され、海路を中心とした大型交易が定着していくと、その地域や国によって、交易のスタイルや支配の様相は、様々でありました。そのような中、自国では入手しがたい産物を、貿易商人が中継貿易によって、それぞれの地域に運ぶことによって、すでに世界的な物の移動が、この頃に行われていたことは明らかです。

東洋の人々は西洋の先進性に憧れ、西洋の人々は東洋の高級で洒脱な趣味に興じました。学術の世界では、このような現象をそれぞれに表現する言葉があります。これらの言葉をキーワードとして、紹介します。

西洋人の好み

中国趣味 シノワズリー

中国や日本を中心とした東洋の文物は、高品質でエキゾチックな意匠に溢れていたため、ヨーロッパで広く流行しました。このような東洋風の意匠を愛好することを中国趣味(シノワズリー)といいます。

東洋の漆器や磁器を、西洋の王侯貴族や富裕層の人々は収集し、さらにその憧れから、東洋風の磁器を自国で製作することに熱意を注ぎました。

染付芙蓉手瓶
デルフト製

色絵松花鳥文八角大皿
東洋趣味の象徴
景徳鎮

色絵花鳥文手付蓋物
シャンティーイ
柿右衛門様式の写し

祥瑞染付
花鳥文輪花皿

（すべて吉川コレクション）

西洋人の好み

ラグジュアリー&ノーブル

西洋では、陶磁器や漆器など、好みの形状を注文し、自分たちの生活習慣の中で、より必要とする器を求めました。洗面器や唾壷、煙草の灰入れ等の生活雑器は、もともと頑丈な金属類や安価な土器や陶器で生産されていました。

しかしながら、オランダ東インド会社はこれらの器も有田へ注文し、高級な磁器を素材とした器が、アジアや西洋の富裕層に販売されました。

入手した製品に金属製の脚や取手などの付属品を付けて、さらに高品質なものへと変換したり、本来の用途とは異なる道具として使用したりする例もありました。

調味料入れ

調味料入れ　伊万里の色絵牡丹文欧字入手付瓶（左）と水差（右）。正面中央の欧文字Aは、オランダ語で酢（Azijn）を意味します。この他にOはオイル、Lはレモン汁、Sはソースなどの文字が見られます。

（長崎市出島復元整備室蔵）

（吉川コレクション）

金属製唾壺

染付唾壺（出土品）
（長崎市出島復元整備室蔵）

唾壷

染付の広口壷は、伊万里の輸出向けの唾壷です。東南アジアで製作された見本となる金属製の唾壷があり、その模倣品が有田で作られました。このような磁器製の高級な唾壷は一部の富裕層に喜ばれました。

中国景徳鎮製の染付瓶

金属製の取手や蓋が付けられています。このような細工は、インドネシアなど東南アジアの金工細工師によって、製作されました。

（吉川コレクション）

拡大

照明スタンド

胴部に壷型の漆器が使われています。今でも、ホテルの調度品などでは、漆器や日本磁器をスタンドの胴部に用いた照明器具がインテリアに採用されています。

（ボストン大学蔵）

青貝細工蒔絵 ナイフ入れ

ナイフやフォークなどのカトラリーを収納するケースです。ヨーロッパで使用される一般的なものは、木製や革製ですが、このように漆器の収納箱を日本で注文することがありました。この写真は、アメリカの傭船マーガレット号サミュエル・ダービー船長が、長崎から持ち帰った製品です。

（ピーボディ・エセックス博物館蔵）

西洋人の好み

螺鈿細工のキャビネット

このような大型で美しい螺鈿が施された家具も製作されました。日本製の漆器家具は、洋式の形状で拵えられ、蒔絵や螺鈿細工が施されました。幕末から明治時代の長崎で注文された漆器製家具の見本帳が、残されています。これらの資料から、伝統的にオランダ商館を通じて、長崎から家具の輸出が行なわれていたことがうかがえます。

現在復元を行なっている出島の居宅では、19世紀のオランダ人が一般的に用いていた洋家具と調度品を使って、往時の暮らしを再現していますが、オランダ商館が輸出用に取り扱っていたのは、このような日本製の高級な家具であったのでしょう。

青貝細工机
キャビネット

（長崎歴史文化博物館蔵）

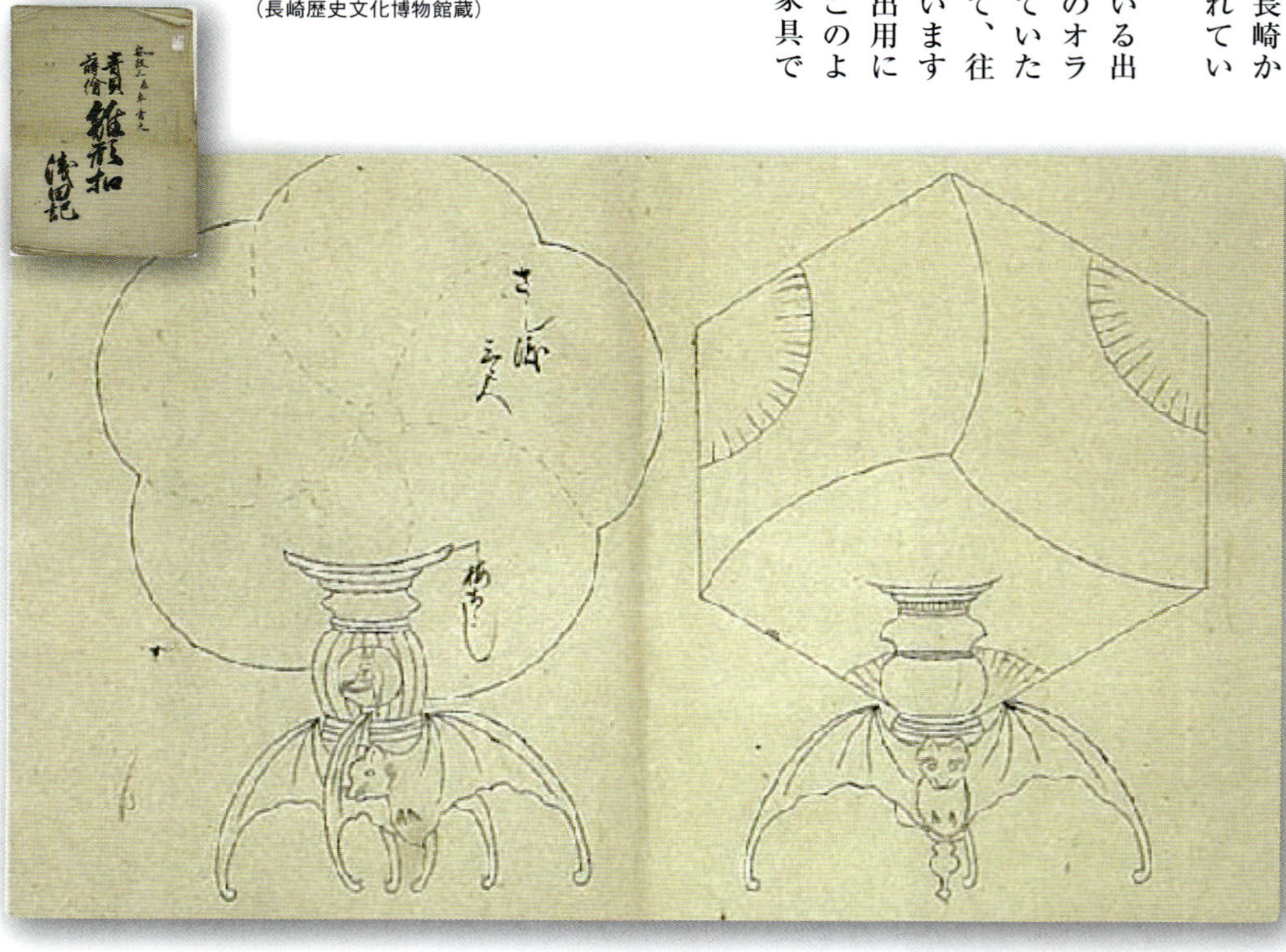

青貝蒔絵雛形控　安政3年

（長崎歴史文化博物館蔵）

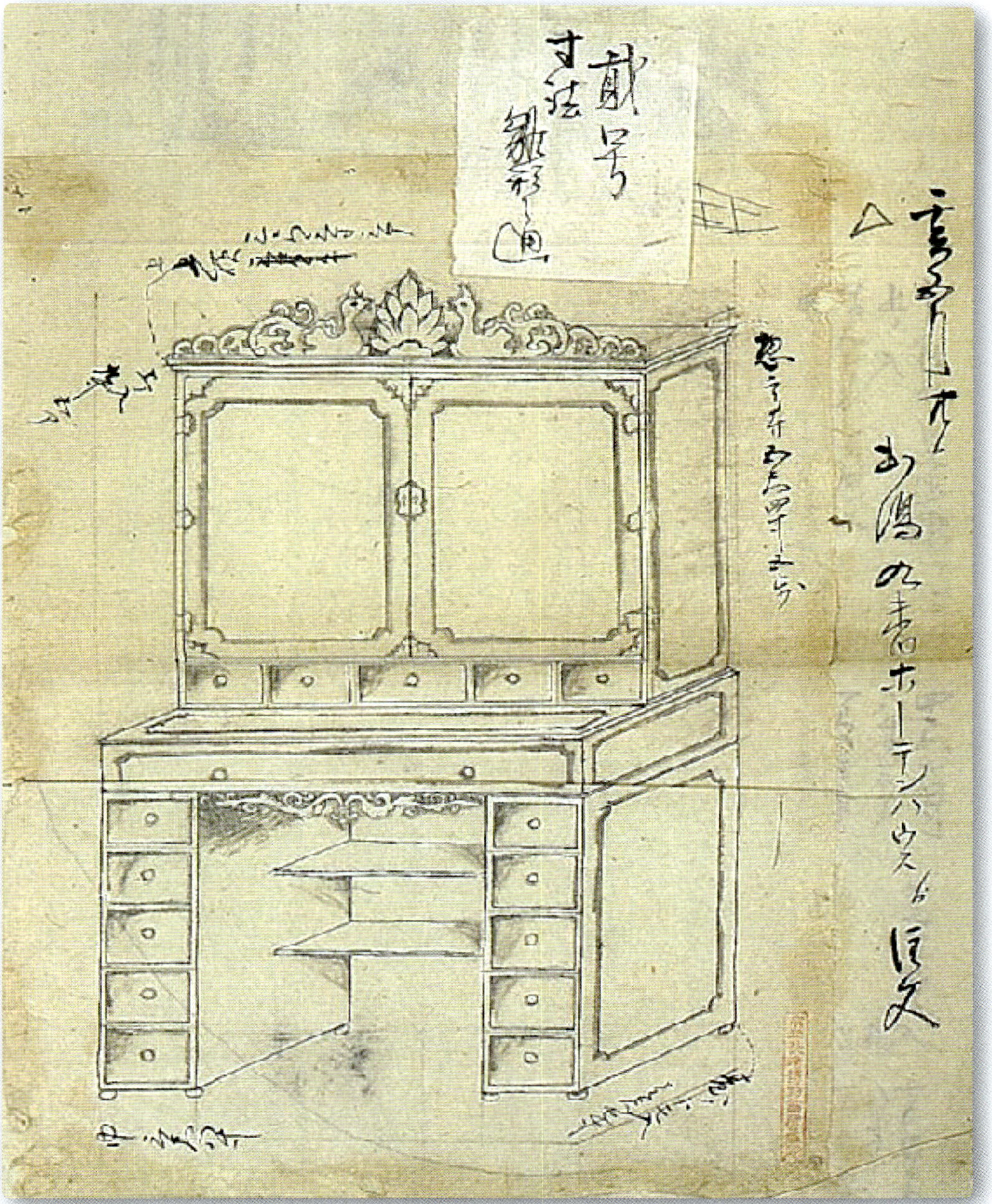

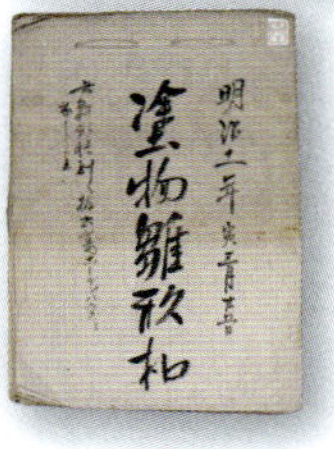

塗物雛形控　明治11年

（長崎歴史文化博物館蔵）

西洋人の好み

ジャポニズム

19世紀以降、日本は開国し、その情報や美術工芸が西洋に改めて紹介される機会が増え、とくに当時たびたび開催された万国博覧会における日本展示館は、人気を博しました。

これらを契機として、ヨーロッパでは、その雅な雰囲気を愛好する日本ブームが起こりました。赤や金を用いて、和装の婦人や武者絵が華やかに描かれたその器は、日本の侘び寂びとはまた異なりますが、艶やかな日本美の一部を表現するものです。

浮世絵

江戸時代に量産された浮世絵の一部は、北斎や広重など、海外に輸出され、当時の西洋画に影響を与えたと言われます。伝統的な宗教画から、新しい時代の絵画へとオランダ絵画が大きな役目を果たしているさなかに、大胆な構図や色使いなどが見られる日本の浮世絵は、斬新なデザインとして認められたのでしょう。

幕末に輸出された色絵大壷
万国博覧会向けに製作された
技と美の集大成
(花伝シンフォニー蔵)

歌川広重《東海道五十三次 吉原宿》1833～1834年(ライデン国立民族学博物館蔵)

東洋人の憧れ

紅毛文化《こうもうぶんか》

オランダ船が日本に伝えたものには、多様な貿易品のほかに、蘭学と総称される進んだ学問や芸術、食文化、風俗、珍しい動物や植物などがありました。このようなオランダ船によってもたらされた文化を総称して、紅毛文化と言います。

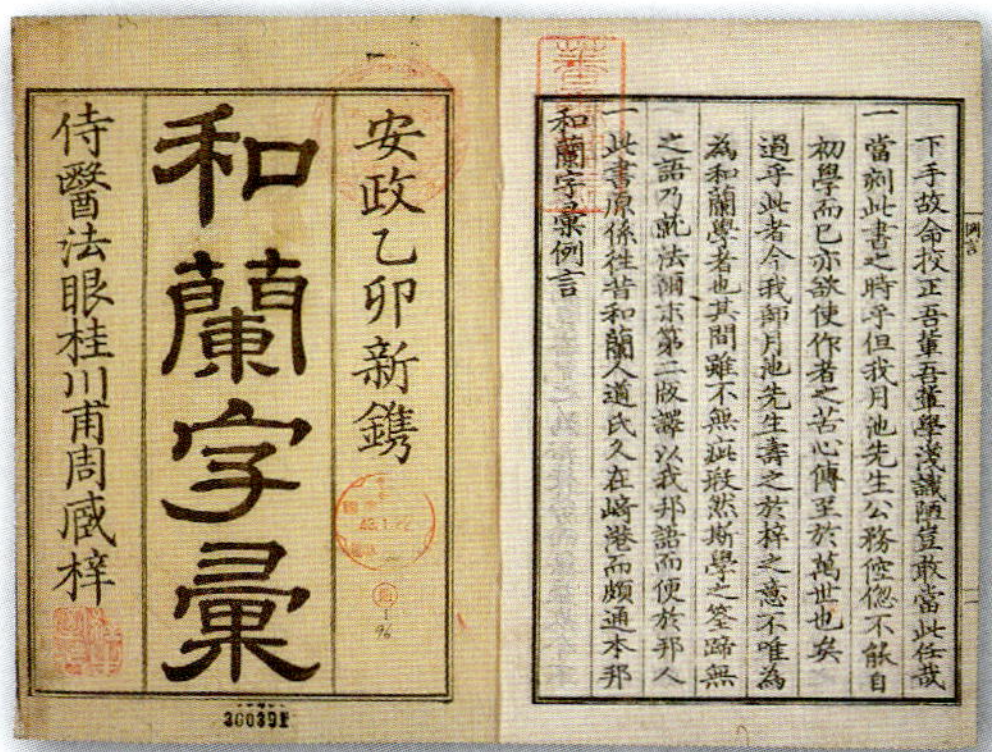

和蘭字彙（国立国会図書館蔵）
道氏訳 ［桂川］月池（甫周）［ほか］校　［江戸］山城屋佐兵衛
安政2-5（1855-58）刊　12冊
桂川家第7代桂川甫周（国興《くにおき》1826-1881）が
幕府の許可を得て刊行したオランダ語-日本語辞典
『ヅーフハルマ』通称「長崎ハルマ」の増補改訂版

蘭学

蘭学は、語学や医学、化学、本草学、天文学、軍学など、多岐にわたります。西洋の進んだ学問が出島を通じて日本に伝わったことによって、日本の近代化が進展しました。19世紀になると、対外交渉の必要性から、蘭語にとどまらず、英語習得の気運が広まり、さらに西洋全般に対する意識が強まります。蘭学は広く洋学として位置づけられました。

阿蘭陀趣味《おらんだしゅみ》

18世紀以降、蘭学の広まりとともに、オランダ渡りの品々を愛好する蘭癖が流行しました。舶来品の愛用のほか、蘭学者の中には阿蘭陀風の酒宴を催す人々もいました。庶民の中にも異国風のものを入手したいという流行が生まれ、模倣品を手にすることで、その好奇心を満たしました。18世紀末になると、輸入品そのものが庶民の手に渡るようになりました。

このような異国の文物に興味や関心をもってこれを模倣するほか、身近なものに取り入れようとする風潮を〝阿蘭陀趣味〟といいました。

長崎では、西洋人や帆船が描かれた木版画が土産として製作され、有田でもこうした流行を受け、西洋人や蘭船を描く磁器がつくられました。

長崎板画・文錦堂刊オランダ人図
（長崎歴史文化博物館蔵）

東洋人の憧れ

西洋の美術

享保5年（1720）キリスト教関係書以外の禁書の輸入緩和によって、日本にオランダ絵画や洋書の挿絵としての西洋画がもたらされました。長崎に舶載された絵画の鑑定を行なう唐絵目利《からえめきき》を中心に長崎画壇が形成されましたが、その中で荒木家や石崎家などの絵師が西洋画の影響を受け、対象を正確に写す洋画的手法が採り入れられました。

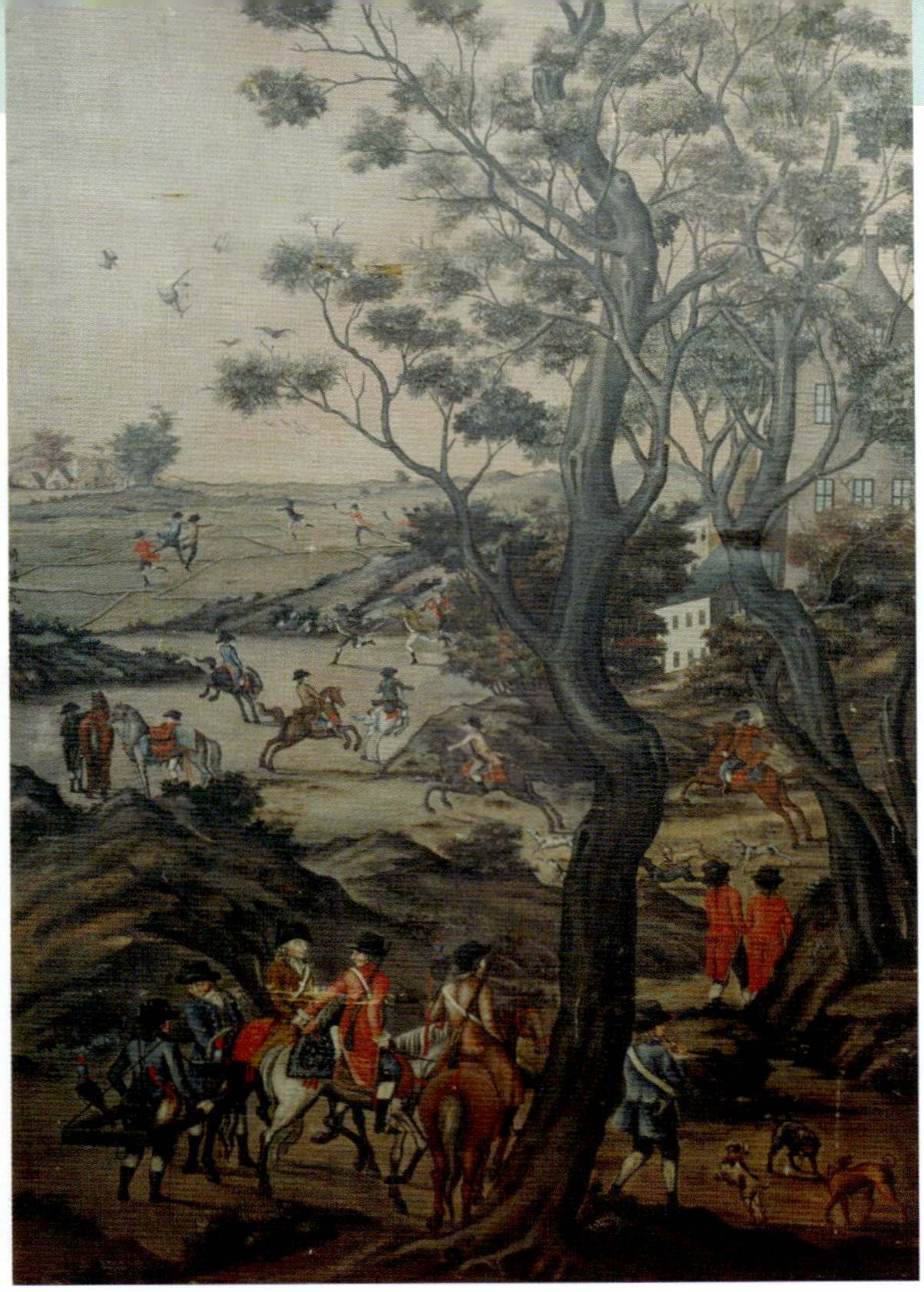

荒木如元筆　蘭人鷹狩図
（長崎歴史文化博物館蔵）
荒木如元は、唐絵目利の中で、最も巧みな西洋画を描いた人物と評されています

紅毛文化の担い手 阿蘭陀通詞

貿易品のリストや阿蘭陀風説書の翻訳など、さまざまな業務を受け持った阿蘭陀通詞は、その役目の多様さから、長崎はもちろんのこと、江戸にも常勤し、江戸参府にも随行しました。

役目は大通詞を筆頭に、小通詞、稽古通詞、通詞助など、多岐にわたり、このような階級制からも業務が多様で多忙であったことがうかがえます。大通詞を輩出した名門の家柄として吉雄家や本木家、中山家などがありますが、吉雄家は医学に秀でた家柄として、また本木家は天文学や科学に秀でた家柄として有名です。阿蘭陀通詞らが、洋学を伝えオランダの文化の理解者として、紅毛文化の窓口となりました。

吉雄耕牛（長崎歴史文化博物館蔵）

長崎出島への憧れ遊学

当時、オランダ貿易、中国貿易の窓口であった長崎は、日本の中でも先進地域。藩命を帯びた地域の秀才や自身の向学心から特別な許可を得て来た学者らなど、多様な人材が長崎を目指しました。中には、念願かなって出島に入島できた人々もいたようで、司馬江漢は、西遊旅譚にその記録を記しています。

オランダ商館日記には、商館長が許可された訪問客をカピタン部屋でもてなす事例がよく見られます。慣例に従い、少しのワインと果物の蜜漬けを提供されます。椅子に座って、テーブルの上に、ガラス製の器でふるまわれたこれらのもてなしは、格別の味わいだったのでしょうか。

司馬江漢『西遊旅譚』
所収カピタン部屋内部の図　天明8年

カピタン部屋　15畳の間
酒のもてなし

長崎土産 古版画あれこれ

日本全国から人が集まるとなると、売れるのが長崎土産。当時の長崎は、中国からの技術の伝播もあり、吹きガラスや漆芸、べっ甲細工などに長けたさまざまな工芸職人がいました。しかし、携帯に便利で安価な版画は、やはり売れ筋です。阿蘭陀船や紅毛人、出島など、直接的に出島とオランダをモチーフとしたものや、中国をテーマとした龍踊りや唐人屋敷をモチーフとした版画も製作されました。

長崎の老舗のカステラ屋では、いまもこのような古版画が、パッケージのデザインに取り入れられているため、現在でも日常的に目に触れる機会が多く、豊かな気分になります。

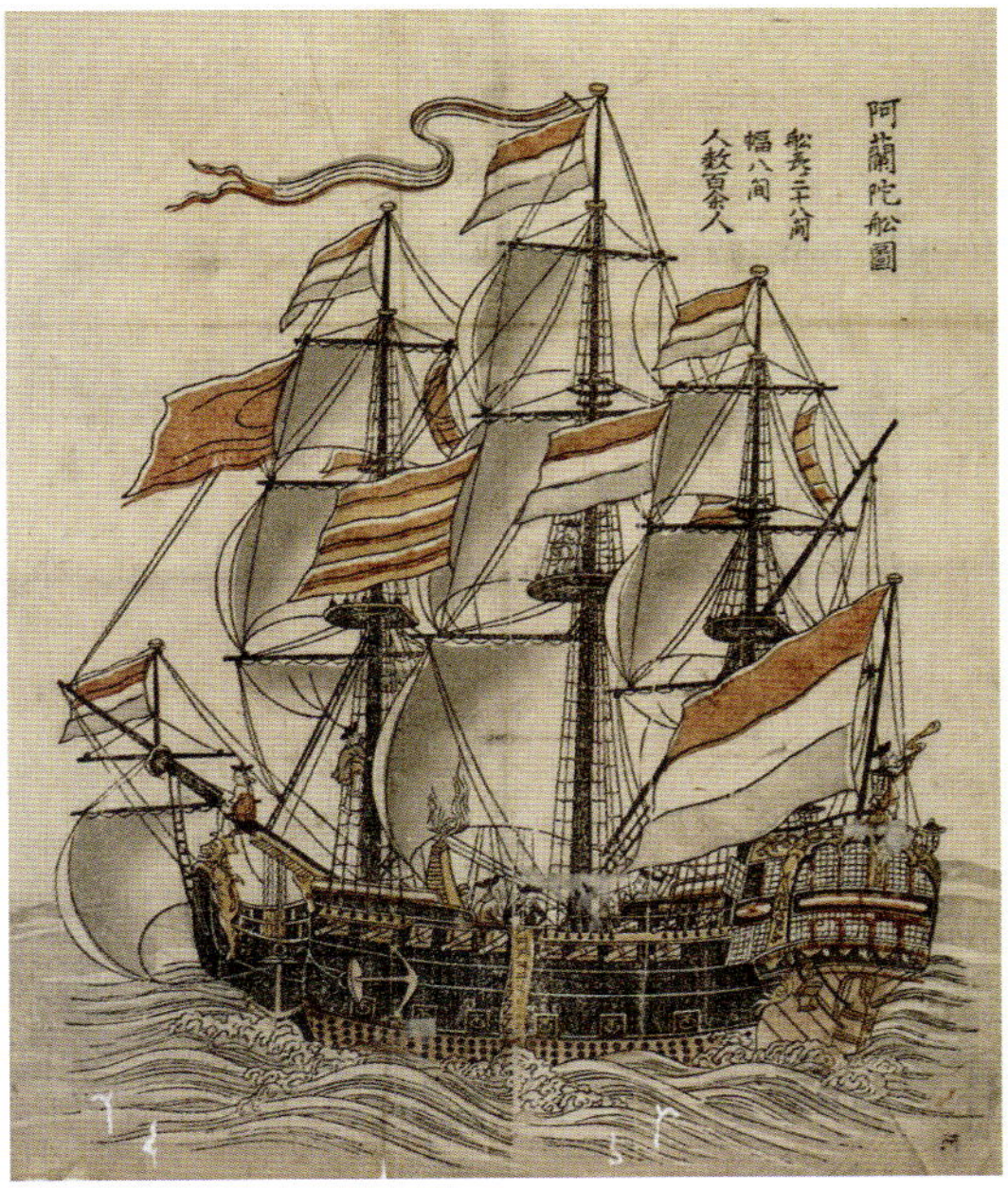

長崎古版画　阿蘭陀船図
（長崎歴史文化博物館蔵）

異文化交流 組み合わさる素材、大切な宝物

貿易品としてもたらされた織物や皮革などの品物は、日本で加工され、着物、袱紗、煙草入れ、刀の柄など様々な製品が作られました。これらは、蘭癖《らんぺき》と呼ばれる阿蘭陀渡りの品物を愛好する趣味人に愛用されました。中でも、皮革や織物、象牙《ぞうげ》などを素材にして作られた煙草入れは、少量の素材で作ることが出来たので、安価で入手しやすく、人気がありました。

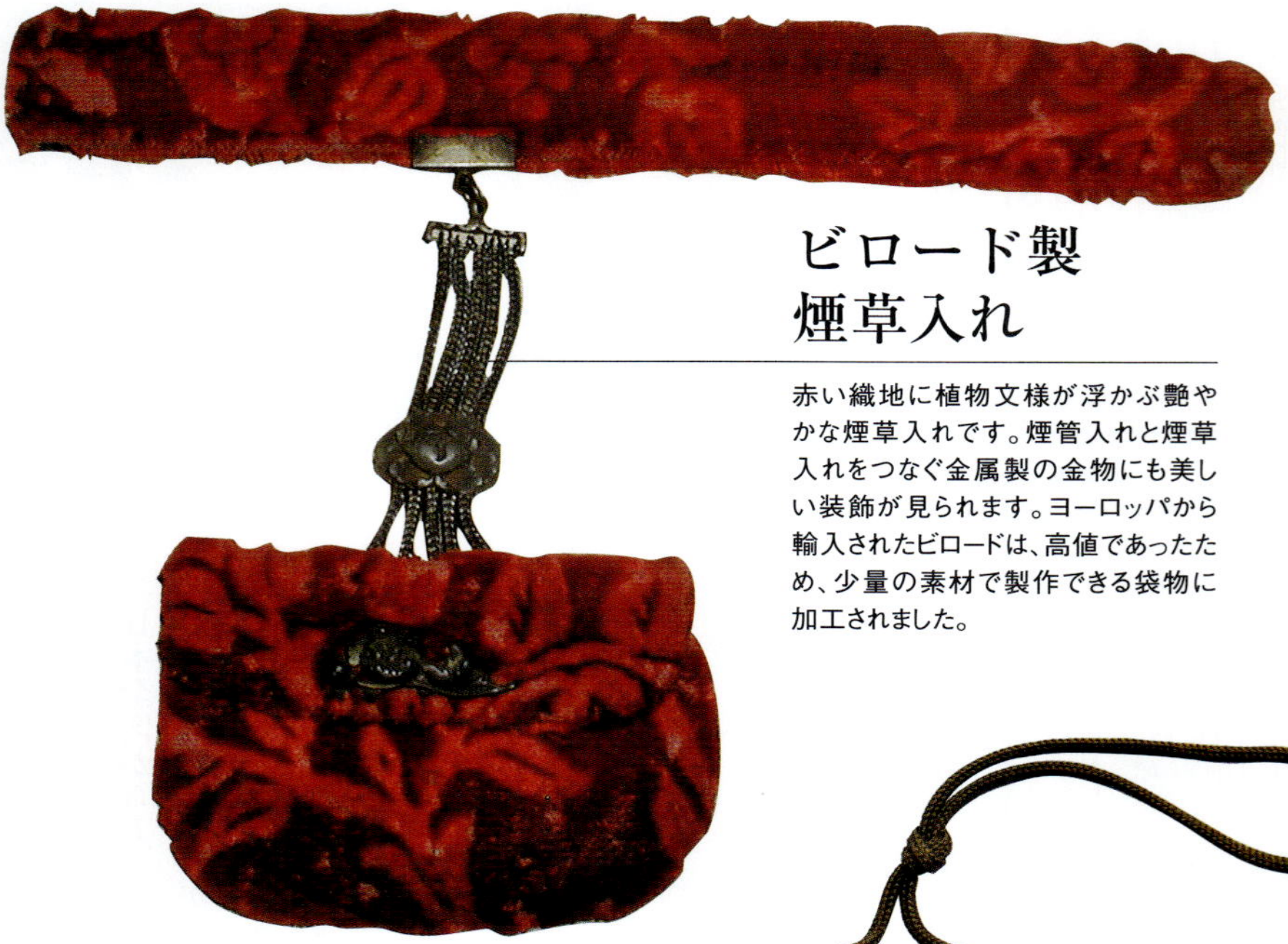

ビロード製煙草入れ

赤い織地に植物文様が浮かぶ艶やかな煙草入れです。煙管入れと煙草入れをつなぐ金属製の金物にも美しい装飾が見られます。ヨーロッパから輸入されたビロードは、高値であったため、少量の素材で製作できる袋物に加工されました。

金《きん》唐《から》革《かわ》製煙草入れ

金唐革とは、ヨーロッパの宮殿や邸宅の壁紙や家具に使われた装飾革のことです。子牛などのなめし皮に銀箔を貼ってワニスを塗り、模様を彫った型にプレスして、最後に手彩色で仕上げました。たいへん高価な品物であったため、日本では、煙草入れや道具箱の表装に用いられました。

（写真はすべて長崎市出島復元整備室提供）

阿蘭陀《おらんだ》渡り

当時、オランダ船が舶載した品物は、日本国内で「阿蘭陀渡り」と称され、イギリス製であってもオランダを示す「阿蘭陀」、「和蘭」、「和蘭陀」、「おらんだ」、「紅毛」などと称されました。

当時は生産地、製作地が他の国であっても、運んできたオランダ船にあやかり、「オランダ」という言葉が多用されました。

唐桟《とうさん》道中着

唐桟とは唐桟留（とうさんとめ）の略で、オランダ船や中国船がもたらした綿の縞織物のこと。紺地に赤や浅葱色などの竪縞を配し、通人が好みました。日本では、着物や羽織などが作られました。
※写真は日本で模倣して作られた縞織物です。

白羅紗《しろらしゃ》地丸に三つ柏文袱紗《ふくさ》

羅紗はポルトガル語に由来する言葉で、羊毛を平織または綾織にし、表面を毛羽立たせた毛織物のこと。この袱紗は、表が白地で、中央に黒で家紋をあらわし、裏には緋色が用いられています。

第2部

あこがれの出島

4

おいしい出島

川原慶賀の蘭館図「宴会の図」

出島蘭館の様子を語る絵画史料として、石崎融思の蛮館図「蛮酋飲宴図」と川原慶賀の蘭館図「宴会の図」が挙げられます。これらの絵画に描かれた食事の風景は、その料理や食材、カトラリーや飲食器など、珍しいものばかり。特別な場所として認識されていた異国の地“出島”のイメージを表現する内容です。これらの宴会の様子は、どれだけ事実に則したものなのでしょうか。その検証の結果が、実際に復元したカピタン部屋2階の大広間にて、再現されています。

川原慶賀の蘭館図「宴会の図」
(長崎歴史文化博物館蔵)

江戸時代、出島で開かれたパーティーでは、
珍しい西洋の食事やお菓子、飲み物が提供されました。
阿蘭陀通詞や役人など、一部の日本人は、こういった食文化に馴染みましたが、
国内に広く西洋料理が浸透するのは、明治時代になってからです。
オランダがもたらした食物や嗜好品は、
世界中で生産され、流通したもので、多様な食文化でした。
今と昔の出島にゆかりのある地域のおいしいものを紹介します。

おいしいポルトガル

シンプルな調理法

出島の最初の住人であったポルトガル人。かれらの故郷であるポルトガルは、温暖な気候で、南北に長く海に面していることから、九州にその風土が似ていると感じることがあります。そのためか、ポルトガル料理は、とても美味しく、飽きることなく、たくさんいただくことが出来ます。とくに、豊かな魚場から得た新鮮な魚は、シンプルに煮たり、焼いたりするため、日本で食べる塩焼きとあまり変わりません。タコや豚肉が入ったリゾットもとても食べやすく、何度も注文したくなります。

ポルトガル菓子いろいろ

ポルトガル料理

長崎の伝統菓子は、中国やポルトガルとの交易による影響を受けて、独自に発展したことは、よく知られています。リスボンで、長崎カステラを製造、販売されていたカステラドパウロのオーナー、パウロ・ドゥアルテさんが、2015年京都の北野天満宮横に新しいポルトガル菓子専門店を開きました。

そのオープニングで振舞われた菓子は、ポルトガルの伝統菓子ばかり。今も毎日、シンプルな材料で、安全、安心、そして美味しい菓子を作られています。

〈取材協力〉
カステラ ド パウロ
京都市上京区御前通り今小路上がる馬喰町897蔵A
TEL.075-748-0505
http://castelladopaulo.com

パウロさんのパオン・デ・ロー

リスボン エッグタルトの名店にて

ポルトのレストラン

リスボンのレストラン

香辛料

料理を作る際に、また食材を保存する際に用いる貴重な香辛料は、大航海時代のキーワードのひとつです。南方でしか入手することが出来ない香辛料を求めて、商人と船長は船を南洋、東洋に向けました。

肉ずく　ナツメグ

東南アジア・モルッカ諸島原産でニクズク科の常緑高木。その種子の仁はナツメグと呼ばれ、健胃薬などの薬種に用いられました。西洋では、肉料理に多用されています。産地であったバンダ諸島には、オランダ商館が設けられ、17世紀中頃からニクズクの量産が行なわれました。

丁《ちょう》子《じ》　クローブ

東南アジア・モルッカ諸島原産でフトモモ科の常緑高木。そのつぼみを乾燥させたものや、果実の油などを薬種や香料として用いました。モルッカ諸島で覇権を築いたオランダ商館は、17世紀の中頃からアンボイナで丁子を生産する体制を作りました。日本では、丁子油に麻酔の薬効があったため、痛止めとして使われました。出島では、豚らかん(豚のハム)の表面に丁子を刺して、仕上げた料理が知られています。西洋料理におけるスパイスとしての使用例です。

豚らかん表面に見える黒いぶつぶつが丁子

京の薬種問屋

肉料理を食べない日本では、香辛料は主に薬種として取り扱われました。丁子は、蒸留または絞って油を採り、痛み止めの薬に用いられました。桂皮は鎮痛・解熱剤のほか、他の薬材の臭みを除くための香料などにも使われました。京の薬種問屋には、交易によってもたらされたこれらの貴重な香辛料のほか、伽羅《きゃら》、沈香《ちんこう》、黄檀《おうだん》、白檀《びゃくだん》などの香料が集まります。スパイスだけでなく、これらの香も薬として取り扱われていました。

香は、日本の伝統的な文化のひとつとして挙げられますが、アジアの交易によってもたらされた高価で珍しい香料は、その時代の日本にとっては、古いものではなく、新しいものであったと言えましょう。

原了郭　1703年創業の香煎の専門店。漢方の処方による御香煎をはじめ、薬味やスパイスの製造、販売を手掛ける。

〈取材協力〉
原了郭　本店
京都市東山区祇園町北側267
TEL.075-561-2732
http://www.hararyoukaku.co.jp

黒胡椒
ブラックペッパー

インド南部原産。コショウ科の蔓性常緑木本になる未熟な果実を乾燥させたもの。インドネシア諸地域で生産されましたが、とくにジャワ島バンテンは生産量が多かったことが知られています。西洋へは、黒胡椒、白胡椒が輸出され、肉料理の味付けや臭みとりに使われました。日本に輸入された胡椒は、主に薬種として用いられましたが、本来の消費量は少なく、主に対馬藩の朝鮮貿易に向けられました。

黒胡椒の産地　現在のバンテン遺跡

肉桂《にっけい》　シナモン

インドシナ原産でクスノキ科の常緑高木。その樹皮を乾燥させた桂皮が、解熱、発汗、健胃薬などの薬種に用いられました。西洋では、菓子全般に用いられています。産地としてセイロンやトンキンの肉桂が知られています。

みんなで食事

カピタン部屋で開かれたパーティー

出島のオランダ商館員たちは、12月のクリスマスの時期に、ひそかに阿蘭陀冬至《おらんだとうじ》と称してキリスト降誕祭を祝う宴を開きました。この宴は、日本人には、冬至の宴会として知られ、信仰的な行事とは受け取られませんでした。また新暦の1月1日には、カピタン部屋（商館長の住居）に日頃お世話になっている日本人らを招いて盛大な宴会を開きました。この宴会は、阿蘭陀正月と呼ばれています。

これらの宴席では、牛や豚、鴨、魚など、さまざまな食材が料理に用いられました。とくに阿蘭陀正月では、その席で振舞われた珍しくも豪華な食事が招かれた日本人らの話題となりました。

阿蘭陀正月

阿蘭陀正月のメニューは、阿蘭陀通詞や蘭学者によって記録され、蘭学者の自宅では、日本人主催の阿蘭陀正月風の宴会も催されました。

蘭学者大槻玄沢は、江戸の自宅芝蘭堂《しらんどう》で、阿蘭陀正月を真似た新元会を催しました。数々の本格的な西洋料理が供されましたが、その献立の中には、牛を食材とした献立は見られなかったようです。牛を食べることが禁じられていたため、本格的な阿蘭陀正月の献立を作ることは難しかったようです。

石崎融思の『蛮館図』「蛮酋飲宴図」
（パリ国立図書館蔵）

出島の阿蘭陀正月の献立

大蓋物　味噌汁
鶏かまぼこ、鶏卵、椎茸
かまぼこと椎茸の味噌汁

大鉢　潮煮
鯛魚、アラ、比目魚（かれひ）
タイとアラとカレイの煮物

鉢　牛股油揚
牛モモ肉の揚げ物

鉢　牛脇腹油揚
牛バラ肉の揚げ物

鉢　豕《ぶた》油揚　ブタ肉の揚げ物

蓋物　味噌汁
牛
牛肉の味噌汁

蓋物　味噌汁
鼈、木耳、一もじ
スッポンとキクラゲとネギの味噌汁

鉢　野鴨全焼
カモの丸焼き

鉢　牛豕すり合わせ同じく帯腸に詰納
合挽き肉のソーセージ

鉢　豕の肝を研て帯腸に詰る
ブタ肉のソーセージ

鉢　豕をすり麦粉にて包み焼
ブタ挽き肉のテンプラ

鉢　ボートル煮
阿蘭陀菜
キャベツのバター炒め

鉢　ボートル煮
胡羅蔔
ニンジンのバター炒め

鉢　ボートル煮
蕪根
カブラのバター炒め

鉢　豕臘干
ブタ肉の燻製（ハム）

鉢　鮭臘干
シャケの燻製

菓子　紙焼カステイラ　タルト
カネールクウク
シナモンケーキ

このほか、牛の頭を煮た「牛頭」も、阿蘭陀正月の料理として知られています。『阿蘭陀正月料理図』には、酢醤油や芥子入りの塩で味付けをして食べると記されています。

「次はなんば食べようかなぁ････」

「こんパン、いつんとかなぁ？」

「ねえ、似合うとる？」　「あら、よかねえ････」

「････たいがいぶりせんば････」

商館長「みなさん、わたしの話しちゃんと聞いとるね？」

カピタン部屋に展示中の模型　石崎融思の絵とくらべてみると楽しさ100倍

阿蘭陀冬至の再現

石崎融思の蘭館図「蛮酋飲宴図」は、カピタン部屋にて、冬にオランダ商館員が集まり、宴会を開いている様子が描かれています。現在、カピタン部屋2階では、これらの史料を基に、阿蘭陀冬至の宴会の様子を再現しています。これらの料理は、製作の過程で、それぞれに様々な検証が行われました。主なメニューと特徴、考察された内容は以下のとおりです。

豚頭（ボアーズヘッド）　豚の頭の丸焼き

現在の豚は、品種改良の結果、江戸時代の豚より大きく生産されています。このため、豚の頭を調達する際に、本当に小さい豚を使って準備しました。

小鳥の唐揚げ　鶉《うずら》の唐揚げ

小鳥は、何の種類か不明であったため、江戸時代に入手でき、サイズが調度よい鶉にしました。

塩牛　牛肉の塩漬け

長期保存ができるため、数ヵ月にわたる航海でも、船員たちの重要な食料となりました。中途半端な塩漬けでは、ウジムシがわくため、しっかりと塩漬けを行う必要がありました。

魚　鯛の丸焼き

出島の発掘調査では、タイやマグロの魚の骨やカキやアワビの貝殻がたくさん出土しています。日常的に魚介類を食べていたことが分かっています。

バター　牛、山羊のバター

家畜として牛や山羊を飼っていたため、オランダ商館では、ミルクがとれました。この乳から、バターを作りました。

野菜　人参・蕪

野菜や根菜は、キャベツやチシャ（レタス）、ニンジン、カブラ、ホウレンソウ、ジャガイモなどがよく食べられました。昔のニンジンは、現在の様々な料理に用いる柔らかくて大きなニンジンとは異なるため、細くて固い原種に近いニンジンを選びました。

料理を行う際に、検討した内容が、調理器具の違いでした。焼く、煮る、蒸す、単純な料理方法は一緒でも、使う器具の違いによって、その提供の仕方は、大きく異なります。カピタン部屋に隣接して料理部屋がありますが、そこでこのような宴会に提供する料理を作っていました。実際には、大きな食材を調理する際には、野外で行っていたことも分かっています。

最後に、盛り付け

使われているお皿は、出島の発掘調査で出土した資料と絵画史料から推察される絵柄のパターンを根拠として、選択しました。この考え方は、ガラス製の調味料入れや、ワイングラス、デキャンターも同じです。

盛り付けは、現在の洗練された美味しさが引き立つ盛り付けではなく、粗野で飾り気がない往時のスタイルを参考にしました。

これらの料理は、あくまでも宴会の際の特別なお食事です。近年までオランダ人は、美食に興じることなく、勤勉に働き、今の経済的な安定と成功を確立したといいます。江戸時代のオランダ商館員も、普段の生活では、少しのトリもしくはエビ、魚などと、ホウレンソウとジャガイモなどを食べて過ごしていました。

川原慶賀の蘭館図「調理室の図」（長崎歴史文化博物館蔵）

カピタン部屋2階　大広間
阿蘭陀冬至のテーブル

オランダのお菓子

カーネルクーク

カーネルクーク、この言葉を史料で見たとき、すぐにはピンときませんでした。カーネルクーク蘭語の綴りを見た時に、あーシナモンケーキだとわかりました。シナモンは、日本では肉桂（ニッケイもしくはニッキ）と呼ばれますが、江戸時代、セイロン、トンキンから輸入された香辛料のひとつです。シナモンは、ヨーロッパではお菓子作りに欠かせない材料です。

紙焼カステラ

小麦粉と卵を使って作るカステラも、粉と水、卵の配分率や、焼型、焼加減によって、様々なスタイルのカステラがあることが知られています。ポルトガルからその製法が伝わったことで有名ですが、オランダ商館でも、愛された焼菓子です。

ドロップ

ドロップは、江戸時代にオランダから伝わった当時は、砂糖菓子というよりも、薬として知られていました。薬用成分を含んだほろ苦い味は、やがて甘いキャンディへと変わりました。オランダには、現在でもとても苦い味のドロップ“リコリス”があります。

カピタン部屋2階　大広間　サイドテーブル

現代のオランダ菓子

ストローヘンワッフル

現代の代表的なオランダ菓子といえば、なんといってもコレ。空港はもちろん、スーパーでもたくさん売られています。シナモン味のクッキーにキャラメル味のペーストをはさんだワッフルが、一般的な味で、屋台で販売されている作りたてが、いちばんおいしいですね。

パンケーキ

大きなお皿いっぱいの薄いパン。クレープみたいに薄い生地をくるくると巻いていただきます。食事用のものと、デザート向けの甘いタイプがありますが、どちらもおなかいっぱいになります。はじめての

パンケーキ

ストローヘンワッフル

オランダ旅行では、試しにどうぞ、と必ずおすすめされる一品です。

ミント

ミントもオランダでは、有名です。女王の絵がモチーフとなったミント菓子がよく見かけられます。このほかにも、いろいろなメーカーがあり、好みに合わせて、選ばれています。旅先でおいしいと思って、帰国してから日本で食べるとそうでもない、ということがありませんか。オランダのミントは、緯度が高いオランダの清涼な空気の中で食べると一層おいしい、長崎の湿潤な気候では、普通に美味しいと感じてしまいます。

オランダのお酒

オランダ人とお酒

きれいな水を普通にゴクゴク飲める現代とは違い、昔はお酒が今よりも日常的に飲まれていました。オランダでは、ワインは生産されていませんでしたが、近隣のドイツやフランスはワイン生産が盛んで、オランダでも多くのワインが愛飲されています。

このほか、オランダ生まれの強い酒ジェネバやビールなどもよく飲まれています。出島の館内の様子が描かれた蘭館図や版画には、酒瓶やグラスがよく描かれています。洋酒を嗜む姿が、オランダ人の印象的な姿として、日本人に認識されているようです。

ワイン大好き

出島の発掘調査でたくさん見つかるワインボトルは、たまねぎの形をした半球型のボトル。深い緑色で厚みがあり、澱がたまるように瓶底が盛り上がっています。土の中で2～300年が経過しているため、ガラスの錆びである銀化が進み、虹色に光っています。19世紀になると、現在のボルドーワインのボトルに似た長胴型の瓶に変わります。ワインホルダーも、これらの瓶の形状に合わせて、変化していきます。食卓ではガラス製のデキャンターが使われています。器面にはカットやグラビュールが施され、光があたり、キラキラ輝いています。

アムステルダム海事博物館
復元帆船内の倉庫

シーボルトは、日本に向けて出港する際に、たくさんのワインを準備したと言われています。自分が嗜むため、そして贈り物にと、何本あっても良い品だったのでしょう。

ジェネバ（ジン）

ジェネバは、オランダで生まれたじゃがいもからつくる酒です。アルコール度数が高く、とても強い酒です。19世紀前半の出島の土層からは、ガラス製の四角いジンボトルが見つかっています。肩部に製造会社のマークが刻印され、側面や底部にも製品の種類を表すマークが印されています。このほかに炻器製のジンボトルも知られていて、瓶の表面が褐色や白色のものが見られます。現代の若いオランダ人の皆さんには、ジェネバはあまり好まれないようで、ハイネケンなどのビールやワインのほうが親しまれています。年輩の方は、渋いジェネバがお好きなようです。

ケルデル

収納箱にガラスの酒器がセットになったものをケルデルと言います。箱の中には、酒を入れるデキャンターとグラスが納められ、箱には専用の鍵が付いています。高級な洋酒を入れる場合、持ち主以外が飲むことがないように、鍵付きであるとのこと。ガラス器にも、金彩が施され、優雅な時間を楽しむことが出来ます。出島に船で来航するオランダ商館員にとっても、携帯用の酒器であるケルデルは必須アイテムです。自分専用のケルデルを、持参し、出島でのひとときを過ごしていました。

右手前がケルデル
カピタン部屋2階
コーナーキャビネット

出島のチョコレートとコーヒー

大航海時代と嗜好品 喫茶の普及と古伊万里

大航海時代の幕開けとともに、世界各地から茶葉や珈琲豆、カカオ豆がヨーロッパにもたらされ、貴族から上流階級の人々まで広く喫茶の習慣が普及しました。このため、喫茶に用いる碗と受け皿、ポットなどが有田に注文されるようになりました。のちには、シュガーポット、ミルクピッチャーなども含めたティーセット、コーヒーセットとなり、ヨーロッパの諸窯でつくられるようになります。このほかにも、調味料入れや蜜漬けを入れる器など様々な種類の肥前磁器が、ヨーロッパの食卓やサイドテーブルを彩りました。

カップ&ソーサー

日本では、以前より酒盃や碗がつくられていたため、はじめは小碗が喫茶用として使われました。これに、使い勝手の良さから揃いの受け皿が付き、カップ&ソーサーとして輸出されるようになりました。カップ&ソーサーは有田で最初につくられ、その後中国・景徳鎮、後にはヨーロッパの窯で同じ形のものがつくられました。当時の焼成方法では、片方に持ち手を付けることが技術的に難しく、現在のような片手付きのカップが量産されるようになるのは、19世紀になってからです。

染付カップ&ソーサー

褐釉染付カップ&ソーサー

色絵カップ&ソーサー

古伊万里　チョコレートカップ

（すべて吉川コレクション）

郵 便 は が き

料金受取人払郵便

長崎中央局
承 認

3390

差出有効期限
2025 年 10 月
31 日まで
（切手不要）

850-8790

長崎市大黒町３－１
長崎交通産業ビル５階

株式会社 長崎文献社
愛読者係 行

本書をお買い上げいただきありがとうございます。
ご返信の中から抽選で50名の方にオリジナルポストカード（5枚）を贈呈いたします。12月末抽選、発送をもって発表にかえさせていただきます。

インターネットからも送信できます↑

フリガナ お名前	男・女 歳
ご住所 （〒　　　　ー　　　　）	
Eメール アドレス	
ご職業 ①学生　②会社員　③公務員　④自営業 ⑤その他（　　　　　　　）	

ご記入される情報は適切に保管いたします。

愛読者カード

ご記入日　　年　　月　　日

本書のタイトル	

1. 本書をどのようにしてお知りになりましたか

①書店店頭　②広告・書評（新聞・雑誌）　③テレビ・ラジオ
④弊社インスタグラム　⑤弊社ホームページ　⑥書籍案内チラシ
⑦出版目録　⑧人にすすめられて　⑨その他（　　　　）

2. 本書をどこで購入されましたか

①書店店頭（長崎県・その他の県：　　　　）　②アマゾン
③ネット書店（アマゾン以外）　④弊社ホームページ　⑤贈呈
⑥書籍案内チラシで注文　⑦その他（　　　　）

3. 本書ご購入の動機（複数可）

①内容がおもしろそうだった　②タイトル、帯のコメントにひかれた
③デザイン、装丁がよかった　④買いやすい価格だった
⑤その他（　　　　）

本書、弊社出版物についてお気づきのご意見ご感想ご要望等

（ご感想につきましては匿名で広告などに使わせていただく場合がございます。）

ご協力ありがとうございました。良い本づくりの参考にさせていただきます。

阿蘭陀人と長崎遊女　珈琲版画より
（長崎市出島復元整備室提供）

チョコレートとカップ

チョコレートは、コロンブスによって新大陸よりもたらされたといわれていますが、コーヒーや紅茶と同様、17世紀には高価な飲み物で、上流階級の人々が好んで飲んでいました。ホット・チョコレート用のカップは、紅茶用のカップに比べ、器高が高く、蓋が付いているのが特徴です。実際にホット・チョコレートを注文してみると、紅茶等に比べて重いため、撹拌するときに深さがあった方が便利ですね。珈琲と同じく、日本にホット・チョコレートをもたらしたのも出島のオランダ商館員たちでした。蘭学者や出島出入りの遊女も〝しょくらと〟を貰って飲んでいました。

紅茶

アルコールの入った酒とは異なり、茶や珈琲は、清涼で頭がすっきりする飲み物です。大陸間を渡る貿易船が茶葉や珈琲豆を入手し、ヨーロッパで販売すると、富裕層の間に喫茶の風習が広がりました。

茶葉の産地としては、伝統的な飲茶大国である中国やインドが知られますが、とくにインドでは農場で生産された茶葉が、逸早くイギリスに運ばれ、一番早く港に着いた茶葉に高値がつく現象があったと言われます。茶葉は香辛料と同じく、高緯度の寒冷地では生産できない品物であるため、中央ヨーロッパ以北の国々には、大変貴重なものでした。そして、紅茶の普及とともに、これらを楽しむ文化も育まれ、様々な茶器が生まれました。

茶葉に関する出来事で、世界的に有名な事件があります。

アメリカの独立戦争の発端となったと言われるボストン茶会事件です。1773年、アメリカのボストンに持ち込まれた茶葉に対

アフタヌーンティー
ウエッジウッドのティールームにて

紅茶の国　イギリス　ロンドンの風景

して、イギリスが不当に関税を高く設けたことから、これを不満とする有志らが、インディアンの扮装をして夜中に船に進入し、積荷の茶葉を海に投げ捨てたというものです。これまでの不満の積み重ねもあり、イギリスに対して、抗議を行なう契機となり、この後イギリスの介入に対して抵抗を行なったことから、アメリカ独立戦争が始まりました。ボストンとその周辺地域を出身地とする志士らが、その後の戦いに身を投じたため、ボストンはアメリカ建国の地と位置付けられています。

現在は、一連の事件を学ぶ体験型の博物館施設〝ボストンティーパーティー〟があり、アメリカの独立、建国の歴史を知る場として、多くの大人や子どもが訪れています。

博物館の風見鶏

案内役は“自由の息子たち”

ボストンティーパーティー

コーヒー発祥の地、出島

17世紀のはじめ、アラビアからヨーロッパへ伝えられたコーヒーは、インドへ伝わり、オランダ人の手によって、さらにインドネシアへ伝わりました。長崎へ来航するオランダ船は、インドネシアのジャカルタの港から出航し、オランダ商館員らの手によって、日本へコーヒーがもたらされました。もともとは、コーヒーはオランダ商館員が自分用に持参したものでしたが、出島へ出入りする阿蘭陀通詞や日本人の役人、遊女などの一部の日本人が次第にたしなむようになり、19世紀には、出島に出入りする日本人の中にも、かなりのコーヒー通がいたようです。日本に、コーヒーが本格的に普及するのは、このあとの時代となりますが、まさに出島は日本におけるコーヒー発祥の地と言えます。

一八〇四「瓊浦又綴」(カウヒイ)
日本人初の飲用体験記
焦げくさくして味ふるに堪ず
蜀山人

出島で珈琲体験　珈琲版画より（長崎市出島復元整備室提供）

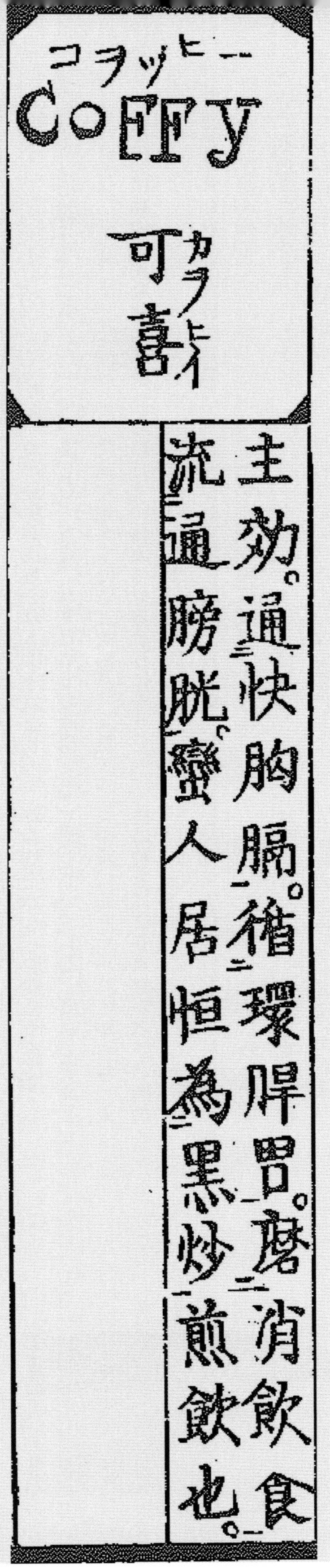

コヲッヒー
COFFY
可喜《カウヒイ》
主効。通快胸膈。循環脾胃。磨消飲食。流通膀胱。蠻人居恒為黒炒煎飲也。

『蘭療薬解』　廣川獬著より

コーヒーの歴史 ヨーロッパへ

17世紀、コーヒーはイタリア、フランス、オランダ、イギリス、ドイツへと伝わり、ヨーロッパ各地でコーヒー店が誕生しました。同じころ、アラビカ種の苗木は、インドの巡礼僧によって直接インドへ、またヨーロッパの貿易商の手によって、ヨーロッパの植物園からインドやセイロン、ジャワに運ばれ、移植栽培が始まりました。

そして、日本へ

1699年オランダ人ヘンリックス・ズワールデクローンは、インドのマラバル海岸からコーヒーの原木の挿し木をジャワへ輸送して移植し、栽培を成功させました。これがインドネシアにおけるアラビカ種の原木となり、オランダ商人によるインドネシアにおけるコーヒー農園の経営が始まります。

そして、インドネシア、ジャカルタ（当時はバタビア）から出航したオランダ船によって、長崎出島へコーヒーが伝来しました。

出島で飲まれたコーヒーは？

オランダ商館員が出島で飲んでいたコーヒーはどこの産地のものだったのでしょうか。

オランダ商人は、1699年ジャワでアラビカ種のコーヒー栽培に成功し、この地で大規模なコーヒー農園を営みました。このため出島へ持参したコーヒーの種類も、東インド諸島産のものであったと思われます。

現在のインドネシアは世界第4位のコーヒーの生産量を誇る国ですが、1908年にさび病が発生し、ほとんどの木々が枯れ、コーヒー栽培は壊滅的な打撃を受けました。その後、病害に強い品種ロブスタ種が植えられ、今日のインドネシア産コーヒーの主流となっています。しかしながら、さび病に負けず、わずかに残ったアラビカ種が、スマトラ島のマンデリン族によって栽培され、現在のマンデリンコーヒーへと受け継がれました。

マンデリンコーヒーの味わいは、出島蘭館の味でした。

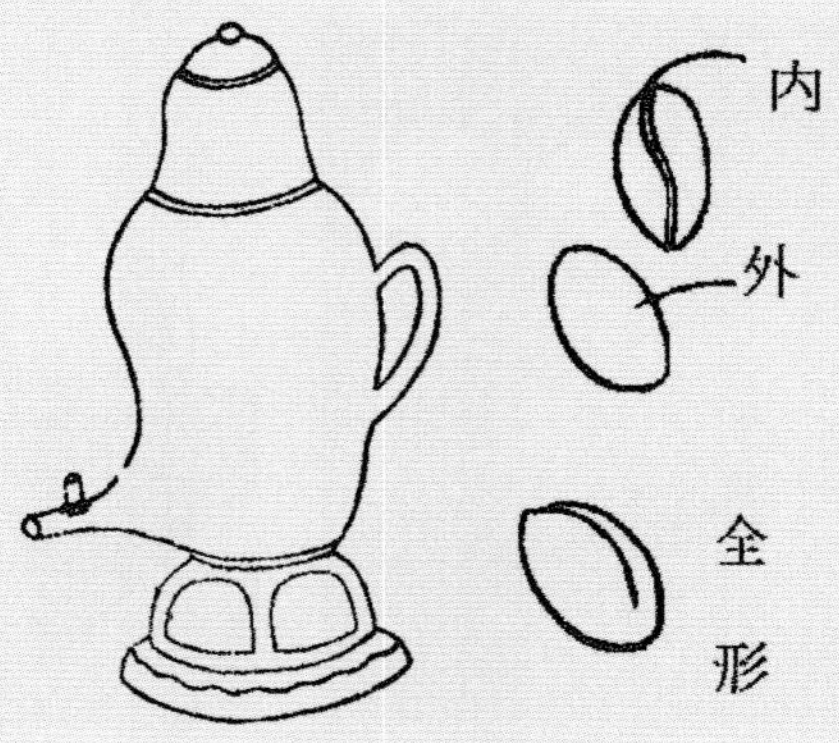

"こうひいかん"と"こうひい"『長崎聞見録』より

そして、砂糖のこと

砂糖は、出島の主要な輸入品のひとつでした。

出島で貿易を始めた当初は、生糸が一番の輸入商品でしたが、しだいに取扱量が減少し、それをカバーする商品として、18世紀に入ると砂糖が注目されるようになりました。当時、バタビアでの砂糖生産が増大したこともあり、大量に日本に輸入されるようになり、幕末にいたるまで輸入品の主力商品でした。おもにインドネシアのジャワ島の砂糖農園でつくられ、オランダ船で日本に運ばれるときには、船の底荷の役割も果たしました。白砂糖や氷砂糖、黒砂糖がありますが、とくに白砂糖はその品質が上、中、下に分けられます。文政4年(1821)には、壱番船で801・851ポント、弐番船で707・185ポントの白砂糖が運ばれました。

川原慶賀『蘭館絵巻』「計量の図」(長崎歴史文化博物館蔵)

オランダ船が持ち込んだ砂糖は籠や袋に入れられていて、その容量が毎年少しずつ違うことから、風袋引きという計量作業が行われていました。本方商品として売りさばかれるだけではなく、遊女や日本人役人、江戸参府時の旅先でも、砂糖を贈答品として贈っていました。出島でそれぞれの蔵におさめられてからも、大雨の被害により水をかぶり、商品としては台無しになってしまうこともあったそうです。

一方、オランダをはじめとするヨーロッパでも、砂糖は重要な輸入品のひとつとして扱われました。ヨーロッパでは、とくにイギリスのリヴァプールやブリストルから出港した船が、工業製品をアフリカへ運び、アフリカから黒人奴隷をアメリカ大陸や西インド諸島へ運び、さらにこの地で生産された砂糖、タバコ、綿花をイギリスに持ち帰りました。このような貿易は三角貿易と言われますが、大量の砂糖を消費する中で、このような貿易が行われたことを忘れてはいけません。

アジアで生産され、日本に運ばれた砂糖は、籠や麻袋に入っていましたが、ヨーロッパの砂糖は、三角錐の形に固められています。これは、土製の型を使って砂糖を整形するためで、砂糖の生産、供給のスタイルは、アジアとヨーロッパでは違いがあるようです。

イギリスの砂糖　リヴァプール　奴隷博物館にて

リヴァプール港　アルバートドッグ

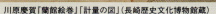

インドネシアとオランダ

オランダ東インド会社が、インドネシアのバタビアに拠点を置いたことから、多くのオランダ人がインドネシアに滞在し、オランダ人居住区が生まれました。出島に着任するオランダ商館員は、単身赴任で、数年で交代するため滞在期間も短く、日本に永住することはありませんでした。しかしながら、バタビアには、家族で赴任することが出来、また長期に渡り滞在するオランダ人は現地の人々と婚姻することもあり、独特なオランダ人の居住空間が形成されました。オランダ人家庭に、召使として現地の人々が雇われることも多く、そのつながりは深いものになります。そのような中、インドネシアの伝統的な料理がオランダ人家庭の食卓にのぼる機会もあり、オランダ人にとって、インドネシアの食は、身近なものになります。

オランダのご馳走、インドネシア料理

はじめてオランダを訪れたとき、オランダ人の博物館の皆さんと公式に夕食をとる機会がありました。レストランは、インドネシア料理店。はじめて食べるインドネシア料理はスパイスがたくさん効いた美味しい料理でした。オランダでは、ご馳走のひとつにインドネシア料理という選択肢があり、たくさんの専門店があることを知り、オランダとインドネシアの長くて深い関係に思いを馳せました。

２０１５年にインドネシアを訪問した際に、本場のインドネシア料理を何度もいただきました。こちらもたいへん美味しく、アジアの食事は日本人に合いますね。

石皿にディップ、竹で編んだ籠に米を入れます

山盛りのココナッツ

アジアンスイーツの皿は、やっぱり籠

インドネシア郷土料理

ジャスミンティー

第2部

あこがれの出島

5

旅する出島

オランダ東インド会社の帆船

オランダ東インド会社の帆船アムステルダム号のレプリカ。海事博物館の横に繋留され、往時の船の様子を知る施設として公開されている。

風を受けて膨らんだ帆、海上を進む帆船。
帆船の航海術の進歩には正確な地図や海図などを作製する測量術や、
天体や気象を読み解く力、また船そのものの造船技術など、
様々な叡智が必要とされました。
大航海時代には、これらの技術に抜きん出た国や地域が船を出奔し、
逸早く富を得、各地に設けられた拠点は、その後の足掛かりとなりました。
また、たくさんの交易品を積んだ船は、人々に富をもたらす宝船。
危険を伴う航海であっても、無事に帰ってくることを信じて、
人々は航海に出資し、憧れの品々を手に入れました。

大西洋を南下し、アジアへ

海洋王国オランダ

1595年4月、4隻の船が、アムステルダムから喜望峰を越えて東インドへ向かうため、100門以上の大砲を搭載し、多くの銀貨や品物を積み込み、出発しました。

この航海により東洋への道が拓かれ、オランダでは急速に北海沿岸各都市に拠点を置くいくつもの貿易会社が設立され、次々に東洋へと船が派遣されました。これら

の動きは無統制な競争を生み、国内の会社の弱体化を招いたため、オランダ国内では会社統合の動きが始まりました。1602年3月、オランダ共和国政府の特許のもと、これらの会社を統合したオランダ東インド会社が設立されました。オランダ東インド会社は、アフリカ、アジアに向けて商船を出し、中継貿易によって莫大な利益を挙げ、海洋王国として栄えます。

この頃、アジアでは、オランダやイギリス、フランスなど西洋諸国が覇権を争い、それぞれ東インド会社を設け、アジア各地に拠点を築きました。

ヨーロッパの小国であったオランダが広い海を渡り、世界に羽ばたくために必要だったのが、高い造船技術と航海技術です。オランダ東インド会社に所属していた船長や航海技師は、海洋航海に必要な知識、帆船操舵の高い技術を持ち、莫大な利益をもたらす貿易品を各地に運びました。

アムステルダムのオランダ海事博物館と帆船

VOC
オランダ東インド会社

1602年3月、オランダ東インド会社が設立されました。正式社名は、"Verenigde Oostindische Compagnie"で、その3つの頭文字であるVOCを紋章としました。

VOCの資本は、資本金約650万グルデン、アムステルダム、デルフト、ホールン、ロッテルダム、エンクハイゼン、ミデルブルフのカーメルとよばれる各支部とその他の株主2千人からの出資によるものでした。

組織は、6つの支部の代表60名による取締役会があり、この中から選出した17名の重役による会議（17人会）で経営方針などを決定しました。この下にバタビアに置かれたインド評議会（総督+評議会6名）があり、アジア域内における諸問題に対しては、大きな決裁権を持ちました。

VOCの活動は、オランダとアジアの貿易全般に渡るため、そのために必要な造船や艤装（航海に赴くため必要な装備を準備すること）、アジア各地に置かれた商館の管理、運営、その地域との行政、軍事的な係わりなどが挙げられます。

オランダ東インド会社アムステルダム支部

現在はアムステルダム大学の校舎として使用されています。アムステルダムに残る往時の町並みや港の景色から、貿易港として繁栄した往時の様子がうかがえます。

VOC時代の物見台

ホールンではマルクト広場周辺に計量所やVOCの施設が見られ、往時の倉庫や、港には物見台が残っています。

デルフト　中央広場の計量所

世界を知る地図・海図

世界的に有名な地図の制作会社として、オランダのアムステルダムのメーカーであるブラウ家が知られています。オランダ人は、新しい地域に到達すると、その地域の海岸や港を計測し、新たな地図情報を得るよう努めました。とくに、海図については、見えない海の中、安全な航海ルートを探索するため、座礁地点や浅瀬を熟知することは重要であり、その経験値によってまとめられた海図は、航海士にとって重要な情報でした。航海の道、そして目的地の正確な位置、これらを地図や海図から導き出し、思いの場所に船を運びました。

世界地図　20世紀中頃
（原版1663年製作）

アムステルダムの地図製作会社二代目J.ブラウが1663年に製作した世界地図を、3世紀後に実寸大で再版したもの。大西洋を中心とした構図で、日本は九州、四国、本州西側半分が地図の右端に描かれている。地図の周りには上部にローマ神話の神々、下部に古代世界の七不思議が描かれ、左側に四つの要素（火、空気、水、土）、右側に四つの季節を擬人化したものを配している。

（長崎市出島復元整備室蔵）

オランダの優れた航海技術

海事博物館を訪問すると、帆船の操舵には、物理学や天文学に関する知識が非常に重要であることに気付かされます。大海原では、自らがどこに位置するのかを知る手立てが必要となり、羅針盤が航海の重要なアイテムとなります。また、天体や気象に関する知識も必要で、地球儀と同様に天球儀が制作されました。オランダ商館日記を見ると、よく気圧に関する記載が見られ、日常的に気掛けていたことがうかがえます。このほか、船の速度計測具であるクロックログと砂時計や、碇、舵輪などが印象的なアイテムとして挙げられます。

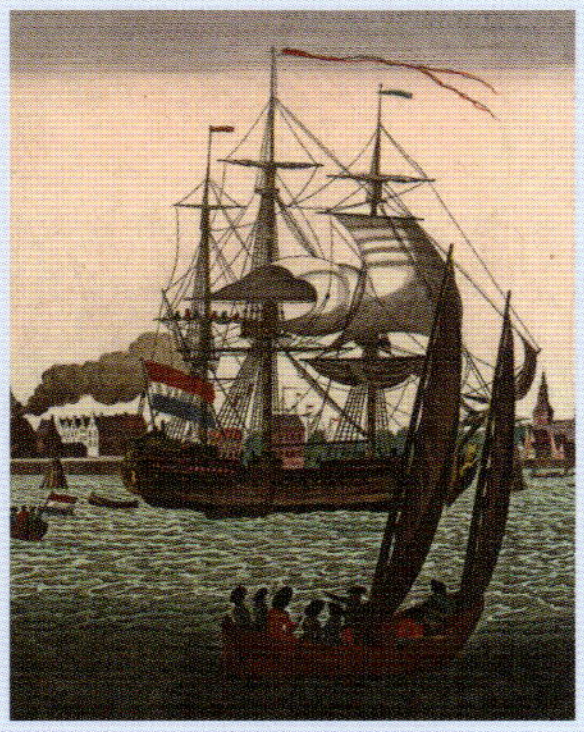

アムステルダム港（部分）
（長崎市出島復元整備室蔵）

アムステルダム港と造船所

アムステルダムは、元々は小さな漁村でしたが、13世紀にアムステル川の河口にダムを築き、新しい町が築かれました。16世紀には海運貿易の港町として、ヨーロッパ屈指の都市へと発展し、17世紀に黄金の時代を迎え、世界で最も裕福な都市と言われるまでになります。アムステルダムの港を出発した商船は、現在のインドネシアやブラジルを拠点として、広く商業活動を行ない、アムステルダム、そしてオランダに繁栄をもたらしました。

継続的な海運貿易の要となる造船所は、港の一角に位置するオーステンブルグ島に設けられました。オランダ東インド会社は、アジアに向けて航海する船のほとんどを、会社の各支部がもつそれぞれの造船所で建造しました。アムステルダムの造船所では、全体の約半分にあたる７２０隻ほどの船が造られています。その中の約５００隻は、１６６４年から１７９９年の間に、オーステンブルグ造船所で造られました。オランダ東インド会社は、中継貿易のみならず、船を建造する造船業、船を所有し船員を雇用する海運業も併せて行なう総合商社だったのです。

銅版画　オランダ東インド会社の造船所
オーステンブルグ島・アムステルダム　1693年
（出島復元整備室蔵）

一番船船頭部屋の銅版画

出島の復元建物のひとつである一番船船頭部屋2階奥、船長の部屋の一室にひっそりと一枚の版画が飾られています。近寄ってみることが出来ないこの版画には、オランダ船の出港地であったテセル島の風景が描かれています。この版画の故郷であるテセル島へ向かいました。

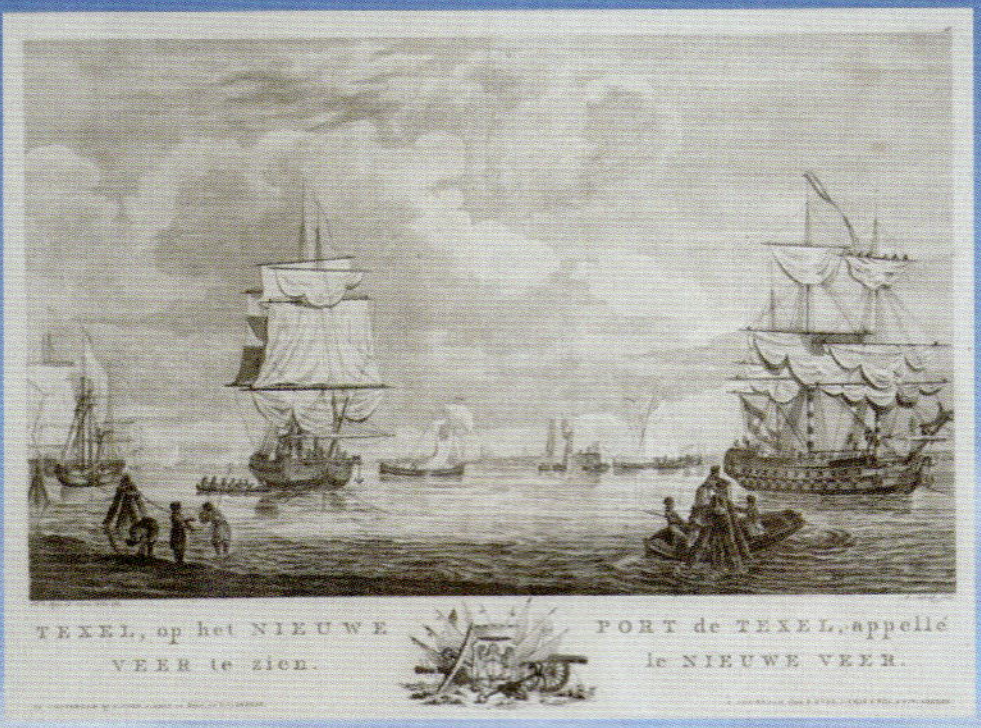

一番船船頭部屋
テセル島の港版画

旅のはじまり

外洋への出港テセル島

テセル島は、オランダの北部に位置する自然豊かな美しい島。この島は、その昔、オランダ船の出港地でした。もともとアムステルダム港からオランダ船は出港していましたが、船が大型化する一方、アムステルダム港は埋め立てが進み、17世紀にはオランダ東インド会社の支部のうち、アムステルダム、ホールン、エンクハイゼンの北部3都市が手配する船が、このテセルの港から出航しました。港は島の東側に位置し、現在は当時の様子を伝えるパネルが設置されています。また海洋博物館にて、当時の航海の様子が紹介されています。

オランダの原風景 テセル島の自然

現在のテセル島は、広大な干潟の自然とおいしい羊で有名です。埋め立てられていない干潟の風景は、オランダの国土で干拓が進められる以前の様子を思わせます。

テセル島の羊は、白黒の羊が固有種として知られていますが、普通の白毛の羊もたくさんいました。

オランダの中南部に位置するその他の支部はどうしていたのでしょうか。最も南に位置するゼーランディアは、北海に面しているため、本来の港から出航しました。また、ロッテルダムも大きなロッテ川の水運を利用しました。デルフトは、もともと6支部の中で、唯一内陸部に位置する都市でした。このため、ロッテ川に面する都市デルフトハーフェンを属州とし、その水運を利用して、帆船の母港としました。

現在のデルフトハーフェン

テセル島の干潟

テセル島の羊

港に設置された大砲

オランダ東インド会社と各地の商館

オランダを出航した東インド会社の船は、大西洋を南下し、アフリカの喜望峰を経由して、インドやインドネシアの港に向かいました。アジアでは、アジア域内を航海するための船に乗り換え、アジア各都市に向けて出港しました。

それぞれの地域には、オランダとの貿易圏が形成され、とくに重要な拠点にはオランダ東インド会社の商館が設置されました。これらの商館は、その地域と密接なかかわりを持ち、時にはその地域を武力によって支配しました。東南アジアやインドではその傾向が強く、独占的な貿易活動を行ないました。また東アジアでは、地域の権力者と通じ、貿易許可を得て活動を行ないましたが、地域の支配者が提示する条件を承服する必要があり、不便な生活、不公平な取引を強いられました。

オランダ東インド会社の主な商館

オランダ東インド会社の足跡

今もアジア各地には、東インド会社の社屋や要塞、倉庫、墓地など、かつての繁栄をしのばせる建物や遺跡が残されています。

インドネシア

ジャカルタは、往時はバタビアと称され、オランダ東インド会社の拠点となった地域でした。海事博物館は往時の会社倉庫で、このほかに物見台などが残っています。インドネシア中央文書館には膨大なオランダ東インド会社関連の古文書が収蔵されています。往時の市庁舎前には、大きな広場があり、現在も市民の憩いの場として賑わっています。

物見塔

タイ　アユタヤ

世界遺産として名高いアユタヤでは、オランダ商館時代の建物の復元に取り組まれています。発掘調査が行なわれ、その後復元建物が建築されています。

アユタヤ遺跡

中国　広州

広州は広東省に位置する、華南地域全体の経済、文化、交通などの中心都市です。明朝期には、南海諸国の朝貢船入港地となり、1757年からは広州のみが対外開放され、イギリス、オランダ、アメリカなど欧米諸国との貿易拠点となりました。19世紀後半から20世紀前半にかけて、政治闘争や占領が繰り返されますが、中華人民共和国成立後も、中国の対外貿易港として機能し、経済的な発展を遂げています。

広州　黄浦古港遺址

台湾　ゼーランディア城

オランダによって築かれた商館の塀の一部です。

現在、台湾大学が中心となり、商館跡の遺跡の発掘調査が進められています。

オランダ東インド会社は、中国沿岸に拠点を設けるべく、台湾に目を向け、占領をはかりました。1624年には台湾島を占拠し、台南の安平をタイオワンと呼び、そこにオランニエ城（のちにゼーランディア城と改称）を築きました。1628年に日本の末次平蔵所有の朱印船とタイオワン長官ピーテル・ヌイツに起こったタイオワン事件はよく知られ、平戸のオランダ商館を数年間に渡り閉鎖する事態に発展しました。明の後援を得てオランダに抵抗した海賊鄭芝竜とその子鄭成功との戦いによって、ゼーランディア城は包囲され1661年に落城、翌年オランダは台湾から撤退し、その支配が終わりました。

オランダ時代の遺構

平戸　平戸和蘭商館

平戸オランダ商館は、旧平戸藩の城下町である平戸港西部に位置します。オランダ東インド会社が江戸幕府の許可を受けて1609年に設立した東アジアにおける貿易拠点で、1641年に長崎出島へ移転が命じられるまでの33年間に渡り存続しました。この期間は、江戸時代初期の国際貿易、キリスト教の布教・禁教など、わが国の対外政策の歴史を考える上で重要な時期にあたります。

設置当初のオランダ商館は、当時東南アジアで覇権を争っていたイベリア勢力に対抗するため、食料や武器類などを補給する戦略拠点としての機能が主でした。やがて幾度かの事件を契機として、対日関係を交易重視に転換し、1630年代に入ってからの交易額は、年々右肩上がりで増加していきました。この交易額の増加は、平戸オランダ商館単独の事情だけによるものではなく、幕府の対外政策、いわゆる鎖国政策と非常に密接な関連がありました。オランダ商館が1641年に長崎出島に移転した後の商館跡地は、平戸の町人地となり、御船手屋敷などの町家が建ち並びました。現在は商館時代の塀・井戸・護岸石垣・埠頭などが残されています。大正11年（1922）10月12日、「平戸和蘭商館跡」として国の史跡に指定されました。

復元された平戸和蘭商館　石造倉庫

難破船　沈船からの引揚資料

オランダ船の航海は、オランダからケープタウン、そしてバタビアまでの長い航海と、アジアの海域を巡る船旅の二つに大きく分けられます。どちらも、天候不順や座礁の危険性など、難所は多く、航海上の問題から、無事に目的地へ到着できないことがたびたびありました。また、利益を略奪する海賊行為や地域間紛争など、人々の争いによって目的が遂行できないこともありました。

出島を目指した船も、1722年Valkenbos号や1724年Applonia号は商館長が乗船していた船でしたが五島沖で行方不明になりました。また、難破船として1775年Blijenburg号、1791年Goede Trouw号が挙げられます。

このため、多くの船が航海したルート上では、海に沈んだ多数の船舶が認められていて、少し前までは沈船の発見、引揚を目的とするサルベージが行なわれ、海から引き揚げられた資料が売買されました。引揚資料からは、この当時、アジア域内で流通していた交易品の様相を知ることが出来るため、沈船がオランダ船ではなくても、研究者にとっては参考となる資料です。

中国のジャンク船では、1983年マイケル・ハッチャー氏が南シナ海から引き揚げた船が有名です。この船からは、膨大な量の中国青花磁器が発見されました。その積荷は1640～50年頃に製作されたものと推測され、これらは引き揚げ者の名前からハッチャー・コレクションと呼ばれ、公的博物館や愛好家によって収蔵されています。

このほか、1613年に沈んだスペイン船籍のヴィテ・レーウ号も、海揚がりの資料が話題となった沈船です。近年では水中考古学の研究が進み、引揚げ以前に海中で調査を行い、十分な成果を得る手法が主流となってきています。

海から引き揚げられた小型のケンディ
青花鶴文ケンディ
中国・景徳鎮　17世紀中期
ハッチャー・コレクション
（吉川コレクション）

描かれたオランダ船

日本では、様々な絵師が、オランダ船を描きました。オランダ人やもたらされた異国の動物らと同様、異国情緒を表すテーマとして取り上げられ、版画等は長崎土産として喜ばれ、掛軸等は趣向を凝らした美術品として珍重されました。異国の船が港の沖合に浮かぶ風景は、長崎にのみ許された光景であり、船の入船によって賑わう街の様子は、南蛮船の時代から変わらず絵になる長崎の風景であります。

石崎融思筆　蘭館絵巻　阿蘭陀船（長崎歴史文化博物館蔵）

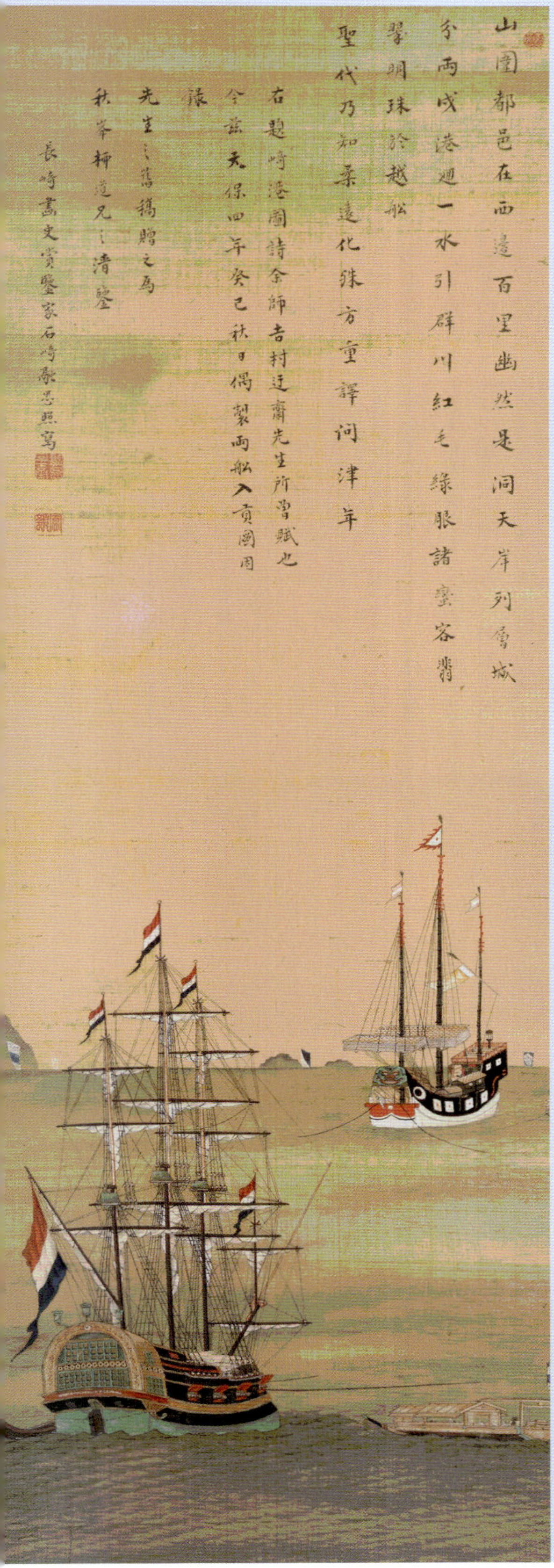

石崎融思筆　和蘭船唐船図

現在の長崎港

傭船の時代
セーラムの船とアメリカ人船長

18世紀末、フランス革命にオランダが介入したことにより、フランス軍がオランダに侵攻、またオランダはイギリスと戦争状態にあったことから、アジアの拠点であったバタビアのオランダ人らは、安定的に日本に交易船を出航することができなくなりました。オランダは中立国であった国から帆船を借り受け、日本との定期的な交易を維持しました。これらの傭船の船籍は、アメリカをはじめ、ブレーメンやデンマークが挙げられます。傭船には、オランダ商館長や商館員が乗船しますが、船長と船員は他国の人々でした。なかでも、1799年に長崎に入港したフランクリン号や1801年のマーガレット号などは、アメリカのセーラムを船籍とする船で、フランクリン号船長ジェームズ・デブロー、マーガレット号船長サミュエル・ガードナー・ダービーはともに、長崎で入手した漆器などの調度品をアメリカに多数持ち帰りました。これらの一部は、現在、セーラムのピーボディ・エセックス博物館に収蔵され、江戸時代の日本を知る史料として紹介されています。

セーラムは、17~18世紀に船による交易に成功した船長や商人らによって、海商都市として繁栄した街です。現在も、往時を偲ばせる港や建造物などが残されています。

往時の港　ダービーワーフ

海商都市として繁栄した時代の建造物

ピーボディ・エセックス博物館

金蒔絵盆　マーガレット号サミュエル・ダービー船長収集資料

セーラムの往時の港
ダービーワーフ

長崎港に沈んだ船 イライザ・オブ・ニューヨーク号

1797年、傭船イライザ・オブ・ニューヨーク号はウイリアム・ロバート・スチュワート船長の指揮のもと、長崎に来航しました。この船は、アメリカの船でしたが、スチュワート船長の国籍が判然とせず、イギリス船であるという記録も残ることから、アメリカ傭船として紹介されないこともあります。しかしながら、長崎に向けての2回目の航海となる1798年の来航時に、その帰路についた際、暗礁に乗り上げ、長崎港から1マイルの地点で沈没してしまうという事件が起こり、長崎ではよく知られた帆船となりました。

引上げには、村井喜右衛門と漁師たちがあたり、様々な試みと百艘の船を使って、引上げに成功し、修理を行ない、帰路につくことができました。これらの引上げの様子が描かれた計画図や木版画が長崎に残されています。海に眠る様々な物語のひとつです。

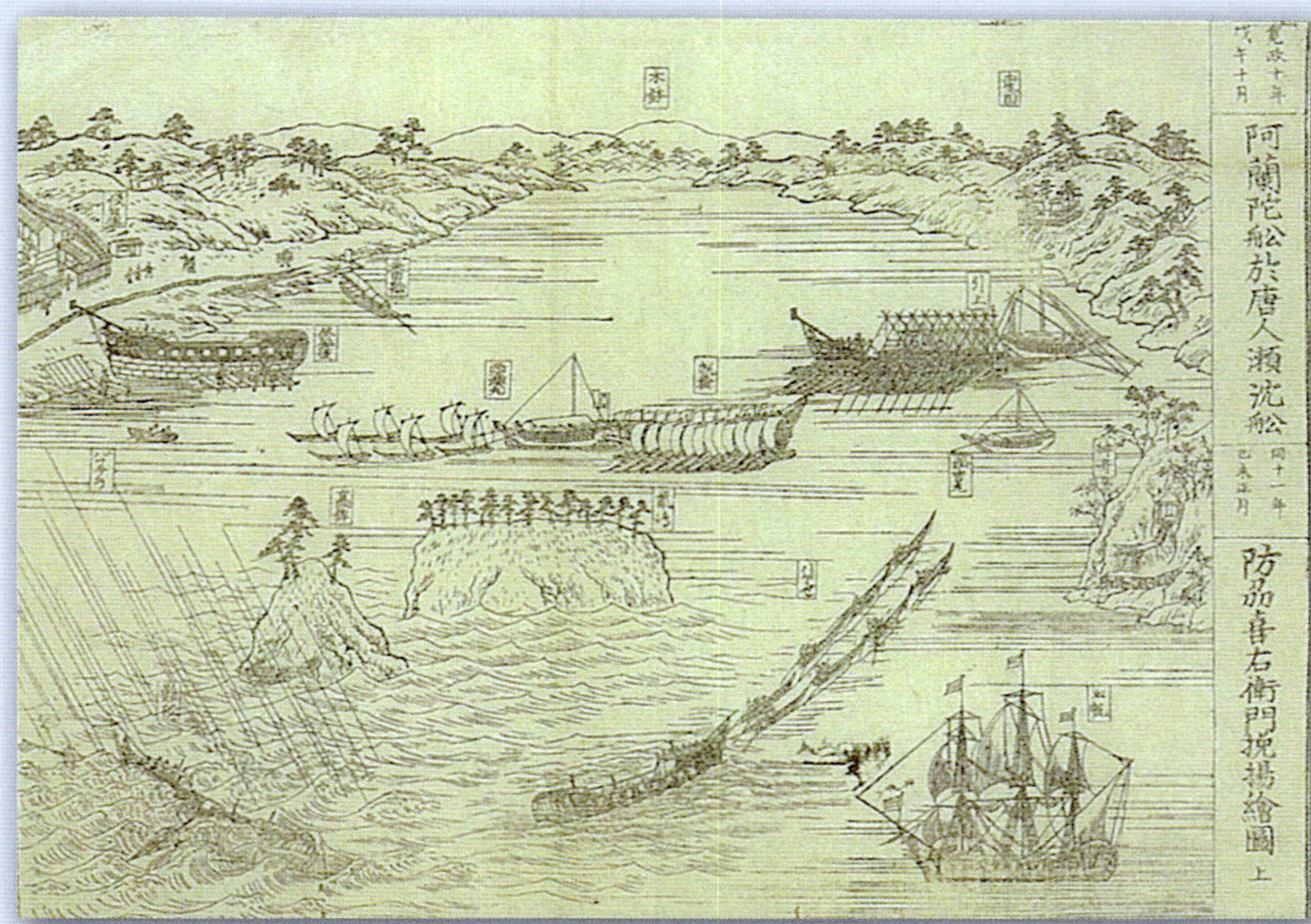

阿蘭陀船於唐人瀬沈船　防州喜右衛門挽揚絵図（長崎歴史文化博物館蔵）

現在の高鉾島と木鉢

第2部

あこがれの出島

6 はいから出島

海からの出島鳥瞰　1863年
（長崎大学附属図書館蔵）

幕末、日本が開国に向かうなか、
出島のオランダ商館も廃止され、
新たに領事館が設置されました。
居留地となった出島には、
様々な国籍の商人が居住し、
出島は新たな海外貿易の場となりました。
建ち並ぶ洋館や石造倉庫など、
はいからな出島の魅力を紹介します。

梅香崎洋館群と出島　撮影者未詳　明治20年代後半
（長崎大学附属図書館蔵）

洋館へようこそ

幕末から明治へ出島の変遷

幕末、日本がしだいに開国へと向かう中、出島はオランダ一国との交流を行なう閉ざされた空間から、新しい海外貿易の窓口へと変貌しました。出島の周囲を取り囲んでいた塀は低められ、水門の鍵はオランダ人管理者に渡され、日中、市内への往来が自由にできるようになりました。安政５年（１８５８）出島のオランダ商館は廃止され、オランダ領事館が設置されました。出島の西側は文久元年から随時埋め立てられ、慶応２年（１８６６）には外国人居留地に編入され、新たな出島として

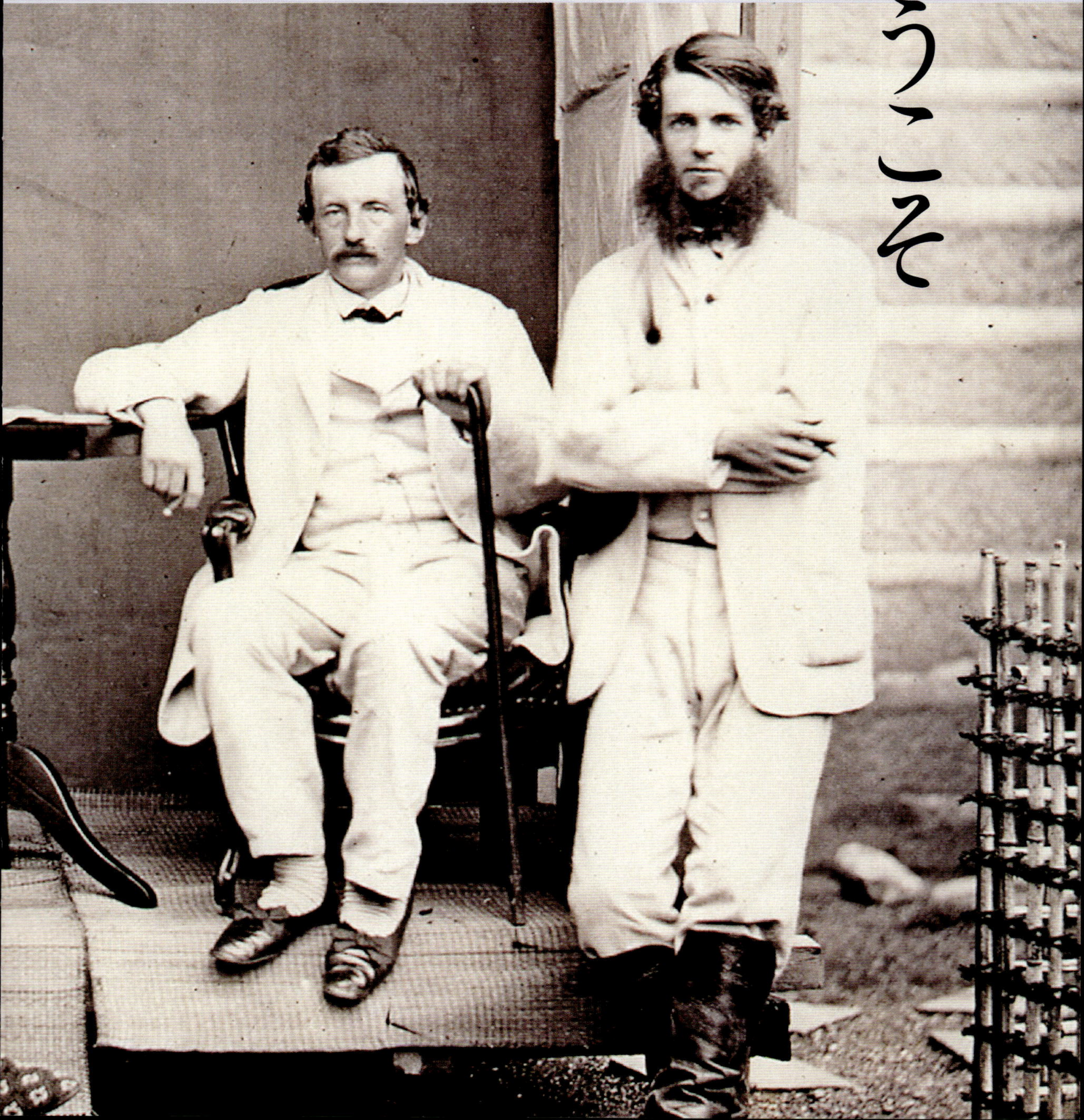

のスタートを切ります。南側には大浦居留地から続く遊歩道が築足され、その後建物正面が海に向かった配置へと移り変わり、開かれた出島の象徴となります。さらに明治2年（1869）、出島新橋、新大橋、梅香崎橋が架設され、出島から新地、梅香崎は橋で結ばれ、居留地からつながる地域へと変わりました。

この頃、出島内に新しく建設される建物は、木造2階建ての洋風住宅や石造倉庫となり、街路灯が設置され、しだいに洋風化が進みます。島内には、これまで居住していたオランダ人に加え、プロシア人、フランス人、中国人らが新しく居住し、人口は慶応3年7月を例にとると36名となります。この中には商人の妻や子どもが含まれています。これまでは、オランダ商館員が出島に妻子を伴うことは禁止されていましたが、家族ぐるみで移住することができるようになりました。このような居住人口の増加に伴い、庭園には新しい邸宅や倉庫が造られ、出島は新しい町として発展しました。

日本の近代化と出島

幕末の頃、日本は他国からの外圧を受け、大きく揺れ動いていました。徳川幕府はもとより、各藩はこぞって軍備増強を行い、とくに九州諸藩をはじめとする西国の雄藩は、西洋諸国の最新鋭の軍備を取り入れることに力を尽くしました。そのような中、早くから海外の窓口としての役割を担っていた長崎には、諸藩が集まり、とくに軍艦や銃、大砲などの武器の仕入れと、そしてそれらを取り扱う知識と技術の導入が求められました。

江戸時代から琉球を窓口とした独自の貿易を行なっていた薩摩藩は、とくに海外の武器の積極的な導入に関心が高く、軍艦所持数は、幕府に次ぐ2番目で、諸藩のなかでは一番であったことが知られています。また、佐賀鍋島藩も、蘭学に傾倒し西洋諸国の先進的な学問を取り入れる機運が高く、幕末においても、多くの藩士を海軍伝習に参加させ、海軍伝習所閉鎖後は三重津海軍所を創設し、国内初の本格的な木造蒸気船の造船などを行ないました。

出島のボードイン兄弟

出島に居住したボードイン兄弟は、古写真の撮影、収集家として有名です。兄アントニウス・ボードイン（中）は、出島の医師として来日し、弟アルベルト・ボードイン（左）は、出島のオランダ領事として、勤務しました。右の人物は甥のロイトルです。この写真も、出島の中で撮影されたと伝えられています。彼らの古写真コレクションは、ライデン大学に所蔵され、現在は長崎大学附属図書館に寄贈されています。

長崎出島旧地図
（長崎大学附属図書館経済学部分館蔵）

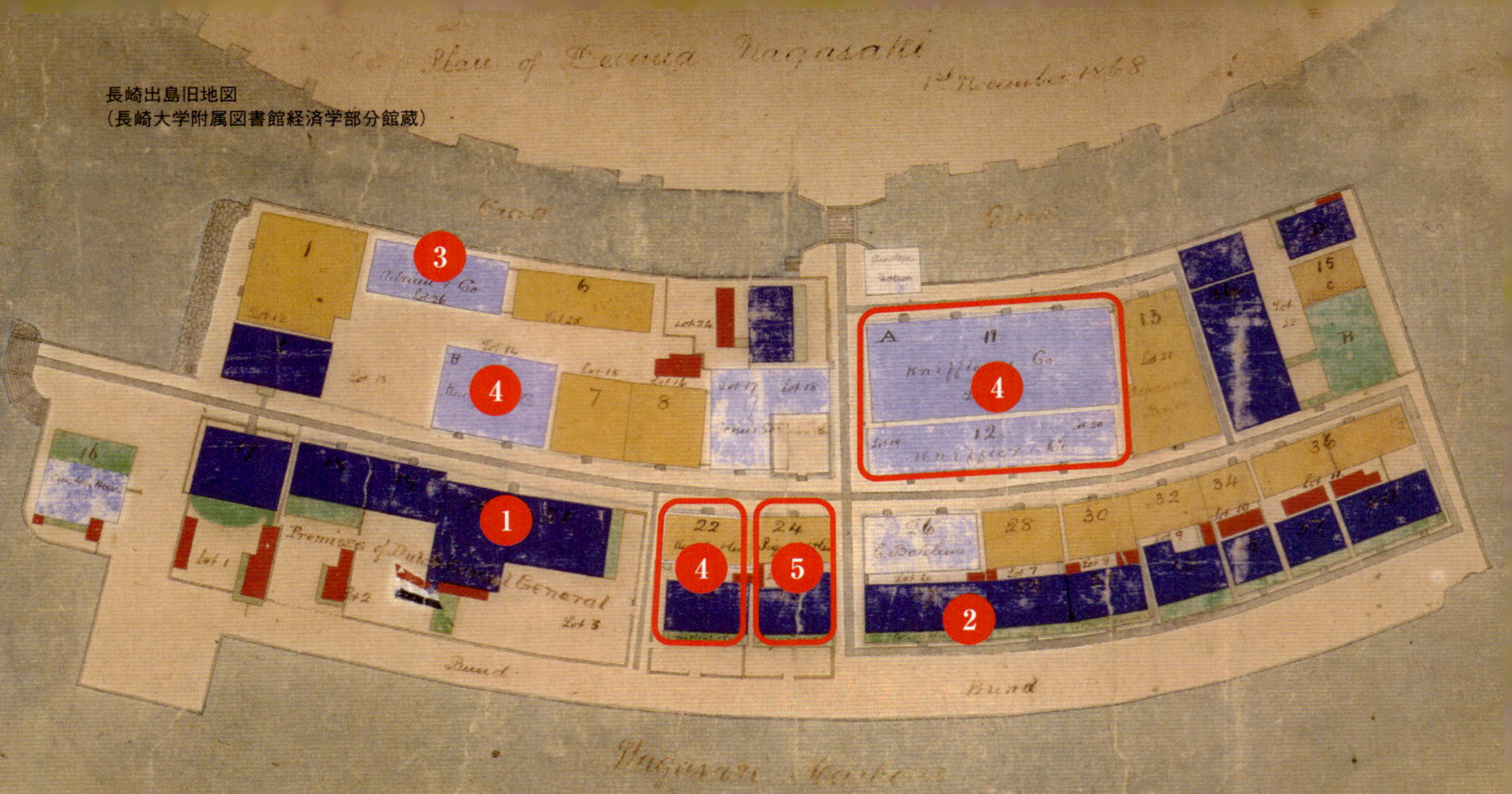

居留地時代の出島商人

幕末から明治にかけて、出島で活躍した主な商人・商社について紹介します。

1 ボードイン兄弟 アルベルト・ボードイン（1829〜1890）

安政6年（1859）にオランダ貿易会社の一員として長崎に来日。その後、15年間の長きに渡り、日本に滞在しました。長崎、神戸、横浜など各地のオランダ領事職を務めるかたわら、オランダ貿易会社駐日筆頭代理人として貿易業務に奮闘し、幕府の軍艦建造発注や日本人の海外渡航にも尽力しました。『オランダ領事の幕末維新』にはA・ボードインの日本滞在中の書簡がまとめられており、出島での生活を詳しく知ることができます。オランダ帰国後は、駐蘭日本公使館に勤務するなど、日本との関係が切れることはありませんでした。また、ボードインは、オランダ領事のほか、スイス、ポルトガル、デンマーク、スエーデンの領事職も務め、これらの国からは、のちにその功績をねぎらって勲章を授与されました。

1 アントニウス・ボードイン（1822〜1885）

アルベルト・ボードインの長兄。医師ポンペの後任として、文久2年（1862）来日、長崎養生所の教頭を務めました。その熱心な指導により、人望も厚く、教え子からは多くの優れた医学者を輩出しました。

14代将軍徳川家茂が大坂で病に伏した際、ボードインは御典医であった松本良順に招致され、将軍の診察をするため急いで上京しましたが、将軍は亡くなり、診察することはできなかったなどのエピソードも残されています。慶応2年（1866）任期を終えて帰国しますが、その後も度々日本に招かれ、医学教育に尽力しました。

出島に設けたスタジオを中心に、兄弟で撮影した数々の写真がボードインコレクションとして、残されています。

2 お慶さんとテキストル

大浦慶は、文政11年（1828）長崎の油屋町の油商の娘として生まれました。嘉永6年（1853）に、日本茶の輸出を思い立ち、オランダ商人テキストルに等級が異なる3つの嬉野茶の見本を預け、それぞれイギリス、アメリカ、アラビアへ送りました。3年後、イギリス商人オルトから大量の茶の注文を受け、なんとか集めた1万斤を輸出しました。その後本格的な茶貿易を行ないました。

3 いろは丸（アビソ号）購入時の立会人

アドリアン商会のテヤトル・アデリヤンは、プロシア商人。アビソ号（のちのいろは丸）を大洲藩がロウレイロから購入した際に、プロシア商人のアドリアンとスキッフが一緒に立会いを行なったことが契約書に記されています。アドリアン商会には、この時H・Schiff（スキッフ）とT・Adrian（アドリアン）が在籍していたことが記録されているため、このプロシア商人とは、出島10番に店舗を構えていた彼らのことであったことがうかがえます。

4 プロシア商人 クニッフラー商会

クニッフラー商会は、正式に日本とプロシアが条約を締結する以前から、出島に来航し、貿易の足掛りを作った会社でした。出島の中で勢力を伸ばし、明治元年には、大きな倉庫をたくさん所有しています。薩摩藩、土佐藩などの大藩を相手に銃、毛織物、薬品などの商売を行い、横浜にも進出しました。のちに社名をイリスに変更し、現在も、ハンブルグに拠点を置く国際的な商社として活躍しています。幕末から現代まで続いた老舗の商社です。

クニッフラー商会の商標
（国立国会図書館蔵）

5 悲恋のピナテール

ピナテール商会の代表を務めるヴィクトール・ピナテールは、フランス人。文久元年（1861）に父ユージヌ・ピニャテルが出島に会社を構え、その2年後に日本に渡り、仕事を手伝いました。父の死後、一人になったピナテールは、遊女正木と恋仲になり、身受けをして一緒に暮らしましたが、彼女は若くして亡くなってしまいました。ピナテールは、正木のことが忘れられず、失意のうちに日々を過ごしたと言われています。大正11年（1922）長崎出島にて寂しくこの世を去りました。ピナテールの墓は、新坂本国際墓地にあります。

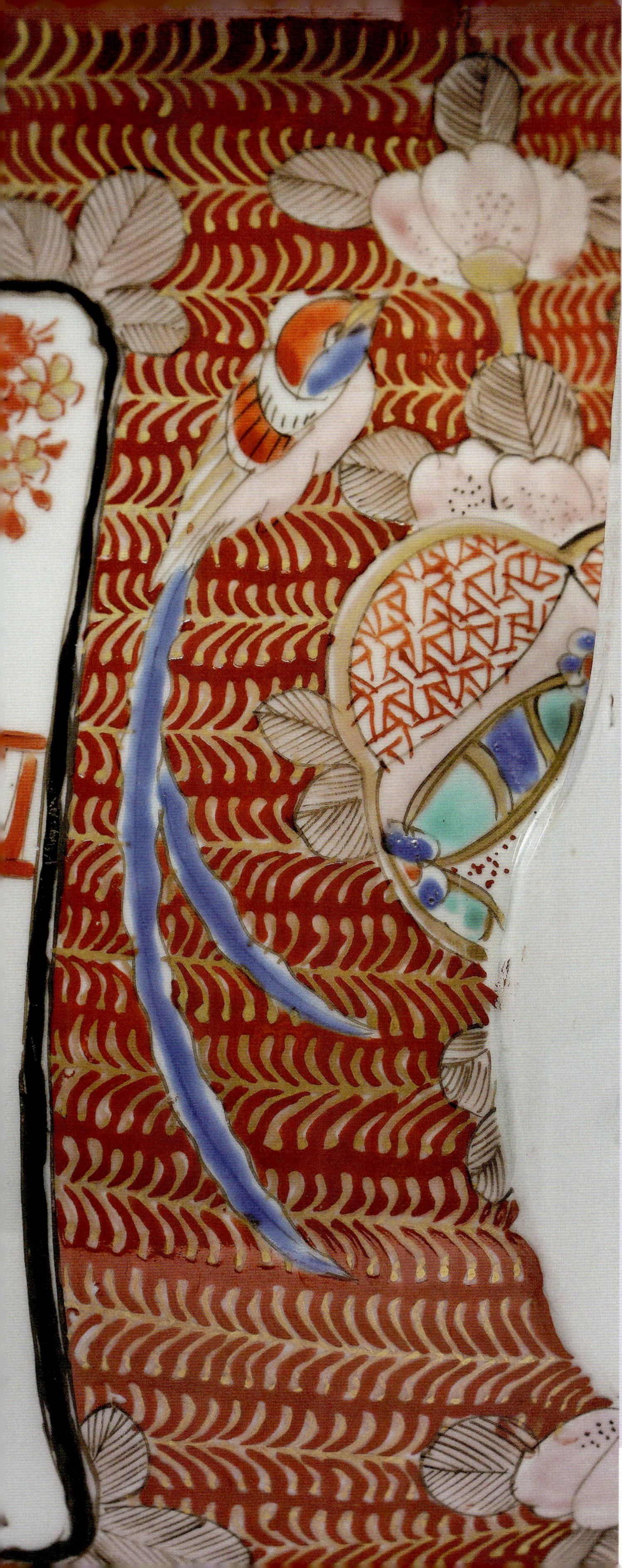

豪華絢爛
～有田の色絵磁器～

幕末から明治にかけて、出島には、日本人の市場があり、有田の焼物を扱う店舗が設けられていました。1860年の出島出店商人には、伊万里屋与兵衛をはじめとして主に焼物類を取り扱う商人〝伊万里屋〟が5件もありました。この頃に主に取り扱われていた商品は、器面全体に赤や金彩が施された華やかな磁器でした。磁器の中心には和服姿の婦人や武者絵が描かれ、まさに〝日本〟を感じさせるモチーフが採用されています。幕末から明治時代の出島の土層中からは、このような磁器がたくさん出土しており、外国人を意識した品揃えであったことがうかがえます。

拡大

色絵人物文手付瓶
(個人所蔵)

華やかな金魚
出島出土品(部分)
(出島復元整備室蔵)

あでやかな婦人
出島出土品(部分)
(出島復元整備室蔵)

現存する洋館

出島の十字架
旧出島神学校

旧出島神学校は、明治11年（1878）に建てられた現存する我が国最古のキリスト教新教の神学校です。建設当初は英学校として建てられ、木造2階建て、切妻造りの洋風建物で、南側部分に鐘塔がありました。11月に竣工し、12月から開校、英国聖公会の宣教師H・モンドレルの記録には、組織的なキリスト教教育を行なうため、成人のクラスと子どもたちの日曜学校を開設したことが記されています。明治16年（1883）には出島聖公会神学校となり、明治26年（1893）に東側が増築され、現在のような姿になりました。西側の大部屋はチャペル、東側は寄宿舎として使用されたほか、図書室などもあったと伝えられます。

出島神学校南側

出島神学校北側

銀座の鐘

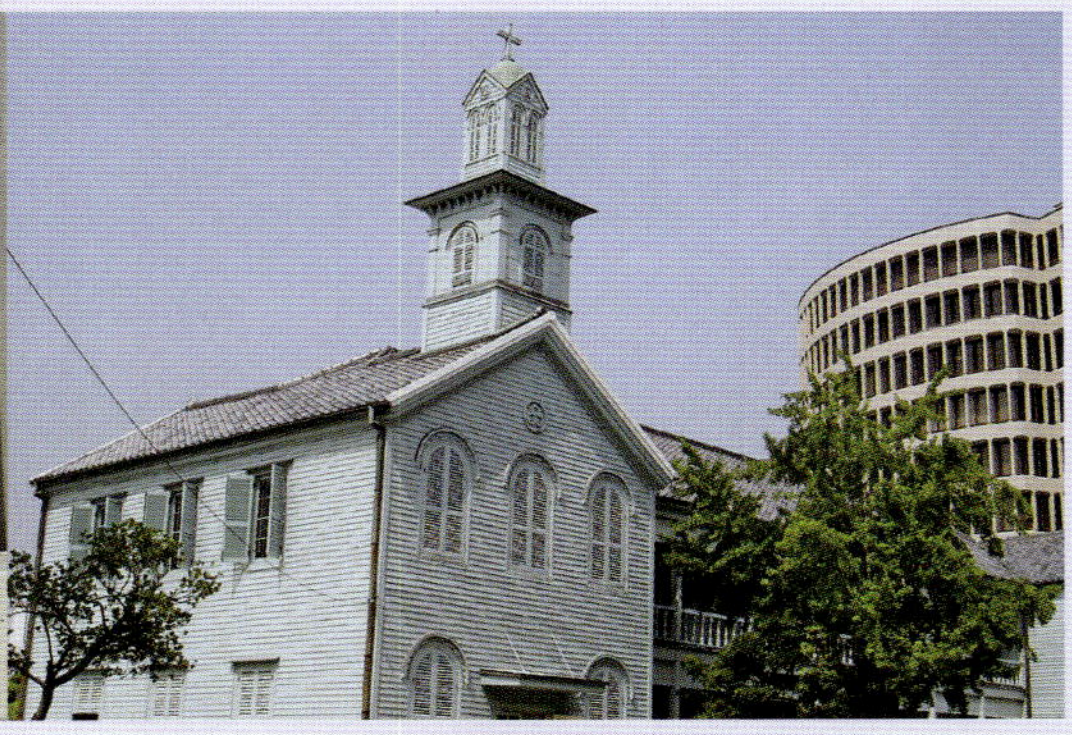
出島神学校北側

神学校の鐘

明治11年の建物の完成に合わせ、イギリス、バーミンガムで鋳造された鐘が、この建物に取り付けられました。この鐘は、トーマス・グラバーが寄贈したとの説もあります。大正11年（1922）12月、雲仙嶽を震源地とする地震により、鐘塔の鐘と塔上部の十字架が落下し、その後、メソジスト教会宣教師であったフランシス・スコット博士がこの鐘を買い取りました。この頃、東京でも大正12年に起きた関東大震災によって、銀座教会が会堂を焼失し、昭和2年（1927）吉岡誠明牧師が新たな会堂の建設に着工しました。翌年、会堂は完成し、ここにスコット博士から入手した神学校の鐘が取り付けられ、新たに「銀座の鐘」となりました。

現在は、2代目の鐘が掛けられ、出島神学校ゆかりの初代の鐘は、銀座教会の階段入口にて公開されています。

出島の教会

安政の開国以降、外国の教団によるキリスト教新教の布教活動が始まり、長崎には大浦天主堂より2年早い文久2年（1862）東山手11番に日本初の新教会堂が建設されました。その後、明治8年（1875）出島の中に英国系の出島教会が建設されました。この教会は明治22年に解体され、翌年大村町に移転されました。

同じ英国系の出島神学校は明治11年に建てられ、明治26年に増築が行なわれました。また、明治12年には、出島8番に牧師館が建設されています。このほかに、明治9年米国系の出島ウエスレー教会（美似教会）が、出島神学校の通り向こうにあたる出島22番に建てられました。明治20年代後半に出島の東側を中心に新教の教会や学校が建ち並ぶ風景が見られましたが、現在は旧出島神学校だけが残されています。

明治30年代中頃の出島　梅香崎洋館群と出島（長崎大学附属図書館蔵）

内外クラブに集う男たち

明治32年（1899）居留地が廃止されたのちほどなくして、長崎に住む著名な日本人と外国人の社交クラブとして、長崎内外倶楽部が設立されました。発起人は、長崎市長　横山寅次郎、三菱造船所所長　荘田平五郎、長崎商工会議所会頭　松田源五郎、F．リンガー、T．B．グラバー、倉場富三郎などでした。当初は、既存の

長崎内外倶楽部　1916年（長崎文献社蔵）

社団法人長崎内外倶楽部設立当時の理事・幹事
平　敏孝（長崎県知事）、山田鷹治、高見和平、澤山精八郎、雨森一郎、橋本辰二郎、草野豹一郎
倉場富三郎、青木善祐（第13代長崎市長）、岡田壽吉（第15・16代長崎市長）

施設を利用する形で会合が行なわれていましたが、明治36年（1903）倉場富三郎が出島に内外倶楽部を新築することをF.リンガーに要請し、出島7番地に内外倶楽部が建設されました。内外倶楽部は、本館と附属屋からなり、ビリヤード室やバー、食堂、読書室がありました。長崎の政治、経済界の名士が集い、交流を深めた場所です。

　太平洋戦争の勃発により、長崎内外倶楽部は活動を休止し、戦後も活動を再開することは出来ませんでしたが、内外倶楽部の建物は、現在まで受け継がれています。出島史料館等として利用されたのち、平成8～12年に半解体修理が行なわれ、経年により改変されていた建物は、明治36年当時の姿に戻りました。

　2階の一室に残る「長崎内外倶楽部　会員名札入れ」は、長崎内外倶楽部の会員であった日本人と在留外国人双方の名前札が入れられたものです。現在は、戦時中であった昭和18年に新たに社団法人長崎内外倶楽部として発足したおりに中心となった人物及びその前後に政財界で活躍した会員らの名前を見ることができます。

拡大

倉場富三郎の名札

内外クラブ2階　会員名札入れ

現在の内外クラブ

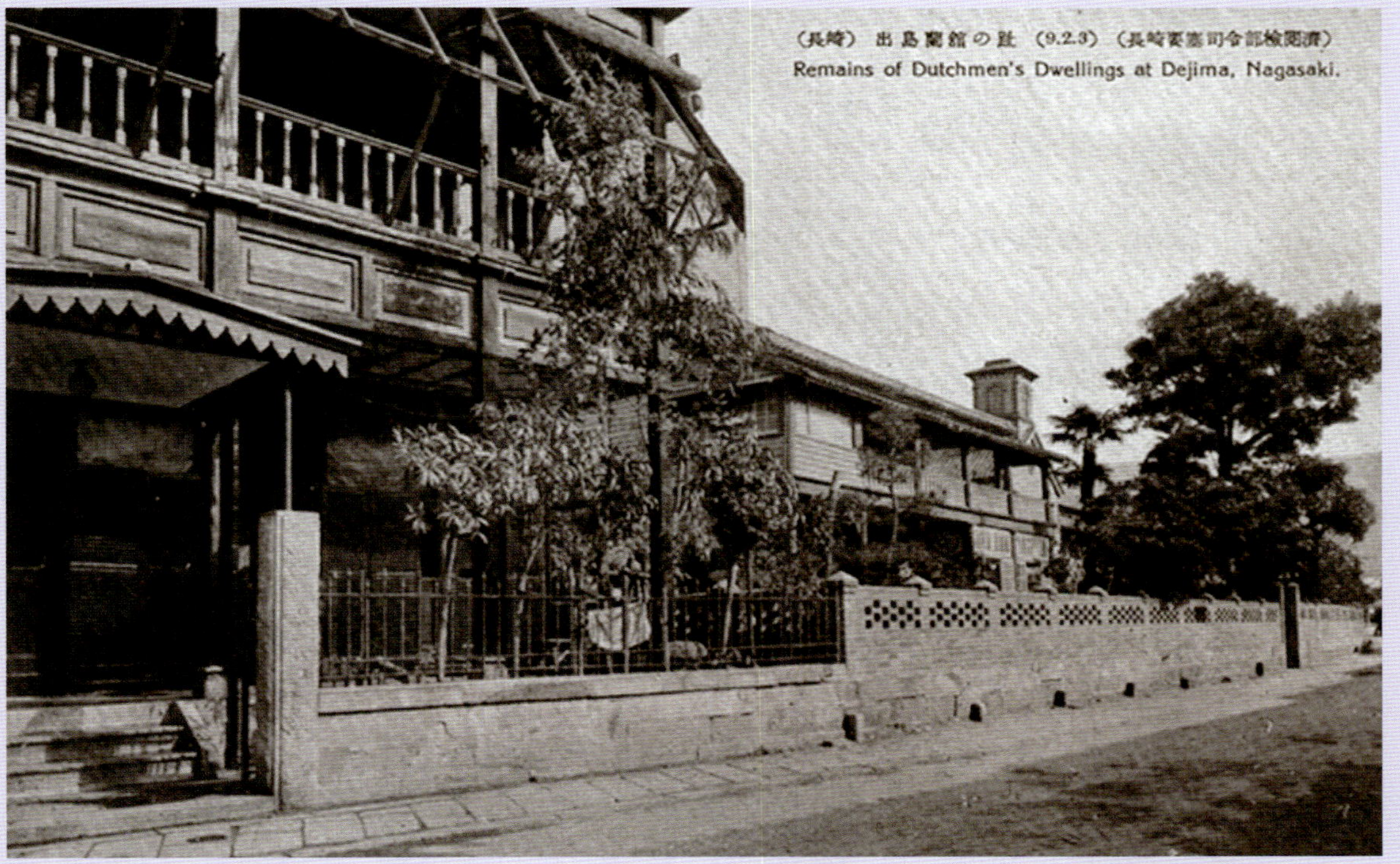

長崎内外倶楽部
絵はがき集「長崎十六景」の一枚　昭和9年（1934）発行

彩られた風景
～古写真の中の出島～

長崎の港は、幕末から明治にかけてたくさんの写真に収められ、これらの古写真から、次第に近代化が進む港の様子が分かります。長崎の町の中心部は、擂り鉢状の地形の底部にあたり、市中を囲む周辺の山々や丘陵から撮影された写真には、各時代の建造物や街並み、たくさんの船舶が碇泊し、小舟が行き交う港が写し出されています。

これらの写真は、明治32年（１８９９）8月に要塞地帯法が公布され、市中の撮影が禁止される以前の写真であり、外国との平和な関係のなかで写された写真ということが出来ます。これらの港の風景の中に、変わりゆく出島の姿を見ることができます。

長崎を写した写真家
～西洋人～

幕末に長崎を訪れた外国人たちは、長崎の各地の風景を撮影しました。文久3年（１８６３）に来日したフェリックス・ベアト（１８２５～１９０４？　ベネチア生、イギリス）は、すでに報道写真家として有名な人物でした。慶応元年（１８６５）、横浜の外国人居留地にスタジオを設け、ベアト＆ワーグマン商会を設立し、写真等の制作、販売を行いました。ベアトは１８６５・６６年に長崎を訪れ、多くの写真を撮影しています。明治10年（１８７７）、ベアトは横浜のスタジオをスチルフリード（１８３９～１９１１、オーストラリア）に譲り、その後さらにＡ・ファサリ（１８４１～１８９１、アメリカ）が受け継ぎ、ファサリ商会は蒔絵アルバムを多数制作しました。ベアトによる幕末・明治期の日本の記録写真、それを受け継いだ外国人写真家の手による旅行者向けの商業写真は、海外に伝わり、日本を広く紹介しました。

一の瀬橋と物売り　ベアト撮影（長崎大学附属図書館所蔵）

稲佐山から見た長崎のパノラマ　ベアト撮影（長崎大学附属図書館蔵）

長崎を写した写真家 ～日本人～

　外国人写真家から、その技術や方法を学び、また写真機を入手した日本人写真家たちは、変化する日本の風土や風俗を撮影し、日本全国で写真師として開業しました。

　長崎からは日本初の職業カメラマンといわれる上野彦馬（１８３８～１９０４）を輩出しました。上野彦馬は長崎の新大工に撮影スタジオを構え、市井の風景や、坂本龍馬など多くの人物を撮影、西南戦争の際に撮影隊として従軍したことが知られています。同時期には下岡蓮杖《しもおかれんじょう》が活躍し、「東の蓮杖、西の彦馬」と称され、彼らの門下生が、写真の新時代を築きました。長崎大学古写真コレクションには、このほかに内田九一、小川一真、鈴木真一、玉村康三郎、ベアトの助手を勤め蒔絵アルバムを多数制作した日下部《くさかべ》金兵衛《きんべえ》らの写真が収蔵されています。

A.J.ボードインとオランダ通商会社の同僚　上野彦馬撮影（長崎大学附属図書館蔵）

彩色写真

焼付けられた写真に、日本画、水彩画などの絵具を用い、着色が施された美しい写真は、横浜でその多くが制作されたことから横浜写真と呼ばれています。彩色は日本画家や浮世絵師らによってなされ、そのポイントを絞った着色技法により、写された風景や人物がより鮮明に浮き立ちました。これらの写真は、蒔絵アルバムとして装丁され、来日した外国人旅行者の土産品として喜ばれました。風俗写真には演出過多なものもありますが、欧米へ日本を紹介した資料のひとつとして位置付けられます。

写真の絵付（長崎大学附属図書館蔵）

オランダ人とフォトグラフィ

江戸時代、他の外来語と一緒に、オランダから『カメラ』と『ホトガラヒー』という言葉が日本に伝わりました。『カメラ』は、もともとオランダ語では「暗い箱」のことを表します。オランダ絵画では、レンブラントやフェルメール、ゴッホなどが有名ですが、とくにフェルメールは「カメラ・オブスクーラ（暗箱）」を利用して、絵画制作にあたったことが知られています。『ホトガラヒー』は、撮影術を表す言葉で、上野彦馬が写真術について著わした「舎密局必《せいみきょくひっ》携《けい》」のなかに記されています。

西洋で写真術が発明されたのは、18世紀前半のことで、1839年にはダゲレオタイプ（銀板写真）が発表されました。銀板写真は、約20分の露光が必要で、たった1枚の画像しか入手できないという欠点がありました。1851年に、コロジオンプロセス（湿板写真）が完成されると、露光が5～10秒で、原板（ネガ）を元に何枚も紙焼きが出来るため、この技法が広まりました。文久2年（1862）に長崎に来航したA・F・ボードイン医師は、業務のかたわら写真の撮影にも精力的に取り組み、その写真がライデン大学に残されています。これらの写真は湿板写真で、出島ではすぐにこの写真術が採用されていたことが分かります。

輸入された写真機第1号

長崎の御用時計師で、貿易商であった上野俊之丞（上野彦馬の父）は、嘉永元年（1848）に写真機材一式をオランダ人から入手し、これを薩摩藩の島津公に献上しました。薩摩では、島津《しまづ》斉彬《なりあきら》公を中心に、銀板写真の研究を行いました。写真機は入手しても実際の撮影は難しく、成功例として島津公を撮影した写真が知られています。

ジルー・ダゲレオタイプ・カメラ（日本カメラ博物館蔵）

はじまりの地　DEJIMA

取材カメラマン／ヤマグチ カツミ
（ナガサキポルトガルシルシル塾　塾長）

出島のルーツをたどる旅。きっかけは出島の調査で発掘された遺物のルーツを訪ねることでした。往時その交易の中心であったのはVOCオランダ東インド会社です。その交易のルートをたどりながら、ライデン、アムステルダム、デルフトといったオランダの主要な場所をはじめとするヨーロッパ各地を巡る旅でした。オランダの他にも、輸出された古伊万里との関係が深いヨーロッパ磁器のルーツとなるアウグスト強王のドレスデンや日本文化をヨーロッパに紹介したシーボルト生誕の地であるヴュルツブルグ。おじさん顔が特徴の鬚徳利の産地ライン川流域、プリントウェアのマーストリヒトやストーク・オン・トレント、港町リヴァプール、ボストン、出島築造の原点でもあるポルトガルのリスボン、ポルト。どの街もそれは魅力あふれる場所でした。夫唱婦随ならぬ婦唱夫随（笑）の取材調査と言いつつも、行く場所はどこも歴史と文化にあふれていて素晴らしいところばかり。取材調査が半分、家族旅行が半分、感動は2倍といった感じの楽しい旅の連続は貴重な体験の宝庫でした。調査対象以外にも古い歴史ある都市の造りや建築物、町中のデザインやグラフィックなど、毎回多くの刺激を感じる旅でしたが、その中でも強く印象に残っている旅がいくつかありました。

ひとつは「はじまりの港」、オランダ北部にあるテセル島です。自然が豊かなこの島は牧羊と漁業と観光の町ですが、かつてこの島はVOCの船が遠く出島へと向かう出港地でした。まさに「大航海はじまりの地」です。この島には、十年来おつきあいしているマティ・フォラー氏＆フォラー邦子ご夫妻の勧めもあり、ご一緒に訪問する機会を得て数年前の夏に訪れました。オランダは、海抜より低い土地が多く「造られた街」という印象が強いのですが、この島で印象に残るのは、たくさんの羊たちとカモメの群れ。静かな港から彼方に見える水平線。遠くアジアへと船出する大航海前の期待感を肌で感じさせてくれるテセル島は、いにしえのロマンあふれる島でした。

そしてもう一ヶ所が「はじまりの国」ポルトガルです。1571年長崎の町のはじまりと同じくして、ポルトガルとの交易がスタートしました。そして「出島」は、1634年に鎖国政策の一環としてポルトガル人を管理する目的で人工の島として築造され、1636年から1639年の短い期間ですが南蛮交易の拠点となったのです。まさに出島の原点です。ポルトガルは取材調査というよりも「長崎人」として訪れたかった街で、当時リスボンに滞在していた友人の高柳卓也氏（ファディスタ）の案内でリスボンの歴史地区や石畳が美しい街を歩いてさるく旅でした。海のように雄大なテージョ川やたくさんの小高い丘に囲まれたリスボンの町は、どことなく長崎と印象が重なって見えます。リスボン～シントラ～ポルトと巡り、ポルトガルは長崎人のDNAに呼応するかのような街で「空気感」が長崎に近いという印象が強く残りました。出島の商館長「カピタン」という名称はポルトガル交易時代のなごり。出島和蘭商館になってもポルトガル語のまま残った名称です。ポルトガル～オランダ、そして世界中の交易品。なんだか出島の中にひとつの世界があるようです。

ヨーロッパと日本をつないでいた場所「DEJIMA」。今は、史跡）出島和蘭商館跡となって復元が進められています。この本を手にしたあなたも学校の教科書の中の「出島」から一歩踏み込んで世界を眺めてみませんか?そして教科書では伝わらない「DEJIMA」を知りたいとき、世界中のどこかで「DEJIMA」を見つけたいとき、「DEJIMA」の中で世界を見つけたい時。あなたもこの本を手にして、あなたにとっての「はじまりの旅」に出かけてみてはいかがですか?

写真左／テセル島のカモメ　右／テセル島の羊たち

写真左／ポルト歴史地区　右上／テセル島の灯台　右中央／テセル島の海 マティ･フォラー氏と　右下／リスボンベレンの塔 高柳卓也氏と

あとがき

出島の発掘調査では、ヨーロッパ諸国やアジア諸地域の陶磁器や土器の破片が多数出土します。最初は、これらの出土品が、どの地域のどういった背景を持つ遺物なのか分からず、他所の発掘調査報告書や陶磁器関連の図録、諸先生からのご教示によって、そのものの産地や年代など、少しずつ分かるようになってきました。そのうち、これらの出土品が生まれた文化について思いを馳せ、その産地に行ってみたい、という気持ちが芽生えました。これが、筆者の旅の始まりでした。

毎年のように発掘調査が続くなか、1年のうちに発掘調査に着手していないワンチャンスで計画し、私費での渡航は負担も大きかったのですが、訪問した先々で得られた知識と、何よりその気持ちを理解しご助力、ご協力いただいた皆様との出会いは、大きな財産となりました。

諸先輩方から、大きな価値を有する出島について、その価値を明確にし、格上げすることが学芸員の務めと教え諭されて以来、それほど積極的ではなかった筆者の行動は少しずつ変わってゆきました。本書は、その中で生まれたものです。

発掘調査は、気候によっては厳しいこともありますが、その中でも新しい発見や納得のいく成果が挙がった時には、現場が沸き立ちます。また、多忙な中でも、かわい

い文様が描かれた出土遺物の欠片に心が癒されることもあり、ふたたび出島がきらきらと輝いて見え始めます。本書は、これらの実体験を基軸として構成いたしました。

多くのテーマを少しずつ拾い集めているため、内容的には物足りなく感じられる識者の皆様もいらっしゃると思いますが、本書が出島の多面的な魅力を知る一助となれば幸いです。

本書を執筆するにあたり、多くの皆様からご教示をいただきました。とくに、長崎市に勤務をはじめた当初から今日に至るまで長らく考古学のご指導をいただいております下川達彌氏、長崎の歴史についていつも多くのご教示をいただいております原田博二氏、海外の美術工芸資料について調査の道筋を示していただきました岡泰正氏、オランダを知り理解を深めるために多くのご教示をいただきましたマティ・フォラー氏、邦子・フォラー氏に心より感謝申し上げます。

また、本書の作製にあたり、企画から刊行に至るまで、ご尽力いただきました長崎文献社　堀　憲昭氏、デザインをご担当いただきました三浦秀樹氏、写真を担当いただいた山口克己氏に厚くお礼申し上げます。

山口美由紀

参考文献

愛知県陶磁資料館　2011　『阿蘭陀焼』
石田千尋　1994　「長崎貿易の精華ーその輸入品をめぐってー」『鎖国・長崎貿易の華』　神戸市立博物館
越中哲也　1982　『長崎の西洋料理』　第一法規出版
江戸東京博物館　1999　『日米交流のあけぼのー黒船きたるー』　ピーボディ・エセックス博物館編
大橋康二・坂井隆　1994　『アジアの海と伊万里』　新人物往来社
大林組　1994　「長崎出島の復元と考察」季刊大林No38『出島』
小笠原小枝監修　2005　『別冊太陽　更紗』　平凡社
岡林隆敏　1995　「古写真に見る長崎外国人居留地建設と近代都市形成」『長崎古写真集居留地篇』　長崎市教委
岡　泰正　1991　「出島の青い薔薇　江戸後期における西洋転写陶器の受容」『日本美術工芸』5月号　日本美術工芸社
岡　泰正　2001　「出島・護岸石垣出土のヨーロッパ製陶器について」『国指定史跡　出島和蘭商館跡』　長崎市教委
岡　泰正　2002　「出島・食卓の情景」『国指定史跡　出島和蘭商館跡』　長崎市教委
岡　泰正　2008　「出島出土のヨーロッパ陶器をめぐって」『国指定史跡　出島和蘭商館跡』　長崎市教委
金井　圓　1993　『近世日本とオランダ』　財.放送大学教育振興会
京都国立博物館　2008　『憧れのヨーロッパ陶磁』　読売新聞大阪本社
財.親和銀行ふるさと振興基金　1993　『長崎出島の食文化』　親和文庫第17号
財.日蘭学会編　1989～1999　『長崎オランダ商館日記』第1巻～第10巻　雄松堂書店
佐賀県立九州陶磁文化館　1993　『世界の染付』
佐賀県立九州陶磁文化館　1995　『柴田コレクションⅣ　古伊万里様式の成立と展開』
佐賀県立九州陶磁文化館　1999　『柿右衛門ーその様式の全容ー』
佐賀県立九州陶磁文化館　2000　『古伊万里の道』日蘭修交400周年記念
櫻庭美咲　1999　「江戸時代に舶載されたライン炻器製酒器についての一試論」『武蔵野美術大学研究紀要』　武蔵野美術大学
中井晶夫訳　1969　『オイレンブルク日本遠征記』上下巻　新異国叢書12・13　雄松堂書店
永積昭　2000　『オランダ東インド会社』　講談社学術文庫
長崎県教育委員会　1998　『長崎県の近代化遺産』長崎県文化財調査報告書第140集
長崎県立長崎図書館　2002　『幕末・明治期における長崎居留地外国人名簿Ⅰ』郷土史料叢書(2)
長崎市　1980　『国指定史跡出島和蘭商館跡内　旧出島神学校修理工事報告書』
長崎市　1996　『史跡出島和蘭商館跡　復元整備計画書』
長崎市　2000　『史跡出島和蘭商館跡建造物　旧内外クラブ保存修理工事報告書』
長崎市　2012　『新長崎市史　第二巻　近世編』
長崎市教育委員会　1986　『国指定史跡　出島和蘭商館跡　範囲確認調査報告書』
長崎市教育委員会　1995　『長崎古写真集　居留地篇』
長崎市教育委員会　2000　『国指定史跡　出島和蘭商館跡　西側建造物復元事業に伴う発掘調査報告書』
長崎市教育委員会　2001　『国指定史跡　出島和蘭商館跡　西側5棟建造物復元工事報告書』
長崎市教育委員会　2001　『国指定史跡　出島和蘭商館跡　護岸石垣復元事業に伴う発掘調査報告書』
長崎市教育委員会　2002　『国指定史跡　出島和蘭商館跡　道路及びカピタン別荘跡発掘調査報告書』
長崎市教育委員会　2003　『国指定史跡　出島和蘭商館跡　南側・西側護岸石垣確認調査報告書』
長崎市教育委員会　2008　『国指定史跡　出島和蘭商館跡　カピタン部屋跡他西側建造物群発掘調査報告書』
長崎市教育委員会　2009　『国指定史跡　出島和蘭商館跡　第Ⅱ期建造物復元工事報告書』
長崎市教育委員会　2010　『国指定史跡　出島和蘭商館跡　南側護岸石垣発掘調査・修復復元工事報告書』
長崎市出島史跡整備審議会編　1987　『出島図』　長崎市
長崎大学附属図書館　2011　『ボードインアルバム　外国人が見た幕末長崎』長崎大学コレクション2　長崎文献社
中村　質　1987　「開国後の出島」『出島図』　長崎市出島史跡整備審議会
西田宏子　1987　「茶陶の阿蘭陀」『阿蘭陀』　根津美術館
西中川駿・福島晶　2002　「出島和蘭商館跡出土の動物遺体」『国指定史跡　出島和蘭商館跡 』　長崎市教委
西中川　駿他　2008　「出島和蘭商館跡出土の動物遺体」『国指定史跡　出島和蘭商館跡』　長崎市教委
羽田正　2007　『東インド会社とアジアの海』興亡の世界史15　講談社
原田博二　1999　『図説　長崎歴史散歩』　河出書房新社
フィリップ F. B. フォン シーボルト　1835　『日本植物誌』
福岡市立美術館　2014　『更紗の時代』
本馬貞夫　1999　「土木局お雇い蘭人デ・レーケと出島ー中島川変流工事の顛末ー」『大村史談記念特集第五十号』　大村史談会
村上直次郎訳　1956～1958　『長崎オランダ商館の日記』第一輯～第三輯　岩波書店
山口美由紀　2008　『長崎出島ー甦るオランダ商館』日本の遺跡28　同成社
山口美由紀　2013　「日本出土のヨーロッパ陶磁」『陶磁器流通の考古学』アジア考古学四学会編　高志書院
山口美由紀　2014　「出島和蘭商館にて使用された陶磁器の様相」『東洋陶磁』第43号　東洋陶磁学会
山口美由紀　2015　「出島和蘭商館跡出土の貿易陶磁ー近世の流通及び産業振興の視点からー」
『中近世陶磁器の考古学』第1巻　佐々木達夫編　雄山閣
山口美由紀　2016　「国指定史跡　出島和蘭商館跡における歴史的建造物の復元」月刊文化財1月号628号　第一法規出版
山脇悌二郎　1980　『長崎のオランダ商館　世界のなかの鎖国日本』中公新書579　中央公論新社
吉川荛爾・山口貞一郎　2014　『Y・Yコレクション図録　長崎再発見』
ルネ・ベルス2003　『ティツィア』　松江万里子訳　シングルカット社

A.POLLING 1997 “Maastrichtse ceramiek”
Gladstone Pottery Museum – “The way of life of the North Staffordshire pottery worker”
KERAMION 2010 “FRECHENER BARTMANKRUGE”Frechen

著者略歴

山口美由紀（やまぐち みゆき）

長崎市職員（文化観光部・出島復元整備室・学芸員：主査）。広島大学文学部史学科卒。

1992年長崎市教育委員会文化財課勤務、2001年から出島復元整備室勤務（現在に至る）。

著書『長崎出島 —— 甦るオランダ商館』（2008年 同成社）ほか。

DEJIMA
BEYOND THE TIME

旅する出島

Nagasaki Dejima 1634-2016

発行日　初　版2016年（平成28）10月20日
　　　　第２版2022年（令和４）10月10日

著　者　山口美由紀

編集人　堀　憲昭

発行人　片山仁志

発行所　株式会社長崎文献社
〒850-0057
長崎市大黒町3-1　長崎交通産業ビル5階
TEL.095-823-5247　FAX.095-823-5252
メール　info@e-bunken.com
ホームページ　https://www.e-bunken.com

印　刷　日本紙工印刷株式会社

ISBN978-4-88851-267-1　C0021

お世話になった機関と方々

ヴィクトリア＆アルバート美術館
グラッドストン陶器博物館
ケラミオン
神戸市立博物館
国立公文書館内閣文庫
国立国会図書館
国立リヴァプール博物館・国際奴隷制博物館
佐賀県立九州陶磁文化館
ツヴィンガー宮殿
徳川ミュージアム
東京大学史料編纂所
長崎市文化財課
長崎大学附属図書館経済学部分館
長崎大学附属図書館
長崎歴史文化博物館
日本カメラ博物館
パリ国立図書館
ピーボディ・エセックス美術館
平戸市
プリンス・ヘンドリック博物館
松浦史料博物館
ライデン国立民族学博物館
立正大学図書館
ロンドン市立博物館

敦子・ベルスマ
石田千尋
ウィム・ディックマン
上田　薫
大橋康二
岡　泰正
岡山芳治
岡林隆敏
金田明美
カリナ・コリガン
川口　恵
菊池誠一
北垣聰一郎
木村直樹
邦子・フォラー
久留島　浩
古賀朋緒
小林若菜
佐々木達夫
櫻庭美咲
下川達彌
杉本茂喜
高柳卓也
豊田亜希子
西谷　正
西村祐人
野島　永
萩原博文
羽田　正
林　一馬
原田博二
姫野順一
藤本　昇
古瀬清秀
本馬貞夫
前田秀人
松井洋子
松本勝蒋
マティ・フォラー
柳沢礼子
吉川莞爾
ルネ・ベルスマ
ルパート・フォークナー

取材協力

カステラ　ド　パウロ
唐長
今昔西村
原了郭
松屋

ホテル ベルビュー長崎出島

出島表門橋に一番近いホテル
長崎空港行きバス乗り場「大波止バス停」まで徒歩約2分。

全館禁煙　Free Wi-Fi　EV 200V CHARGING SPOT　立体駐車場 P

Room Type　[シングル] [ダブル] [ツイン] [ユニバーサル]

朝食 Breakfast

Dejima Kitchen Clover クローバー

営業時間
6:30-9:30

出島和蘭商館をイメージしたレストランで「安心・安全」で「ワクワク」する朝食をご提供します。

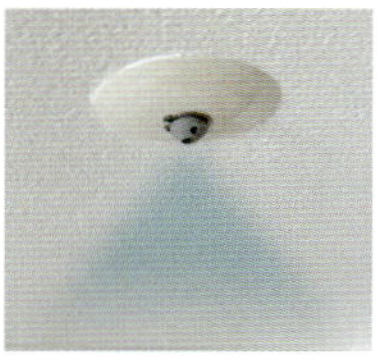

オゾンシステム

セントラルオゾンシステムにより、安全安心な宿泊環境を提供いたします。

チェックイン check in time	15:00
チェックアウト check out time	10:00

お問い合わせ

長崎県長崎市江戸町1-20
TEL 095-826-5030(代)
www.hotel-belleview.com
ベルビュー長崎

アクセス Access

- JR/長崎駅西口より徒歩約15分
- バス/大波止バス停より徒歩約2分
- 車/長崎自動車道「ながさき出島道路」出口より車で約3分
- 路面電車/「大波止電停」正面

ホテル直結 立体駐車場

収容台数42台
(高さ制限1.55m) 先着順
※入庫できない場合は提携駐車場をご案内いたします。

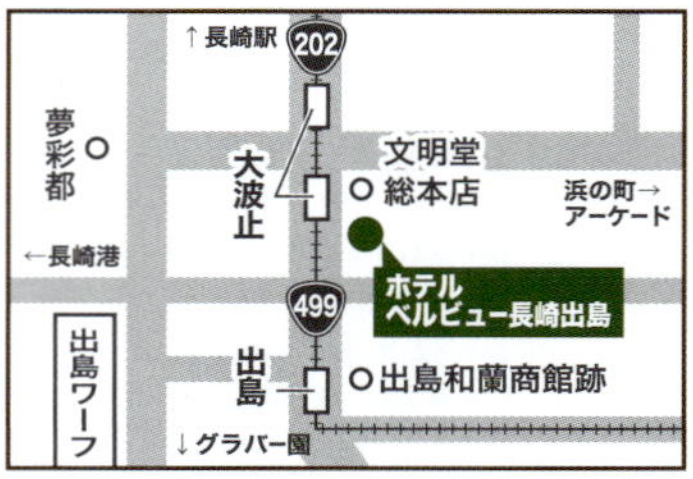

暮らしのそばに、ほら世界。
NAGASAKI
呑んだ後、
「〆に行くぞ」と
連れて来られたのは
おにぎり屋さんでした
思案橋横丁
夕日を見たいか。
夜景を見たいか。
港を見たいか。
3つの山から景色が選べます。
NAGASAKI CITY
長崎で、会いましょう。
長崎市の観光情報はこちら→
一般社団法人 長崎国際観光コンベンション協会

長崎 稲佐山観光ホテル グループ
ご宿泊からご宴会まで、
まごころを込めたおもてなし。
長崎 稲佐山観光ホテル
長崎市曙町40-23
Tel.095-861-4151
http://www.inasayama.co.jp
各種ご祝事、記念日などのご宴会も常時承ります。
長崎 I《アイ》·K《ケイ》ホテル
長崎市恵美須町7-17
Tel.095-827-1221
www.ikhotel.com

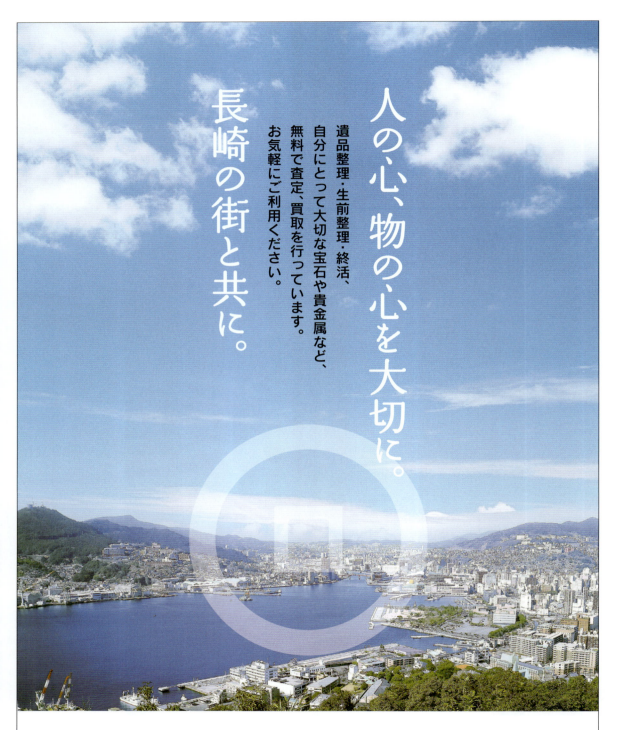